中学地理教学的规范性与有效性研究

林庆安◎主编

安徽师范大学出版社
ANHUI NORMAL UNIVERSITY PRESS
·芜湖·

责任编辑：祝凤霞　　责任校对：彭　敏　任申萍
装帧设计：张　玲　　责任印制：桑国磊

图书在版编目（CIP）数据

中学地理教学的规范性与有效性研究 / 林庆安主编 .—芜湖：安徽师范大学出版社，2021.6
ISBN 978-7-5676-4687-2

Ⅰ.①中… Ⅱ.①林… Ⅲ.①中学地理课－教学研究－高中 Ⅳ.①G633.552

中国版本图书馆CIP数据核字（2020）第194986号

中学地理教学的规范性与有效性研究　　林庆安◎主编
ZHONGXUE DILI JIAOXUE DE GUIFANXING YU YOUXIAOXING YANJIU

出版发行：安徽师范大学出版社
芜湖市北京东路1号安徽师范大学赭山校区　邮政编码：241000
网　　址：http://www.ahnupress.com/
发 行 部：0553-3883578　5910327　5910310（传真）
印　　刷：江苏凤凰数码印务有限公司
版　　次：2021年6月第1版
印　　次：2021年6月第1次印刷
规　　格：700 mm × 1000 mm　1/16
印　　张：18
字　　数：320千字
书　　号：ISBN 978-7-5676-4687-2
定　　价：54.00元

前　言

地理学是一门综合性很强的学科，既有自然科学的严谨、细致，又有人文科学的敏锐、全面。随着教学工具和教学手段的多样化，教学方法也在发生改变。如何在课堂教学中高质量完成三维目标，培养学生的学科素养，减轻学生课后过重的学业负担，提高课堂教学的规范性和有效性是一个重要课题。安徽省教育科学规划立项课题“高中地理课堂教学规范研究”和宿州市教育科学规划立项课题“新课程背景下地理课堂教学有效性的比较研究”在这方面做了一些有益的探索，取得了一些成果。

本书共分三编：地理教学规范性研究、地理教学有效性研究和地理教学课例选编。第一、二编包括课题研究工作概述和研究成果。课题研究工作概述主要介绍课题研究的背景、意义、内容、方法等，能够给予爱好地理课题研究的教师一定参考。课题研究成果主要是参与课题研究的教师关于地理教学规范性和有效性的思考、体悟和实践。第三编地理教学课例选编主要包括地理教学设计和教学反思两方面内容，是课题研究成果的具体实践和落实，是课题组成员不断提高教学水平的重要成果。因为课题组成员中既有高中地理教师，也有初中地理教师，所以研究成果既包括高中地理，也涉及初中地理。本书可以帮助教师反思教学中存在的问题，改进教学方法，优化教学程序，促进学生发展，对地理教师规范教学行为、提升教学效率有重要参考价值。

在课题研究过程中，我们遴选或提炼出一些教学规范和高效的教学方法，并在地理教学活动中不断实践对比、总结创新和丰富完善。通过课题研究，教师规范了自己的教学行为，形成了高效课堂，对学生的全面发展有重要促进作用，同时进一步提高了教学水平，促进了自身专业成长，在本地学校范围内起到了示范引领作用。我们期望通过研究，能找到更多的素质教育的着力点，进一步促进学校教育教学质量和学生综合素质的提高，使课程改革更具生命力；力求突出操作性和实用性，使研究成果更具借鉴和推广价值。在成书过程中，我们对前期研究成果进行了修改和完善，尽管做出了很多努力，但是限于笔者和课题组成员水平，错误在所难免，我们衷心期待读者的批评与指正。

本书参考和引用了一些教育研究人员和学校教师的研究成果，在此向被引用文献的作者表示衷心的感谢。

林庆安

2020年6月

目　录

第一编　地理教学规范性研究

第二编　地理教学有效性研究

第三编 地理教学课例选编

第一编 DI-YI BIAN

地理教学规范性研究

“高中地理课堂教学规范研究”课题工作概览

“高中地理课堂教学规范研究”（安徽省教育厅皖教秘〔2011〕JG11305号）以提高教师的科学素养和专业能力，促进学生综合素质发展为目标，是一项具有挑战性的研究。《国家中长期教育改革和发展规划纲要（2010—2020年）》提出，把提高质量作为教育改革发展的核心任务。要实现这一任务，提升教师素质，建设高素质教师队伍，就显得十分重要。教师只有不断地提高自身的专业水平，才能适应课程改革的要求。因此，教师应该树立教研、科研意识，改变过去只做教育理论消费者和教育科研旁观者的角色，而是要不断提高教育教学研究能力，做一名教育科研的参与者，并在教学活动中不断实践、探索、总结、创新，提高自己的专业水平，促进自身专业发展。

一、课题研究的背景和意义

现代教学理论研究表明，教学是一种社会性认识活动，教师的规范教学对学生的发展有着重要意义。首先，规范具有生成性，与学生即时即景的交流，往往会启发师生的思维，碰撞出灵感火花。其次，规范教学有利于提高学生学习的有效性，培养学生的基本技能，使学生在成功的喜悦中体验到学习的快乐。华东师范大学聂幼犁教授在一次新课程培训时强调，所谓“有效性”就是“重效果，出效益”。所谓“效果”就是用最生动、简便的方式使学生学会深奥、复杂的内容；所谓“效益”就是追求在单位时间内，以最低的成本使学生得到尽可能有效的发展。如果地理教学能抓住“效果”和“效益”这两个关键点，那么就说明地理教学是有效的。高中地理课程融合了地球、气象、水文、地形、人口、资源、经济、环境和区域发展等多种知识，规范的地理课堂教学对于培养学生的人文素质，发展学生个性具有重要意义。

通过教师课堂教学规范性的研究，规范教师课堂教学行为，提高教师教学的有效性和学生的学科素养是本课题的目的。部分高中地理教学现状不容乐观，不少高中学生因地理课程难度较大，成绩不理想而影响学习的积极性、主动性。究其原因有四：一是师生关系较为淡漠，学习氛围不够浓厚。部分地理教师与学生之间除了课堂教学之外，基本上没有什么接触，相互之间交流也不多，致使学生对地理学科的学习兴趣不高。二是教学信息不够生动、丰富。高中地理教材和初中地理教材内容上缺乏衔接，加上课时和教学手段的制约，教材所蕴含的教学信息难以深入挖掘。部分教师就教材讲教材，导致课堂教学信息的生动性与丰富性不足。三是教学模式单一，学生主体地位不够明显。部分教师采取灌输式教学模式，学生强烈的参与欲望不能得到满足，在课堂学习中充当被动接受知识的角色。四是教学空间不足，个性发展不够充分。部分教师将教学活动局限于课堂45分钟，对一些地理教学资源没有充分整合，没有实现课内外的有机结合，未能形成地理教学的立体模式。这不仅增加了地理教学的难度，也影响到地理学科的教学效果。教师提高教学规范性，有利于促进师生教学相长，是解决学生地理学习现状不佳的途径之一。

从高考地理考试目标和要求中可以看出，地理学科命题注重考查考生的地理学习能力和思维能力，即考生对所学基础知识、基本技能的掌握程度和综合运用所学知识分析、解决问题的能力。随着课程改革的逐步深入，课堂教学的组织形式在悄然发生变化，提高课堂的有效性迫在眉睫。因此我们认为，开展本课题研究至少具有以下几个方面的重要意义：一是既可以更加深刻地理解新课程理念的精髓，更好地落实高中地理课堂教学的三维目标，培养学生地理学科的基本素养，又可以将教学中积累的经验上升到理论高度，形成和完善相应的教学理念。二是规范高中地理教师课堂教学过程，可以减少教学的随意性，提高教学的有效性，减轻学生课后过重的复习负担。三是提高教师的理论素养、业务水平，规范课堂教学中的学科语言，提升学生回答问题的科学性。四是培养学生发散性思维，形成良好性格，树立集体观念和合作意识。

二、课题研究的内容和方法

课题研究的主要内容：高中地理课堂教学过程规范性探讨，高中地理课堂教学教师语言等的规范性研究，高中地理课堂教学中学生有效学习方法研究；对研究过程中的实践材料进行整理，撰写经验总结、论文，以此引领地理教师规范自己的课堂教学行为；研究新课程实施过程中教师课堂教学的基本行为，形成一套具有指导性和可行性的教师课堂教学规范性模式,初步建立简易的学生有效学习评价体系;通过对课堂教学过程中教师的不规范行为和学生的有效性学习方法案例的解析、整理,引起同行的共鸣,借此帮助提高宿州市地理教师教学的整体水平和学生的地理学科素养。

课题研究的主要方法:一是文献法。将国内外有关地理课堂教学规范性研究成果作为本课题研究的基础,将调研、观察的记录和图表资料作为重要的实践依据。二是观察法。在听课、评课、访谈、研究性学习等过程中,对教师教学行为和学生学习行为进行观察,并做好相应记录。三是调查法。设计调查问卷,对规范和不规范的地理课堂教学进行对比研究,主要研究教师的教学观、教学行为及学生的学习效果存在的差异,初步建立规范的课堂教学模型。四是案例分析法。利用大量典型的教学活动案例,分析、研究、总结有效的课堂教学过程、教学方法、教学语言及学生回答问题的方法。五是行动研究法。通过开设实验课,组织教学观摩、研讨等多种形式的活动,验证、修改、完善课堂教学的规范性。六是统计法。对收集的资料进行归纳、整理和分析,形成有一定规律性的课堂教学方法。

为深入了解宿州市学校地理课堂教学规范性的基本状况,我们通过问卷调查及交流访谈等,对地理课堂教学行为进行调查和分析。

新课程背景下宿州市高中地理课堂教学现状问卷调查报告(教师篇)

我们于2013年9月至2014年9月,对宿州市宿州二中、宿城一中、宿州学院附属实验中学3所学校实施了关于地理课堂教学的教师问卷调查和访谈,获得了大量资料,为课题研究提供了坚实的基础。该问卷和访谈主要从教师角度了解高中地理教师课堂教学行为是否规范,存在的问题并分析产生这些问题的主要原因。依据拟定的地理课堂教学行为分类框架,首先将教师课堂教学行为分为课前行为(教学计划和准备等)、课堂行为(教学行为和管理行为)和课后行为(作业处理)三个调查部分,再根据具体指标,制定调查问卷。问卷内容力求概括教师课堂教学行为的主要方面,调查对象为高一、高二年级地理教师,共发放问卷50份,收回有效问卷48份。根据调查问卷内容,对地理教师课堂教学现状从课前行为、课堂行为和课后行为三个方面进行调查,并对有效问卷进行统计、处理,总体分析高中地理教师教学行为特点。

【课前行为】

主要了解地理教师课前的教学计划和教学准备,包括对地理课程标准的把握和对地理新课程理念的理解、对学习者的学情分析、灵活选择教学内容、教学目标的制定、课堂教学设计等。

1.你认为自己可以在地理课堂上充分尊重学生,可以认真倾听学生提问和解答有关学习问题吗?(　)

A.可以　　B.基本可以　　C.时间很紧,不可以

在地理新课程理念方面,问卷调查结果显示,教师可以在地理课堂上充分尊重学生,可以认真倾听学生提问和解答有关学习问题的占90%。这说明地理新课程理念已被大多数地理教师所接受,能够体现在课堂教学行为上。

2.你在课前能对学生关于该部分内容的学习能力进行调查吗?(　)

A.调查　　B.一般没有时间调查

在课前进行学情分析方面,问卷调查结果显示,教师在开始新课前对学生的地理学习基础进行调查的只占25%。这说明只有少数地理教师具有学习者分析意识,多数教师都是以已有经验作为备课的基础。在教学准备上,访谈中多数教师也表示没有对学生进行过已有知识基础的测试或调查,对于学生的地理知识基础和学习兴趣没有做到心中有数,也不知道即将开展的教学是否能够满足学生的地理学习需求。关于这一点,教育心理学家奥苏伯尔曾经说过:“假如让我把全部教育心理学仅仅归结为一条原理的话,那么,我将一言以蔽之:影响学习的唯一最重要的因素就是学习者已经知道了什么。要探明这一点,并应据此进行教学。”由此看来,在这方面部分地理教师做得还很不够。

3.你在教学过程中经常及时补充新知识以完善学生的知识结构吗?(　)

A.经常补充新知识　　B.一般没有时间补充新知识

在教学内容的选择与组织上,问卷调查结果显示,75%的教师认为自己能够在教学上经常加入相关内容的新知识,对教材内容进行必要补充。这说明还有小部分教师对建构知识体系有利于提高学生的学习水平认识不是很到位。

【课堂行为】

主要了解地理教师课堂教学程序的组织和安排,包括教学导入形式设计的合理性、教学方法的选择和效果、地理学科语言运用的规范性、地理教具辅助教学的使用、课堂提问的有效性、教学目标任务的达成度等。

4.你经常利用各种新的形式导入新课吗?

5.你能够经常在课堂上组织学生开展积极有效的课堂探究活动及合作学习吗?

6.你在课堂上经常使用地理术语吗?

在组织和实施教学方面,问卷调查结果显示,75%的教师能够使用多种形式导入新课,50%的教师认为自己能够在课堂上组织学生开展积极有效的课堂探究活动及合作学习等。这说明大多数地理教师熟悉并能够运用地理课堂教学策略开展教学。在语言运用上,问卷调查结果显示,90%的教师能够使用地理语言授课。访谈中一些教师反映能够运用肢体语言开展教学。这说明随着地理教师教学水平的提升,专业技能日趋成熟,使用地理语言已经成为绝大多数教师的主要课堂语言行为。

7.你在地理教学中使用过地理实验辅助教学吗?经常利用多媒体辅助教学吗?经常使用板书、板图等辅助教学吗?

问卷调查结果显示,25%的教师表示在地理课堂上进行过直观教学或开展过地理实验活动,80%的教师能够经常运用多媒体或地理教具开展课堂教学。这说明由于学校办学条件的改善和教师队伍的专业化水平提升,地理教师的教学技能也有明显进步,绝大多数教师都能够经常运用多媒体开展教学。与此不同的是,60%的教师基本不使用板书、板图开展教学,这说明传统地理教学手段逐渐被一些教师抛弃,加剧了课堂教学的技术化倾向。

8.你觉得自己的课堂提问有启发性、趣味性吗?你在提问后会留给学生多长时间思考?

提问是师生课堂交流最重要的手段,问卷调查结果显示,75%的教师认为自己在课堂上能提出富有启发性和趣味性的问题;60%的教师在课堂上提出问题就让学生立即回答,而只有40%的教师会留足1—2分钟的时间让学生思考。

9.你能在规定的时间内完成规定的任务吗?你经常拖堂吗?

在课堂管理方面,问卷调查结果显示,80%的教师认为自己能够充分利用课堂时间,合理安排教学活动;40%的教师表示有拖堂现象。教师应该在规定的课堂教学时间完成规定的教学内容,不应该拖堂。

【课后行为】

主要了解地理教师教学质量、学生地理学习过程和结果的测评。

10.你布置课后作业吗?什么形式的作业?能不能按时批改?你经常写课后教学反思吗?

课后行为主要包括地理教师的课后作业处理和课后教学反思。课后布置作业,是地理课堂教学的重要环节。问卷调查结果显示,20%的教师经常布置作业并要求学生按时完成，15%的教师认为自己能按时批改作业，遗憾的是只有不到10%的教师有写课后教学反思的习惯。

通过调查问卷的分析可以看出，部分教师的课堂教学行为不够规范，需要改进或完善。

在课前行为方面，多数教师能够在教学前认真细致地做好教学准备工作，能够认识到教材分析和教学目标的重要意义，能够根据地理课程标准和教材内容进行教学设计。但是部分教师对学生情况分析不足，在讲解新课前对学生的地理知识基础和学习需求没有做到量化测试，因而其教学目标的制定和教学策略的选择有可能失去针对性，这势必影响到课堂教学的有效性。

在课堂行为方面，大部分地理教师都具有地理新课程的基本理念，能够在平等、尊重、理解的基础上开展课堂教学。地理教师的教学行为已经得到很大提升，能够满足新课程的要求和学生的地理学习需要。在提问方面，多数教师能提出富有启发性和趣味性的问题，而有些地理教师还存在一些问题，例如问题难度把握不准，提问缺乏针对性，提问后给出的思考时间比较短和提问的随意性较大等。在教学内容呈现方式上，地理教师能够使用地理直观教具、地图、多媒体和地理实验等多种方式辅助教学，但是过多使用技术手段也使得地理课堂教学出现技术化倾向。在问卷调查和访谈过程中发现，很多地理教师的板书、板图水平逐渐下降。问卷结果显示，有的教师一节课几乎不使用粉笔，更谈不上使用板书和板图来辅助教学了。地图是地理学科内容的重要表现手段，板书、板图是地理教师最重要的基本功，这些基本教学技能的削弱，不利于地理教师的课堂教学。在课堂管理方面，多数地理教师能够尊重学生，民主管理课堂，学生地理学习主体性得到体现。大多数教师能够创设有效的课堂教学氛围，激发学生学习地理的积极性。在课堂教学时间安排上，多数教师能够充分利用课堂时间，教学环节设计合理，时间安排妥当。有些地理教师的课堂教学不规范，主要表现在：一是从课前的计划和准备情况看，虽然多数教师能够根据教材内容和课程标准制定教学目标和实施策略，但对学生学情分析不足，其原因主要是大班额教学，学生人数多，如果教师开展有针对性的学生学情分析，任务量大，难度也大；二是虽然多数地理教师能够充分尊重学生、平等对待学生，学生在课堂上的主体性得到承认，但教师对课堂的绝对控制现象仍然很普遍。课堂观察也表明，课堂上大部分时间都是以教师的教学行为为主，学生自主学习和探究活动的机会不多。

在课后行为方面,少数地理教师能够布置适度的课后作业,并认真、细致地批改和订正,多数教师存在作业布置太少、批改不够认真的情况。通过访谈发现,部分教师比较注重教学方法、教学策略的反思,也很注重教学设计的反思,但是对日常的教学行为及其有效性没有足够重视,在反思时也没有给予应有的思考。

从总体上看,地理教师的教学理念基本符合地理新课程的要求。教师在课堂上能够充分尊重学生的主体性,体现"一切为了学生的发展"的课程改革精神,能够在师生互动、平等对话的基础上开展讨论、合作、探究等教学活动,调动了学生地理课堂学习的参与积极性。在教学行为上,多数地理教师能够做好教学的计划和准备,精心设计课堂教学,制定课堂学习评价策略,使得课堂教学的规范性大大提高。在教学过程中,多数地理教师能够有效运用各种教学策略,积极开展教学活动,讲解、讨论、提问和组织练习仍然是主要的课堂教学行为。多数教师能够组织学生开展合作、探究和研究性学习活动,将地理新课程理念落实到课堂教学活动之中。在课堂评价方面,多数地理教师能够运用新课程评价标准促进学生的地理学习,采取多种方式评价学生的学习行为,突出了以评价促发展的新课程理念。

新课程背景下宿州市高中地理课堂教学现状问卷调查报告(学生篇)

《全日制普通高中地理课程标准(实验)》要求地理教师在教学设计时充分考虑学生心理发展规律和不同的学习需求,积极探索运用自主学习、合作学习、探究学习等方式,提高学生的地理学习、合作交流、批判性思考以及分析解决地理问题的能力。因此,课堂教学应鼓励学生独立思考、合作探究,为学生提供发展的平台,以利于培养学生求真务实的态度和创新精神。地理学科是我市大部分学校的弱势学科,地理课堂教学普遍存在不规范教学导致"无效""低效"的现象,教师和学生进入了教与学的"高原现象"时期,探讨和提高地理教学的有效性迫在眉睫。为此,课题组特设计本次调查,旨在通过调查问卷了解学生学习地理的基本情况;了解学生学习地理课的兴趣、动机、方法,以及对学习地理课程的意义和功能的认识;了解学生在地理学习上存在的困难,并分析其原因;通过研究结果的综合分析,有针对性地改进地理教学,为课题研究提供翔实的资料,为中学地理课程改革提供依据。

我们从学生学习的角度对宿州二中高一、高二、高三年级学生进行了问卷调查，以了解宿州二中地理教学状况，为开展地理教学规范性课题研究提供依据。共发放问卷100份，收回有效问卷96份。调查统计结束后，我们对调查结果做了认真分析。

1.你对地理课感兴趣吗？(　)

A.特别感兴趣　　B.比较感兴趣

C.不太感兴趣　　D.一点也不感兴趣

"特别感兴趣"占22%，"比较感兴趣"占54%，"不太感兴趣"占23%，"一点也不感兴趣"占1%。

2.在地理学习中，你觉得影响你学习兴趣最重要的原因是什么？(　)

A.教师的上课方式　　B.教材内容的设计

C.是否高考科目　　D.其他

"教师的上课方式"占47%，"教材内容的设计"占8%，"是否高考科目"占9%，"其他"占36%。

3.你认为哪种形式的读图探究活动最有效？(　)

A.教师指导　　B.小组合作　　C.独立完成

"教师指导"占48%，"小组合作"占39%，"独立完成"占13%。

4.在课堂上你敢于提出自己对地理概念、规律的不同想法吗？(　)

A.敢　　B.不敢

"敢"占30%，"不敢"占70%。

5.学习中遇到困难，你会怎样做？(　)

A.请教老师　　B.请教同学

C.自己查阅有关资料　　D.置之不理

"请教老师"占26%，"请教同学"占42%，"自己查阅有关资料"占22%，"置之不理"占10%。

6.你喜欢通过图像探究更多的地理知识吗？(　)

A.很喜欢　　B.喜欢　　C.不喜欢　　D.其他

"很喜欢"占35%，"喜欢"占38%，"不喜欢"占18%，"其他"占9%。

7.在学习地理知识过程中，你遇到的主要困难是什么？(　)

A.不会阅读地图　　B.没有掌握学习地理的方法

C.不懂如何分析地理资料　　D.不喜欢教师的上课方式

E.其他(可依据个人情况填写)____________________

"不会阅读地图"占20%,"没有掌握学习地理的方法"占24%,"不懂如何分析地理资料"占28%,"不喜欢教师的上课方式"占4%,"其他"占24%。

8.你感觉地理课堂上教师的提问怎么样?( )

A.太难　　B.难易适中　　C.太容易　　D.没有效果

"太难"占25%,"难易适中"占40%,"太容易"占33%,"没有效果"占2%。

9.上地理课前你会预习吗?( )

A.经常会　　B.不会　　C.有时会

"经常会"占12%,"不会"占14%,"有时会"占74%。

10.你在地理课堂上能够主动回答问题,积极参与问题讨论吗?( )

A.能　　B.有时能　　C.不能

"能"占10%,"有时能"占51%,"不能"占39%。

11.你在地理课堂上能够捕捉信息,主动做笔记吗?( )

A.能　　B.有时能　　C.不能

"能"占59%,"有时能"占40%,"不能"占1%。

12.你能在课后及时整理地理课的笔记,做到温故而知新吗?( )

A.能　　B.有时能　　C.不能

"能"占32%,"有时能"占60%,"不能"占8%。

13.你希望地理课的学习氛围是怎样的?( )

A.活跃　　B.安静　　C.亦静亦动,都很投入

"活跃"占38%,"安静"占7%,"亦静亦动,都很投入"占55%。

14.你是如何学习地理的?( )

A.专心听课,积极思考,踊跃回答问题,认真完成作业

B.专心听课,做好笔记

C.考试前临时抱佛脚,死记硬背

D.上课不认真,做其他事情,无所谓成绩

"专心听课,积极思考,踊跃回答问题,认真完成作业"占25%,"专心听课,做好笔记"占62%,"考试前临时抱佛脚,死记硬背"占11%,"上课不认真,做其他事情,无所谓成绩"占2%。

15.地理教师上课纯讲授时间占一节课的比例是多少?( )

A. 2/3左右　　B. 1/2左右　　C. 1/3左右　　D.百分之百

“2/3 左右”占 68%,“1/2 左右”占 17%,“1/3 左右”占 10%,“百分之百”占 5%。

16.上课时学习小组的活动情况怎样?( )

A.组长合理分工,大家热烈讨论,都很认真

B.个别同学不认真

C.课上老师不经常组织活动

“组长合理分工,大家热烈讨论,都很认真”占 18%,“个别同学不认真”占 32%,“课上老师不经常组织活动”占 50%。

17.你感觉现在的地理课堂谁是主体?( )

A.教师　　B.学生　　C.不清楚

“教师”占 67%,“学生”占 8%,“不清楚”占 25%。

18.你希望教师上课时运用哪种教学方式?( )

A.多讲解

B.多启发引导,让我们多合作探究

C.没考虑过,无所谓

“多讲解”占 38%,“多启发引导,让我们多合作探究”占 58%,“没考虑过,无所谓”占 4%。

19.什么样的课堂最能吸引你?( )

A.教师讲授多,知识容量大的课堂　　B.纪律要求严格的课堂

C.师生互动讨论多,氛围轻松愉快的课堂

“教师讲授多,知识容量大的课堂”占 29%,“纪律要求严格的课堂”占 1%,“师生互动讨论多,氛围轻松愉快的课堂”占 70%。

20.你认为当前地理课堂教学中存在的主要问题是什么?( )

A.教材文字枯燥,理论与实际脱节

B.灌输型的教学模式,学生参与度低

C.教师照本宣科,缺乏创造性

D.学生对课堂不感兴趣

“教材文字枯燥,理论与实际脱节”占 18%,“灌输型的教学模式,学生参与度低”占 38%,“教师照本宣科,缺乏创造性”占 4%,“学生对课堂不感兴趣”占 40%。

21.教师通常采用以下哪种形式点名?( )

A.随机　　B.按座位　　C.按姓氏笔画　　D.按成绩

"随机"占85%,"按座位"占6%,"按姓氏笔画"占0,"按成绩"占9%。

22.你希望教师采用以下哪种形式提问?( )

A.先提问题,让学生思考后再点名回答

B.先点名,再提问题让学生回答

C.两种方式均可

"先提问题,让学生思考后再点名回答"占83%,"先点名,再提问题让学生回答"占2%,"两种方式均可"占15%。

23.如果被提问的学生一时不会回答,教师会怎么做?( )

A.立即让其坐下

B.当众批评后让其坐下

C.等其他学生回答正确后,再让其坐下

D.罚站

"立即让其坐下"占27%,"当众批评后让其坐下"占0,"等其他学生正确回答后,再让其坐下"占70%,"罚站"占3%。

24.学生回答完问题后,教师通常会怎么说?( )

A.请坐　　　B.谢谢,请坐

C.你回答得很棒,谢谢,请坐

D.你的答案有点欠缺,很遗憾,请坐

"请坐"占57%,"谢谢,请坐"占12%,"你回答得很棒,谢谢,请坐"占28%,"你的答案有点欠缺,很遗憾,请坐"占3%。

通过问卷调查和访谈我们发现,学生喜欢地理学科,喜欢地理广博、丰富的自然和人文知识,渴望了解中国和世界各地的奇闻趣事,拓宽自己的视野,这应该是教师提高课堂教学有效性创设情境的切入口。学生喜欢不同形式的探究活动,所以教师应该让课堂更加活跃一些,而不是千篇一律、死气沉沉。课堂依然是教师的"一言堂",学生不敢提出自己的意见,所以教师应该多鼓励学生大胆说出自己的想法。大多数学生不能很好掌握学习地理的方法,还停留在死记硬背的阶段,不能正确理解地理学思想。不科学的课堂提问、不规范的教学语言使学生学习地理的热情受到打击,学生感到茫然。学生学习方法急需得到教师的帮助和引导,这也是地理课堂教学存在欠规范、低效、无效现象的原因之一。学生在课堂学习过程中主要依赖教师的讲解、灌输,地理学习的主动性、自主性较差,学生渴望改变学习方式。学生在学习过程中表现出的兴趣、态度和动机是影响有效教学的关键,这也是教师提高地理教学规范性和有效性的契机。大部分学生没有养成良好的地理学习习惯,课前预习和课后复习不到位、不扎实。古人云,预则立,不预则废。学生学习过程中缺乏独立思考的能力,加上教师课前没有做好充分的准备工作,给课堂教学活动的开展带来困难,这是造成地理教学低效的重要原因。

高中地理教学中问题探究的设计

——以“为什么市区气温比郊区高”为例

张　璇

（宿城一中）

问题探究是高中地理教材和教学中的重要模块。关于问题探究，教师不仅要熟练驾驭教材及与之相关的知识，还要营造和谐的课堂氛围，创设问题情景启迪学生思维，倡导合作探究改变学习方式，科学布置作业，把知识性、艺术性、教育性与趣味性有机地结合起来，采用灵活多样的教学方法，让学生保持浓厚的学习兴趣。但目前在教学实践中，高中地理课堂教学在问题探究方面显得有些不足。那么，怎样才能上好一节问题探究课呢？下面谈谈笔者的几点体会。

一、创设情境，激发兴趣

好的开头是成功的一半，地理课堂教学也是如此。地理教师在上课的时候应该注重导语的艺术性。新课导语艺术是优化课堂教学结构、提高授课效率的关键一环，起着渗透主题、酝酿情绪、激发兴趣和创设情境的作用。地理教学中，教师善于利用情景教学法，巧妙选择地理知识的结合点，可以使学生进入良好求知状态。

例如，在问题探究“为什么市区气温比郊区高”导入的时候，首先播放图片并配上文字：“时代的发展，城市的蜕变，给人类提供了便捷和丰富的生活。城市，让生活更美好。但城市快速发展暴露的问题，你想过吗？”通过图片和设问可以激发学生的兴趣和对本节内容的想象。在学生回答以后，引入热岛效应，告诉学生热岛效应就是城市带来的问题之一。那么，对于热岛效应学生了解多少呢？所以，接下来可以设计一份调查问卷来了解学生对热岛效应的掌握情况。

（1）你听说过“城市热岛效应”吗？

（2）你知道“城市热岛效应”是怎样形成的吗？

（3）你是否意识到“城市热岛效应”将会带来灾难？

(4)你知道"城市热岛效应"所带来的危害有哪些吗?

(5)你知道怎样阻止或减少"城市热岛效应"的发生吗?

问题探究不同于一般的课堂教学,重在探究。导入采用调查问卷的方式完全符合问题探究的研究模式。提出要研究的问题,了解学生对问题的掌握情况,这样才能更好地完成问题的探究。

二、巧用材料,妙趣横生

借用问题探究导入,可以使学生产生新鲜感。在教学过程中,好的材料应用对学生理解和学习知识有很大帮助。例如,在讲解什么是热岛效应时,选择如下两则文字材料和一幅图片并设计相应问题。

材料1:位于合肥市中心的省气象台的气象塔与市郊的骆岗机场直线距离并不远,但在夏季,前者的平均气温要比后者高约2 ℃,且两地的常年平均温差在1.5 ℃左右。

材料2:据了解,某城市屋顶大都使用黑色沥青材料,吸热性强,既影响城市生态景观,又加强了城市"热岛效应",而且对城市大气质量和生态环境等都会产生影响。

材料3:城市热岛环流示意图(见图1)。

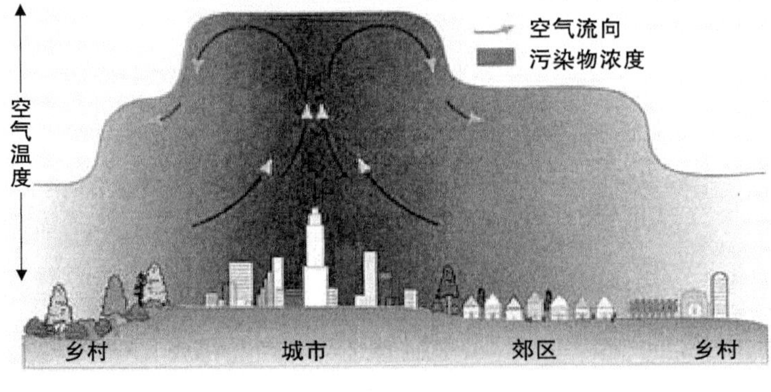

图1 城市热岛环流示意

通过以上材料,学生们可以获得以下信息:

(1)市区与郊区存在温差。

(2)市区与郊区产生热力环流。

(3)郊区空气中的污染物能转移到市区。

(4)城市空气质量环境相比郊区差。

学生们通过材料了解到有关城市热岛现象的相关信息后,在教师引导下思考并提出有关热岛效应的问题。在课堂上,学生提出了以下问题:

(1)什么是热岛效应?

(2)为什么市区气温比郊区高?

(3)城市热岛有哪些影响?

(4)我们应该如何解决这个问题?

学生自己学会获取信息、提出问题,才能提高处理分析问题的能力。学生所提出的问题都是本节内容所需要探讨的。在课堂上,教师可以根据学生的回答情况合理安排教学内容。

三、合理安排,精心设计

根据教材的内容合理安排教学过程,在教学中有很重要的作用。那么,怎么样才能够合理安排教学过程呢?首先,对教材内容一定要有深入的了解;其次,了解每一方面内容后还要考虑学生对这一内容能否理解;最后,要考虑用什么教学方式才能让学生更好地理解其中的涵义。

例如,在介绍城市热岛效应的概念时,教师应该重点讲清两个方面的内容。第一,让学生简要了解市区气温高的现象及其原因。城市人口集中、工业发达,建筑多、绿地少,居民生活、工业生产和汽车等交通工具每天要消耗大量的煤、石油、天然气等燃料,释放出大量的废热,导致城市的气温高于郊区,使城市犹如一个温暖的岛屿,人们称之为“城市热岛”。第二,让学生了解城市热岛的存在,导致空气在城市上升,在郊区下沉,在城市与郊区之间形成了小型的热力环流,称为城市热力环流。在介绍热岛效应成因的时候,教师应该通过这样一种思路向学生阐述:首先,分析到达城市和郊区大气上界的太阳辐射量虽然是相同的,但市区气温比郊区高的原因。其次,分析市区吸热快、散热慢的原因,以及市区里会产生哪些热源。最后,分析郊区和市区相比景观有什么差异?这些差异对郊区的温度产生什么影响?

在设计教学过程的时候,是不是一定要严格按照教材给出的顺序来完成教学呢?答案是否定的。在教学中,教师可以根据自己对教材的理解来设计教学过程。例如,在本节中,教材依次介绍了什么是城市热岛效应,热岛效应的成因是什么,城市热岛效应会产生怎样的影响,以及减轻城市热岛效应的一些建议。

我们仔细研究教材会发现，“热岛效应的概念”和“热岛效应产生的影响”这两块内容讲述的都是我们能够实实在在感受到的现象，而“热岛效应的原因”以及“热岛效应的应对措施”这两块内容都是些相对抽象的知识。所以，笔者在设计教学过程时先讲解概念和影响，再分析原因和措施，这样能让学生在了解城市热岛效应的概念后，直接通过教材给出的图片资料分析市区气温高于郊区产生的影响，再去分析热岛效应的原因和应对措施，更有利于学生理解和接受。

四、以情动人，授之以渔

世界上的地理事物和现象，大部分不能被学生直接感知，教师除了要在课堂上借助多媒体技术以外，还要运用生动形象、通俗易懂、饱含感情的语言将学生引入地理情境之中。同时，根据中学地理学科理念让学生学习对生活和终身发展都有用的地理这一要求，培养学生的情感态度与价值观。

例如，在讲到如何降低城市热岛效应的影响时，笔者先给学生播放一组图片，看看其他城市是如何降低城市热岛效应的。这些新颖、美观而又奇特的画面把课堂教学推向一个高潮。之后，笔者让学生思考：图片中的城市采取了哪些措施应对城市热岛？除此之外，还有哪些措施能够减轻城市热岛效应？在缓解城市热岛效应的过程中我们应该怎么做？最后在学生踊跃说出各种想法后，笔者做了归纳总结：一个现代化的国际大都市应该是绿色的，只有让园林融入城市，让城市融入自然，把绿水青山留给居民，让居民望得见山，看得见水，城市才会让生活更美好。这样首尾呼应，学生的情感得到了进一步升华。

五、结语

探究式学习是目前我国新课程改革大力提倡的，是培养学生创新精神和实践能力的有效学习方式。许多地理问题可以通过探究的方式展开教学。

教师只要从教学目的出发，把握学生的心理发展规律，利用学生的创造性思维，采用灵活、有趣的教学方法，就能很好地培养学生学习地理的兴趣，取得良好的教学效果，完成地理教学的任务。

中学地理教师教学行为存在的问题调查分析

林庆安
（宿州市教科所）

新的课程理念催生新的课堂教学要求，而新的课堂教学要求孕育新的课堂教学行为。能否把地理新课程理念转变为地理教师的教学行为，进而落实到课堂教学层面，是地理新课程顺利实施的关键。因此，调查分析地理教师教学行为存在的问题，提升地理教师教学行为的有效性，对推进地理新课程的实施，提高教学质量，有着重要的现实意义。

笔者在专家的指导下自编调查问卷，对宿州市的省重点中学、市重点中学、一般中学三类中学的部分高中学生开展了问卷调查，主要从“学生评教”的角度，反映地理课堂教学中存在的问题。本问卷的基本内容分为两部分，第一部分是被调查者的个人基本信息，包括学校、年级、地理学习成绩；第二部分是本次调查的主要内容，有28道封闭性问题，主要按照教师课前行为、课堂行为和课后行为三个方面来设计。其中第1—5题主要是了解地理教师课前教学的计划和准备行为，第6—21题主要是了解地理教师课堂教学行为，第22—28题主要是了解教师课堂管理行为和课后教学行为。共发放问卷500份，回收有效问卷486份，有效回收率为97.20%。笔者对数据进行综合分析后发现，地理教学中存在一些问题，教师教学的规范性需要进一步提高。

一、课前行为——机械式备课

地理教师的备课与上课是教学工作中两个重要的环节。人们常说不打无准备之仗，为了上好课，教师无疑应当根据教学目标和课程内容，精心备课。但通过地理教师课前教学行为调查数据统计分析发现，地理教师的备课主要还是依据已有的教学经验制定教案，按图索骥。主要问题反映在以下几个方面：

1. 学生学情分析缺失

关于“教师在课前进行学习者情况分析”，只有24.10%的学生反映地理教师经常在开始新课前对学生的地理学习基础进行调查，而56.70%的学生反映教师从来没有对学生进行课前调查，说明大多数地理教师没有对学生进行先前知识基础的测试或调查的意识，对于学生的地理知识基础和学习兴趣没有做到心中有数，因而对即将开展的教学是否能够满足学生的地理学习需求也无从得知。实际上，学生作为一种力量，带着自己的知识、经验、思考、灵感、兴趣参与课堂活动，是课堂教学不可分割的一部分，因此，教师应该“基于学情，以学定教”，在地理教学设计上要深入分析学生已有的知识和经验，在其原有的基础上有效地促进学生发展，目标合理，符合“学情”。正如教育心理学家奥苏伯尔所说：“假如让我把全部教育心理学仅仅归结为一条原理的话，那么，我将一言以蔽之：影响学习的唯一最重要的因素就是学习者已经知道了什么。要探明这一点，并应据此进行教学。”[1]因此，在这方面大部分地理教师做得还很不够。

2. 教学资源开发不够

关于“教学内容的选择与组织”，只有27.00%的学生认为地理教师能够在教学上经常加入相关内容的新知识，对教材内容进行必要的补充，还有46.10%的学生反映教师偶尔增加相关内容的新知识。这说明部分地理教师在选择与组织教学内容时，仍然是照本宣科，没能够走出教材。新教材相比老教材在内容安排上和形式上更具有开放性，为教师创造性的工作留下空间。因此，教师应该从有利于学生发展的角度，创造性、个性化地开发教材，多渠道地收集相关课程资源，给教材注入活力，使教学内容变得丰富与充实，从而使地理教学更加贴近当代地理学新内容和学生现实生活。一旦教师将生活中的地理教育资源与地理教材知识两者融通起来，学生就会感受到书本知识学习的意义与作用，增强自己学习地理的兴趣和动机，促进对地理知识的理解，还可以激发联想、生成创意。

3. 教学目标重认知轻情感

关于“老师在课堂上更注重什么”，选择“老师更注重学生是否掌握了知识”的学生比例达到58.90%，仅有9.20%的学生选择“老师更注重满足学生的学习需求”。这说明大部分地理教师认为教学就是教师单纯传授知识，课程的目标就是看学生获得、掌握或者记忆了多少地理知识，而忽视了情感态度与价值观等在学习中的功能，忽视了学生的全面发展，从而把丰富、生动的教学活动局限于狭窄单调的认知主义框框中，很容易造成学生出现“情感营养不良”、丧失学习兴趣等现象，不利于学生的全面发展。在实际教学过程中，知识与技能、过程与方法、情感态度与价值观目标是一个相互联系、相互渗透的整体，是学生在学习活动中实现素质建构的三个侧面，不应该忽视。

二、课堂行为——貌“似”神离

地理教师的课堂教学行为主要包括新课导入、地理语言运用、课堂呈示行为、提问、组织讨论等。调查数据表明，地理教师的课堂行为主要存在以下问题：

1.“三板”专业技能弱化

一般来说，地理教师课堂行为具有以下特征：运用地理语言开展教学，运用地图、图表、图像开展教学，运用地理板书、板图、板画开展教学，运用地理教具辅助课堂教学。调查发现，在语言运用上，88.03%的学生反映地理教师能够使用地理语言授课，71.00%的学生反映教师能够运用肢体语言开展教学。这说明随着地理教师教学水平的提升，使用地理语言已经成为大多数地理教师的自觉行为。关于课堂内容呈示行为的调查表明，地理课堂教学“三板”（即板书、板图、板画）等地理技能被忽视，81.11%的学生表示教师能够经常运用多媒体开展课堂教学，说明由于学校办学条件的改善和教师队伍的专业化水平提升，绝大多数教师能够经常运用多媒体开展教学。但值得警醒的是，47.93%的学生反映地理教师基本不使用板书、板图、板画开展教学，这说明传统地理教学手段逐渐被一些教师抛弃，过多的技术手段使得地理课堂教学出现技术化倾向。

“三板”是教师传达教学信息的重要媒介，是地理教师课堂教学的重要手段和环节之一。它和教学语言互为补充，是地理课堂不可缺少的教学行为。在一堂完整的地理课堂教学中，板书、板图可以揭示教学内容的要点和逻辑层次，展现知识脉络和体系。流畅漂亮的板书，新颖别致的板图，色彩合理的板画等无不给学生以美的感受，对学生的审美具有潜移默化的影响，这些是多媒体所不能完全取代的。因此，在地理教学内容呈现方式上，地理教师应该根据教学的需要，灵活使用合适的教学方式展现教学内容。多媒体有局限性，基本上是牵着学生的鼻子走，学生思维的开放性很难得到发挥，因此只能将其作为教学的辅助设备，一种技术支持，而不能完全依靠，更不能夸大其功能。

2.教学形式仍以“灌输”为主

学生是教学活动的主体。如何发挥学生在地理教学活动中的主体性，是地理教学策略选择与设计的重点。体现学生在地理教学活动中的主体性，就是要构建充满生命活力的地理教学策略，要重视和充分引导学生参与学习，既包括有意义的接受性学习，也包括合作学习和探究性学习。问卷调查结果显示，只有9.90%的学生选择“教师经常开展分组学习、合作学习或探究活动”，58.80%的学生认为“教师偶尔在课堂上组织学生开展有效的课堂探究及合作学习等活动”，29.80%的学生选择“从来没有组织过”，说明教师在教学方式上仍然以传统的讲授为主；而在学习方式上，28.40%的学生喜欢“和同学一起讨论”的学习方式，另有46.10%的学生喜欢“以教师讲授为主”的学习方式。这说明：一方面，课堂讨论得到部分学生的欢迎和认可；另一方面，一些学生对传统的以教师讲解为主的方式还有所依赖。现代教学论认为，教学的本质是交往。课堂教学过程，是学生与书本之间、师生之间、学生之间展开对话的过程，也是师生之间、学生之间交换信息的过程。因此，新课程的教学观要求把这种交往变革为师生间的平等“对话”，只有平等“对话”，才能实现智慧的碰撞，经验的共享，心灵的契合和情感的升华，从而实现师生共同发展。因此，地理教师应根据教学需要，在课堂上多开展一些合作性、探究性的学习活动。

3.课堂提问有效性不足

提问是师生课堂交流的重要手段之一，加涅说过，对先前习得性能的回忆可以通过要求再认性的或者更好的一些再现性的问题来引发。这种提问的思路能够使学生回忆起已习得的规则，并且明显引起一连串的学习。但问卷调查结果表明，课堂提问的现状并不乐观，存在一些问题，没有很好地发挥提问应有的价值。47.90%的学生喜欢“教师提出富有启发性的问题”，51.06%的学生认为“课堂上教师的提问过难或者过易”，这说明部分教师对学生的知识基础和能力水平缺乏了解，问题设计缺乏针对性，造成提问流于形式，或者提问没有面向大多数学生。34.73%的学生认为“教师的提问能够结合生活实际且有趣味性”，21.81%的学生认为“教师提问后留给学生的思考时间过短”，17.00%的学生表示“教师的提问流于形式”，这说明提问作为课堂教学的重要环节，没有得到教师的应有重视，存在问题设计不合理、提问时机把握不准、提问随意性较大等问题。

4.课堂指导水平有待提高

地理新课程提倡改变学习方式。讨论和合作是地理课堂最主要的活动方式,但是在实施过程中如果不注意讨论方式和合作策略,往往收不到应有的效果。关于地理教师指导讨论的行为,14.90%的学生反映"地理教师能够组织有效的课堂讨论",56.70%的学生认为"教师偶尔组织课堂讨论",28.40%的学生认为"教师组织的课堂讨论没有实效,流于形式"。因此,如何根据教学内容和学生特定情况,组织有效的课堂讨论,还需要地理教师给予关注,教师课堂指导水平有待提高。在学习指导上,关于"教师经常提供多种方法和案例来帮助你理解所学内容吗",56.00%的学生认为"经常提供",但有24.90%的学生认为"没有提供"。这表明有些地理教师在课堂上没有做到根据学生的需要实施差异化教学,做到因材施教。当然,这存在一定的客观原因,例如班级人数过多,在一节课的有限时间内,教师的个别指导难以满足所有学生的需要,有些情况下只能进行集体指导。但是,教师要努力追求教学方式的"指导性",通过引领和启发,达到激发学生的学习兴趣和学习热情,激活学生的内在思维和情感,使学生有"欲"而"渔"的效果。

5.课堂管理民主气氛不足

在课堂管理方面,66.82%的学生认为"教师的课堂时间管理比较合理,能够充分利用课堂时间,合理安排教学活动",22.80%的学生反映"教师有拖堂现象"。对于教师而言,在规定的课堂教学时间内应当完成规定的教学内容,拖堂是不应该的。关于班级管理,51.10%的学生反映"教师经常通过制定合理的班级规约和活动程序,来调控课堂组织纪律",36.80%的学生反映"教师通过批评或惩罚维持课堂纪律",12.10%的学生反映"教师对于学生违纪和不当行为没有具体的处理措施"。关于"对于违反纪律的学生,教师一般采取的措施",49.73%的学生反映教师采取批评或劝诫的方式,33.51%的学生表示教师采取说服和引导的方式。关于"地理教师的管理方式",49.36%的学生认为是"民主型管理风格",32.60%的学生反映是"专制型管理风格"。以上说明部分地理教师在管理方面还没有做到充分尊重学生、平等对待学生,对课堂的绝对控制现象仍然存在。

三、课后缺乏教学反思

对于教师的课后行为,学生问卷无法反映。笔者通过对一些地理教师的访谈发现,大部分地理教师课后缺乏反思的意识,更不用说能进行有效反思,其实反思对于改进教师的教学行为有着举足轻重的地位。心理学家波斯纳非常重视反思在教师成长过程中的地位和作用,提出了教师成长公式:成长=经验+反思。意即如果一个教师仅仅满足于获得经验而不对经验进行深入思考,那么,即使是有“20年的教学经验,也许只是一年工作的20次重复;除非……善于从经验反思中吸取教益,否则就不可能有什么改进”[2]。因此,地理教师应该在每次课后对自己的教学及时进行反思,不断提高自己的教学水平。华东师范大学夏志芳教授也认为,地理教师在教学中要不断反思,要勇于和善于对自己的教学行为进行反省,这里的反思意味着对思维定式的突破,对传统教学的创新,以及对教师自我的否定和超越[3]。

四、改进地理教师教学行为的几点建议

教学行为是教师素质的动态表征,是教师的教学理念、知识运用和教学技能的外在表现,是教师专业知识和教学经验的具体应用。林崇德教授等认为,教学行为是教师素质的外化形式。在教学活动中,教师的教学行为起着关键作用,一个教师教学效果的好坏,取决于其教学行为的合理与否。教师的知识、观念、态度和教学监控能力对其教学的作用,必须通过教师的教学行为体现出来[4]。笔者认为,影响地理教师教学行为的因素是多方面的,其中主要因素应该包括教师的教育观念、专业知识、教学技能、教学效能感等。下面主要从以上几个因素来分析如何改进地理教师教学行为。

1.树立正确的教育观念

教育观念的实质反映了教师本人对地理教育问题的价值取向与价值选择。教师的教育观念可以指引着教师做出特定的教育行为。教师的教育观念一旦形成,就会体现出教师关于“教育应该是怎样”的价值追求。地理新课程强调以学生的发展为本,提升学生的地理素养;坚持科学素养和人文精神的统一,培养学生的创新精神和创造能力。地理新课程将教师角色定位为学生学习的促进者、合作者和引导者,并形成积极的学生观,对学生在地理知识、地理技能、地理素养等方面的发展都充满了期望,体现了新课程对地理教师教育信念的基本要求。因此,地理教师必须树立正确的教育观念,改变传统的教学方法、教学行为和教学手段,认识新课程背景下新课堂中的教学形态,提升自己的教学能力。

2. 构建合理的地理知识结构

作为地理教师，拥有合理的知识结构，是有效开展地理教学的前提。合理的知识结构，可以提升教师的课堂教学能力，使教师能够创造性地开展课堂教学，最大限度发挥教学行为的有效性。地理教师专业知识分为四个方面：地理教师本体性知识、地理教师条件性知识、地理教师实践性知识、地理教师素养性知识[5]。研究表明，地理教师的专业知识对课堂教学行为的有效性起着关键作用。专业知识贫乏的教师会按照教材的结构组织教学内容，而专业知识丰富的教师不但一般不套用教材的结构，而且会提出其他更可行的组织安排。专业知识丰富的教师在教学设计和开展课堂教学活动时，总是根据教学需要和学生需求，有选择地组织教学内容，拓展学习领域，使教学目标能够最大限度实现[6]。

3. 掌握熟练的地理教学技能

教学技能是有效教学行为的技术基础，没有一定的技能作保证，教学行为的效度就无从谈起，如果一个地理教师没有掌握熟练的板画技能，那么他画得再认真，其呈现行为的效度仍然是低下的。教学技能贯穿于地理课堂教学的始终，全面而熟练的教学技能是地理教师开展有效教学的前提。课堂教学技能只有经过反复实践训练才能不断提升。熟练的教学技能有利于教师在地理教学中顺利开展各项教学活动，保证教师教学行为的精确性、适切性和有效性。熟练的教学技能是实现这些教学行为的基本条件。

4. 提升教学效能感

有专家认为，教师的教学效能即教师对自己教学能力的知觉与信念，而信念会影响一个人的行为倾向，教师对自己教学能力的知觉与信念自然也会影响教师的教学行为取向[7]。因此，教师效能感的高低会对教学目标的设定、教学策略的选择、班级管理的方法、教学评价等产生影响。还有专家认为，教师教学效能感是指教师对自己能否完成教学任务、实现教学目标的能力的主观判断，它直接影响着课堂教学效率和质量[8]。笔者认为，教师教学效能感是指教师认为自己能够有效地指导学生，相信自己具有教好学生的能力。有研究表明，教师教学效能感是学生成绩好坏的重要预测变量，不同类型的教师，其教学效能感不同，其对教学行为的影响也存在明显差异。因此，提升教师教学效能感是改进地理教师教学行为的重要方面。

总之，地理教师课堂教学行为的改进需要一定的策略支持，也需要符合个性的“具体化”方法配合。在地理新课程实施中，地理教师教学行为改进要求教师树立正确的教育观念，拥有合理的知识结构和熟练的专业技能，提升自我效能感。实践证明，从理念到行为，不是自然而然的过程，而是需要地理教师不断在实践中探索、反思，不断提高自己的教学水平。当然，地理教师教学行为水平提升既需要外部力量的支撑，又需要教师自身的专业自觉，只有这样才能促进地理教师的专业发展和能力提升，使我们的地理课堂充满生机和活力。

参考文献：

[1] D.P.奥苏伯尔，J.D.诺瓦克，H.汉内先.教育心理学：认知观[M].佘南星，宋钧，译.邵瑞珍，皮连生，校.北京：人民教育出版社，1994：扉页.

[2] 林正范，贾群星，任顺元，等.课程更新与教师行为的改变[M].杭州：浙江大学出版社，2005：220.

[3] 夏志芳.地理课程与教学论[M].杭州：浙江教育出版社，2003：423.

[4] 林崇德，申继亮，辛涛.教师素质的构成及其培养途径[J].中国教育学刊，1996(6)：16-22.

[5] 陈澄.新编地理教学论[M].上海：华东师范大学出版社，2007：123-128.

[6] 徐碧美.追求卓越——教师专业发展案例研究[M].陈静，李忠如，译.北京：人民教育出版社，2003：59-60.

[7] 俞国良.专家-新手型教师教学效能感和教学行为的研究[J].心理学探新，1999(2)：32-39.

[8] 纪学兰，石红权.浅议中小学教师的教学效能感[J].江苏教育研究，2010(10A)：49-51.

新课程背景下的地理课堂教学活动探究

林庆安　张艳阳
（宿州市教科所　宿州学院附属实验中学）

新课程改革以来，地理课堂在教学理念、教学方法以及教师教学行为等诸多方面发生了很大的变化。《全日制普通高中地理课程标准（实验）》明确提出，地理教师在设计教学时要充分考虑高中学生心理发展规律和不同的学习需要，积极探索和运用自主学习、合作学习、探究学习等学习方式，提高学生的地理学习、合作交流、批判思考以及分析解决地理问题的能力。

作为课程的实施者，教师的任务是将课本知识转化成可以操作的课堂教学活动。教学活动是完成教学任务的主要途径，活动开展的质量往往决定了教学效果。笔者结合自身的实际教学案例，来探讨新课程背景下教学活动的开展形式及其效果。

一、辩论活动

高中学生自我表现欲强烈，喜欢接受各种挑战并在挑战中实现自我价值。在地理课堂教学中开展辩论活动不仅培养了他们的表达能力，加深了他们对地理知识的理解，还提高了他们的创造性思维能力和自学能力，使他们在趣味性活动中学习地理知识。在人教版地理必修三第三章问题研究“河流上该不该建大坝”的教学中，笔者采取了辩论赛这一教学形式，设计了如下教学活动，效果良好。

1.准备阶段

将比赛题目提前一周（河流上建大坝的利与弊，正方观点“利大于弊”，反方观点“弊大于利”）公布，并将学生分为两组，作为辩论的两方，让学生针对自己承辩的内容查找资料，做好辩论准备工作；每组选出组长、副组长，组内分配立论、辩论、结论的任务，安排一辩、二辩、三辩、四辩的角色。由全班学生共同选举产生一名主持人，六名评判员，一名计时员。赛前由组长组织收集整理资料等具体工作，同时教师将比赛的程序、辩论的规则以及评分标准打印出来，张贴在教室内。教师提醒学生要以“对事不对人”的态度去参与整个辩论过程，避免个人的情绪化表现。

2.比赛阶段

主持人宣布比赛开始，介绍评判员、队员及比赛规则。

辩论过程	学生主要观点	教师评价
正方一辩陈词（3分钟）	首先，大坝的建设调节了水资源的时间分配，减少了洪涝灾害的发生；其次，可以灌溉下游田地，水库里可以发展养殖，增加收入；再次，建大坝可进行水力发电，与火电相比，水电清洁无污染；最后，在航运和旅游等方面也有很大的效益。因此我方观点是利大于弊	准确地说出了河流上建大坝的优点，思路清晰，语言流畅
反方一辩陈词（3分钟）	大坝的建设会产生破坏生态环境、诱发地质灾害、影响生物多样性、导致下游土壤肥力下降等问题……因此我方观点是弊大于利	概括到位准确，语言幽默
正方二辩陈词（3分钟）	无论是著名的田纳西流域治理，还是对西部荒漠的开发利用，都是从修建大坝、对河流水资源的综合利用开始的……建大坝利大于弊	知识面广，准备充分；联系课本知识，学以致用
……	……	……

教师在辩论结束后对正反两方辩论组做客观评估，从学生的语言表达、情感态度和智力水平等方面进行分析总结，评价主要以激励、表扬为主。

这种教学活动很好地体现了教师的主导作用和学生的主体地位，充分调动了学生的积极性，激发了学生的学习热情。在整个过程中，学生积极参与，认真地搜集资料、激烈地辩论，不仅很好地掌握了课本知识，而且提出了许多新的观点，收到了事半功倍的效果。

二、知识竞赛活动

传统的地理复习课教学，往往过分强调教师的主导作用。学生完全是在教师的支配下，“把知识装进脑袋”，再模仿练习，通过机械重复达到熟练掌握技能、技巧的目的。这种仅仅以获取知识、技能、技巧为目的的教学，扼杀了学生的天性和创造力，不符合课程标准的要求。在一节七年级上册的地理复习课教

学中,笔者采用了知识竞赛的形式,设计如下:

1.赛前准备

提前告知学生知识竞赛题目范围;把学生分为4组,合理搭配。

2.竞赛规则

题型分必答题、选答题、风险题3种类型。必答题每题10分,分两轮进行,第一轮要求各组成员依次回答一道问题,第二轮要求各组任派一人回答问题。选答题每题20分,每组学生从教师准备的4组题中任意选择一组作答(不能选择其他小组选过的题目)。风险题各小组根据自己的实力选择分值及相应问题回答,答对得相应分值,答错倒扣相应分值。最后得分最多的组获胜。

3.比赛过程

教师用多媒体课件展示题目,学生根据规则选择题目作答。

必答题例题:纬线指示的方向是?东西半球的分界线是?七大洲中平均海拔最高的大洲是?四大洋中面积最大的大洋是?……

选答题例题:下列等高线示意图中表示山谷的是?日本位于哪两个板块的交界处?青藏高原纬度低,但是气候寒冷的主要影响因素是?

风险题例题:下列四种气候类型的气温与降水月份分布图,能够反映温带海洋性气候特点的是?日本的亚热带季风气候分布范围的北界纬度明显高于其他国家的原因是?

知识竞赛活动充分调动了学生的积极性和学习兴趣,使他们在紧张兴奋而又和谐热烈的氛围中掌握了课本知识,收到了预期的效果,圆满地完成了学习任务。

三、地理实验

“实验是知识的源泉,智慧是实验的产物。”课程标准在基本理念方面提出“倡导自主学习、合作学习和探究学习,开展地理观测、地理考察、地理实验、地理调查和地理专题研究等实践活动”。在地理教学中,我们可以通过地理实验的形式让学生在实验中琢磨、想象、推理、验证自然和人文地理原理与过程,培养他们的科学探究意识。在人教版地理必修一《地球上的水循环》一节的教学中,笔者把实验引入了课堂。

1.实验用材

沙子、面积较大的平底托盘、金属托盘、烧杯、酒精灯、植物苗、支架。

2. 实验步骤

(1)用沙子在平底托盘上堆出地形地貌,在地势较高的一侧"种"上植物苗,在平底托盘上方用支架固定金属托盘,且让金属托盘略微向植物苗方向倾斜。

(2)在平底托盘地势低的一侧放置酒精灯,在酒精灯上放置装了水的烧杯并加热。

(3)加热后水蒸气上升,遇到金属托盘后冷却,水汽凝结成水珠并顺着金属托盘流动,然后像降水一样滴到植物苗上。

3. 实验结论

上述实验表明,自然界中的水体处在不断的循环运动之中。

在本节教学活动中学生通过自己动手实验,理解水因受热而蒸发,遇冷而凝结,从而形成了自然界中的简单水循环过程,同时在轻松、有趣、生动的实验中获得了直接经验,体验到合作学习和探究学习的喜悦。

上述教学活动仅仅表现了教学活动的几种形式,而地理课堂教学活动是多种多样的。有效的教学活动充分体现了学生的主体性,使每个学生参与到各种形式的活动中,激发了学生的学习兴趣,培养了学生分析、解决问题的能力和创新能力,提高了学生素质,同时,体现了现代教学的理念,符合课程标准的要求,是地理教育发展的趋势。在今后的地理课堂教学中,如何开展各种形式的活动,培养学生各方面的能力,使学生能够在教学活动中全面发展,是我们需要不断探索的课题和继续努力的方向。

引导自学“四注意”

杨崇广　柏　辉
（泗县一中）

课堂教学中经常穿插使用引导自学法，能够缓解师生课堂上教与学的压力，丰富课堂形式，促进学生由被动学习转化为主动学习，符合课程改革精神。如何使引导自学法被高三学生接受，取得良好的课堂效益，笔者以为至少要注意以下四点：

一、引导自学要注意内容的适用性

在新课程教学中，经济地理、人文地理内容比较适宜使用引导自学法，因为其难度较小，学生容易看懂，教师讲解多了，学生反而感到厌烦。其中个别稍难的知识点，学生是能够发现的，当有学生提出时，教师再给予点拨，效果比直接讲解要好。另外，教师不致讲得太累，还把主课堂让给了学生，突出了学生的主体地位，避免了“挨累不讨好”，也与课程改革的要求相一致。在复习课中，使用引导自学法较好，以复习巩固为主，需要引申和深化的地方再由教师去进一步引导、讲解。

二、引导自学要指引具体的学法

引导自学不等于自学，要建立在引导的前提下。恰如进入一个陌生的城市，靠一张地图也能找到目的地，但是向导的指引可节省时间和精力，教学也是如此。例如，用20—25分钟列出某一章节的知识体系；说出某一考点可能出现哪些考查方式；某一考题的信息是如何呈现的，是图表还是文字，是显性的还是隐性的，如果是隐性的，那么是如何隐藏的；就某题的模式改编一题，让学生知道如何入手。

三、引导自学要引出新意

引导自学要有新颖的形式，内容还是老内容，信息的呈现方式、学生学习的方法、检测的模式等要有独到之处。例如，采用复述地理要点、用思维导图表示地理事物间的联系等，让学生感到与以前学习的方式不一样，有新鲜感，从而激发学习兴趣。

四、引导自学要引到实处

对高中地理学习来说，学习效果虽有短期、中期、长期之分，但最直接的检测就是各种月考、阶段考和高考。引导自学不能回避应试能力的提升。例如，进行“关键词查找、列举”专题引导，对提高学生的考试成绩有很大的帮助。因为地理综合题的设计，无论考查学生哪个方面的知识和能力，最后都需要使用专业术语表达出来，考生表达的准确与否是得分高低的依据。因此，加强专业术语的运用有很强的实战意义。

地理课堂教学中教师“问题语言”现象分析

林庆安

（宿州市教科所）

地理教育，对人的素质的培养，对人的文化修养的提高，对社会经济的发展和进步，一直起着积极的作用。如何教学生学好地理，教师是关键，其中教师在课堂教学中的语言表达非常重要。每位教师的课堂教学都离不开语言表达，教学语言是教师向学生传授知识、培养其能力、发展其思维，以及进行情感态度与价值观教育的主要手段，因此教师教学语言的准确与否，直接影响着教育教学效果。

地理教师要使用地理学科语言进行教学。这种语言既不同于一般的自然科学语言，也有别于文学艺术用语；既不是简单的书面语言，也不是日常口语。因为地理学科跨自然与人文两个学习领域，具有综合性和地域性特点，所以地理学科语言具有很强的思想性、科学性、逻辑性和艺术性。地理教师需要具备较高的语言素养，才能较好地完成教学任务。

在听课、调研的基础上，本文就教师在地理课堂教学中出现的“问题语言”现象进行归类分析，以达到帮助教师规范语言行为，准确运用地理学科语言进行教学的目的。

一、科学性问题

地理知识有着严密的科学性。教师在讲课时要注意一词一句的用法，把知识讲准确，才能使学生获得准确的信息。例如：讲天气系统关于冷锋的形成时，有些教师只笼统讲冷暖气团相遇，暖气团上升而形成，没讲清楚冷锋是冷气团主动向暖气团移动，暖气团被迫“抬升”而形成，导致学生无法真正理解冷锋的成因以及与暖锋成因的区别；讲正午太阳高度的变化时，有些教师只简单讲夏至日时，太阳直射北回归线，北半球各纬度正午太阳高度达到一年中的最大值，南半球各纬度正午太阳高度达到一年中的最小值，这样的讲述会使学生对北半球夏至日正午太阳高度分布规律产生错误理解。

对于一些容易混淆的地理概念，教师更应准确地加以区分运用，不仅仅是字面上的简单区分，更重要的是对其本质含义的区分。例如：有些教师在讲天气和气候时，这样描述我国北方的天气——“夏天热，冬天冷。冬天特别冷的天气称为寒流”。天气是反映一个地方短时间里的大气状况，它是经常变化的，其影响因素是锋面系统、低压（气旋）和高压（反气旋）系统；气候是一个地方多年的天气平均状况，一般变化不大，其影响因素是太阳辐射、大气环流、下垫面状况和人类生产活动等。教师如果不注意描述用语的准确性，就容易导致学生难以区分天气和气候的含义，产生科学性错误。

地理学科语言的准确性影响地理教学内容的准确性和科学性，这就要求教师在课堂上必须用准确的语言、精确的词汇来表达地理事物和原理，只有这样才可以揭示地理事物的本质规律、演变过程及其原因，给学生以准确的引导，同时可以潜移默化地影响学生的用语，考试时就可以减少失误，否则会让学生对知识点理解得模棱两可，进而引起判断上的错误。

二、学科性问题

各门学科都有自己的专业术语，地理知识有自身的科学属性，因此教师在上课时要尽量使用标准术语，叙述地理名词、描述地理现象、讲解地理规律等。例如：有些教师习惯讲青藏高原在长江中下游平原的左边，华北平原在淮河的上边，北极星在地球的上边，地球自转方向是从左向右。地图是学习地理的“第二语言”，地理课堂教学总离不开方位，那么在表述方位时，教师必须使用标准方位用语，即东南西北等八个基本方位，而不能随意用“上下左右”来代替。再如：一些教师在分析低纬度尤其是海洋表面温差小的原因时，不用“太阳高度角”“海陆热容量”等地理基本概念和术语讲解，“河流汛期”讲成“河流洪水期”，“城市化”说成“城市扩大”，等等。对此，一定要及时予以纠正，做到教学语言专业、准确，要适时选用地理专业名词及专业语言，以体现地理学科本身的性质和特点，这样就更能给学生传地理真理，授地理真知，解地理真谛。

三、超前性问题

教学的对象是学生，学生是教学的主体。地理学科教师语言的准确性，有一定的选择对象，即学生的个体差异，不能“一刀切”。教师的语言要适合学生的年龄特点和认知水平，义务教育阶段与高中教育阶段所用的语言不能相互替代，要有区别。有些教师特别是年轻教师常犯的教学误区就是使劲拔高，用大学语言代替高中语言，用高中语言代替义务教育阶段语言，想当然或很得意自己的侃侃而谈，感觉还比较科学，但实际上已经脱离了学生的实际接受能力。因此，教师要根据教学内容的要求使教学语言适应学生的实际，做到有的放矢，才能收到较好的效果。但是在实际课堂教学中，有些教师却忽视这些要求，例如：教师在初中上课对褶皱这一概念的讲述是“岩层受力而发生弯曲，叫作褶曲，如果发生一系列的褶曲变形就叫作褶皱”。这一概念的表述符合高中学生的年龄特点，而对初中学生的认知水平来说，只适合表述大概意思，即“岩层受挤压弯曲变形叫作褶皱”。由此可见初中的概念不如高中的严密，但是它考虑到了不同年龄阶段学生的年龄特征和认知特点，只有这样表述才能更加贴近学生的实际，反之，就会拔苗助长，适得其反。

根据学生的年龄特点，教师的课堂用语还要尽量生动、活泼，课堂上在保持严肃性和教育性的前提下，适当结合教学实际进行生动的表述、形象的描绘，适时插入一些有趣的地理小故事、发人深省的典故等，以活跃课堂气氛，使课堂充满趣味性。如讲锋面时，用“一场春雨一场暖，一场秋雨一场寒”来形容锋面雨，这比单纯枯燥地讲授教材文字内容要好，学生更容易接受。

四、随意性问题

地理课堂教学语言不同于地理书面语言，更不同于课堂外的闲谈交流。地理书面语言是视角语言，以教材作为依托，学生可以反复感知，所以可以使用较长、较复杂的句型，句子之间的关系也可以错综复杂。而地理教学语言则是依靠听觉来感知的，难以重复感知，所以地理教学语言一般不需要太长，要细化分解，简洁明了，这样有利于学生理解。地理教学语言可以使用形象生动的口语，但是口语化不等于俗语化，简洁化不等于随意化。有些教师在教学中把科学严谨的地理概念术语笼统概括，把复杂抽象的地理成因轻描淡写，讲一些生造的词语，文白混杂，使学生不易理解，甚至产生误解。例如：在讲述地球运动的意义时，有教师这样描述：“在地球自转过程中，地轴与公转轨道面斜交成66°26′夹角，因此，一年之内太阳直射点在赤道南北两侧地带移动。”又如，将热带雨林气候说成“热雨”，热带沙漠气候说成“热沙”，热带草原气候说成“热草”，地球

“椭球体”说成“球体”等，这些随意性的教学语言既违背了科学性，又会对学生产生严重误导。

五、语音声调问题

地理课堂教学语言不仅要有一定的艺术性，还要体现说话的技巧。教师在课堂上应该发音准确，声音洪亮，吐字清晰，语速不能过快或过慢，语调要自然，讲究抑扬顿挫。教师教学语言在语音声调上主要存在下列问题：

1.教学语言不标准

地理教学语言的准确性要求，首先体现在音准上。对地理教师的音准要求，除了与其他学科一样要求用普通话教学，争取做到读音准确、标准外，还应特别注意地名读音的准确性。部分中学地理教师在教学时没有使用普通话教学，因此常常出现不正确发音，如把南美国家秘（bì）鲁读成秘（mì）鲁，还有教师把地方方言或土语随意搬进课堂，这样易分散学生的注意力，从而失去课堂的严肃性。

2.教学语言缺乏情感

教学语言若感情充沛，富于激情，有感染力，则能给学生留下深刻的印象。地理学科既有千姿百态的自然风光，也有丰富多彩的人文景观。有些教师的教学语言平淡无味，呆板凝滞，一味地空洞说教，学生听起来味同嚼蜡。这样学生不仅学习效率低下，还易产生厌学情绪。

3.教学语言缺少起伏感

地理教学内容有主次、难易、详略之分，语调的变化要考虑教学内容的重点、难点、关键点和亮点而有所变化。语调要有缓急，要字正腔圆，一句一停，必要时可以反复。重要的知识点应给学生较强的感官刺激，加深印象，而那些次要的或学生易懂的知识点，就可以适当快一些，轻描淡写或一带而过。在实际课堂教学中，一些教师的教学语言始终保持一种语调，学生昏昏欲睡，易产生疲劳感。

4.教学语言具有伤害性

在课堂教学中教师要尊重学生的主体地位，鼓励学生探索与创新，创设民主、平等、自由、和谐的教学气氛，形成一个无拘无束的思维空间，让学生处于一种轻松愉快的心理状态，积极思考，敢于标新立异，打破陈规。学生回答不理想甚至错误时，教师不要轻易否定，以免挫伤他们的自尊心和自信心，而要肯定其好的地方，再指出应该注意的方面。在课堂教学中有时会出现这样的现象，比如让学生站起来回答问题，如果回答不出或不理想，个别教师就会冷冰冰地说：

“这么简单的问题都不知道,坐下吧。”这种语言具有伤害性。

六、政治性问题

地理教学内容涉及国家主权、种族、民族、宗教等敏感知识。在课堂教学中,教师要培养学生明确的领土意识,使学生树立正确的种族、民族、宗教观念。领土是国家行使主权的对象,是主权国管辖的国家全部疆域;种族(人种)是在体质形态上具有某些共同遗传特征的人群,世界上所有人种都是平等的,没有优劣之分,纵观历史,不同人种的人都为人类文明和社会进步做出过巨大贡献;民族是人们在历史上形成的一个有共同语言、共同地域、共同经济生活以及表现于共同文化上的共同心理素质的稳定的共同体,我国是一个多民族国家,提倡民族平等和民族团结;宗教信仰是信仰中的一种,对社会历史文化有很大影响。但在实际教学中,个别教师由于地理专业知识薄弱,或紧张造成口误,或带有个人偏好,有时把这些内容讲错或描述不准确,对学生的思想产生不良影响。

地理教学语言的规范化,是地理教学科学性的体现。地理学科由于涉及面广,知识跨度大,地理教师不仅应该具备扎实的专业基本功,而且需要具备较高的语言素质和修养。教师在平时的课堂教学中,只有正确掌握运用地理教学语言的技巧,养成准确运用地理教学语言的习惯,才能在课堂上吸引学生的注意力,有效传播地理知识,提高学生的综合素质。

(本文发表于《安徽教育科研》2012年第6期,有改动。)

强化地理教学语言,提高地理课堂教学效果

董　超
(宿州二中)

师者,传道授业解惑也。教师的传道授业解惑离不开语言,师生间信息的传递,思想感情的沟通同样离不开语言。

我国古代教育名著《学记》明确指出:"善歌者,使人继其声。善教者,使人继其志。其言也,约而达,微而臧,罕譬而喻,可谓继志矣。"这说明教学语言在课堂上有着不可忽视的作用。

清代学者也认为教师是以"舌耕为业"的。所以教师语言表达能力的强弱,直接影响学生的听讲情绪,影响教师在课堂的主导作用和学生主体功能的发挥,也直接关系到教学效果的好坏和教学质量的高低。

如何才能提高教学语言的表达力呢?笔者以为良好的教学语言应具备以下几个特点:

一、科学性

地理教学语言的科学性,是指教师在课堂上的描述、讲解、提问以及释疑等环节中,语言表达要正确。汉字发音要正确无误,不能误读汉字,普通话要标准流畅。语言要符合现代语法规范,要精炼,言简意赅,不拖泥带水,课前对地理教学语言的取舍、详略程度要仔细揣摩,反复推敲,做到既不重复冗长,又不过分概略,恰如其分地表达所要讲授的地理知识。适时适度地选用地理术语或专业语言,突出地理学科的性质和特点,这样才能更好地给学生传之以真理,授之以真知,解之以真谛。

二、思想性

地理学科要通过地理知识的教学,对学生进行爱国主义和辩证唯物主义教

育。因此，教师要充分挖掘教材的显性和隐性教育因素，结合学生的思想实际，不失时机地将思想教育融于教学语言中。例如，讲到我国疆域十分辽阔，自然条件复杂多样，资源非常丰富，各民族在利用改造自然和发展生产取得举世公认的成就等知识时，教师要慷慨陈词，富有激情，使学生热爱党、热爱社会主义、热爱伟大祖国的思想情感油然而生，并让这些情感在学生心中扎根，为将来报效祖国打下坚实的情感基础。

三、情感性

教学语言要吐词清楚，音量适度，语感丰沛，语词动听，时抑时扬，或顿或挫，辅以适当的手势和丰富的面部表情以及饱满的情绪，淋漓尽致地体现教师的思想情感，使学生有如欣赏一首名曲，余音荡耳。

四、文学性

地理课堂上学生注意力是否集中，与教学语言的文学性息息相关。因为文学的语言往往具有优美生动、比喻贴切等优点。因此，教师要结合授课内容适当选用古今诗词、歌谣、谚语、历史典故、神话传说、散文等语言素材，不失时机地穿插于教学中，为教学语言增添色彩，给学生以文学美感染和陶冶，同时有利于培养学生的文学修养。如在讲山地垂直自然带时，可引用白居易的诗句“人间四月芳菲尽，山寺桃花始盛开。长恨春归无觅处，不知转入此中来”，从而帮助学生牢固掌握“山地气温随海拔的增高而降低，植被相应呈垂直变化”的地理规律。

五、启发性

教师不是单纯地传授地理知识，更为重要的是要打开学生地理智能的锁链，要有目的地将所授地理知识内容进行设问质疑，有意制造悬念，启迪学生心智，做到有启有发，唤起学生强烈求知欲。因此，教师在地理教学语言设计上要遵循学生的认知规律，从学生实际出发，以调动学生地理思维的积极性，引导他们多动脑筋为指导思想，使设问的语言条理清晰，层次分明，具有严密的逻辑性和启发性。

六、直观性

语言的直观性指地理教学语言要鲜明、形象、生动、诙谐有趣,教师要善于运用地理语言生动描述自然景观,让学生有亲临其境的感受。如在讲西南横断山区“山河相间,山高谷深”的地形特征时,学生由于缺乏感性认识,一时难以理解,教师可用如下语言描述:“上山到云里,下山到谷底,对山二人看得见,一个往返若干天。”如此描绘有利于学生对其地形特征的理解。直观的教学语言常常能激起学生的感性思维,形成逼真的感性材料,收到事半功倍的效果。

有人曾一语中的:教师通过情趣盎然的描述,鞭辟入里的分析,入木三分的概括,恰到好处的点拨,把学生带进瑰丽的知识殿堂,并开启心智,陶冶情操,获得精神上的满足。由此足见地理教学语言在课堂上的分量了。

论地理地方课程资源与国家课程课堂教学的结合

武根华
（宿城一中）

新课程重视课程资源的利用，把课程看作由教师、学生、文本及环境构筑的“生态系统”。课程资源是无处不在的，巧妙、恰当地利用各种课程资源有利于促进学生全面发展，所以新课程要求教师成为课程资源的开发者、利用者。

新一轮基础教育课程改革的重要内容之一就是改变了以往的统一课程管理体制，实行国家课程、地方课程、学校课程的三级课程管理体制，增强了课程对地方、学校和学生的适应性。地方课程又称地方本位课程，是指地方各级教育主管部门根据国家课程政策，以国家课程标准为基础，在一定的教育思想和课程观念的指导下，根据地方经济、政治、文化的发展水平及其对人才的特殊要求，充分利用地方课程资源而开发、设计、实施的课程。它是对国家课程的补充，反映了地方对学生素质发展的基本要求，具有鲜明的地域色彩。由此，我们可以看出地方课程与国家课程虽然开发主体不同，但最终所要达到的教育目标是一致的。地方课程是对国家课程的补充，在内容上与国家课程有密切的联系。同时，由于地方课程服务于地方，立足于地方，归属于地方，地方课程资源具有国家课程资源所不具有的一些优势。首先是地方课程资源贴近学生现实。由于地方课程资源就在学生身边，它既可以为学生提供学习的素材，也可以培养学生正确的情感态度与价值观。其次，地方课程资源是“活”资源，现实生活的丰富性可以在方方面面、时时刻刻提供课程资源。地方课程资源具有贴近学生生活和丰富多样的特点，这使它在课程资源的开发、利用中无疑起到重要的作用，其不但在地方课程课堂教学中，同时在国家课程课堂教学中也有用武之地。

把地方课程资源应用于国家课程课堂教学中，无疑有很好的补充、提升作用，但同时产生了一个现实的问题：短短的课堂教学时间内，如何在国家课程课堂教学中用好地方课程资源进行教学呢？结合教学实际，笔者认为要把地方课程资源有机地、科学地应用于国家课程课堂教学中，应该做好以下几个方面的工作。

一、尽可能多地掌握和更新地方课程资源

我国地域辽阔，不同地方经济、文化发展水平差异大，近年来，随着改革开放的逐步深入，我国的社会历史条件发生了巨大变化，可供利用的课程资源也不尽相同。同时，地方课程所面对的是地方的现实问题。社会现实问题的解决，是一个复杂的、系统化的过程，是多元的和开放的，地方课程具有可容纳多种问题解决取向的开放性，即地方课程资源具有复杂性、多元性和开放性，是不断发展“变化”的资源。因此，教师需要尽量掌握足够充分的地方课程资源，并根据实际不断更新。比如可以建立地方课程资源素材库，尽可能多地开发地方课程资源，这其中有教师的主导作用，更重要的是地方课程资源库还要以学生为主体来思考、建立。教师可以在研究学生、倾听学生、发现学生的基础上有目的地搜集、整理地方课程资源，也可以让学生参与地方课程资源的搜集工作。建立的地方课程资源库既要包括条件性课程资源，也要包括素材性课程资源，或者说建立既包括自然性地方课程资源在内的资源库，也包括社会、人文性地方课程资源库。这种地方课程资源库的建立和不断更新是地方课程资源使用的保证，为地方课程资源运用提供源泉。

二、对地方课程资源进行整合

地理地方课程资源并不是地理知识的堆砌，而是蕴藏着丰富地理知识，以及过程与方法、情感态度与价值观的资源，这就需要对各种地理课程资源进行合理开发、整合，使之成为一整套教学媒体的有机组成部分，为其有效利用、促进教学做好准备。整合中要分析地理地方课程资源与地理国家课程的学科教育主题的关联性，既避免简单重复，又充分利用地方课程资源。根据教学实践经验，具体应用时，教师可以结合国家课程的学科教育主题，制作整合、利用地方课程资源的电子表格，并随时补充、更新，在使用时才能有的放矢，起到应有的作用。

三、根据不同教学环节合理应用地方课程资源

地理地方课程资源具有自身的独特特点，在教学的不同环节，可以根据实际情况融入国家课程教学中。

1.课堂教学导入阶段的结合应用

课堂教学导入是一堂课的首要环节，其主要功能是引起学生的注意，激发学生兴趣，课堂教学导入成功与否，直接关系到整堂课的教学质量的好坏。现代教育理念的课堂导入强调以学生为中心，而地方课程资源正是学生相对熟知的，是从生活中引申出的教学资源。利用地方课程资源导入，有助于创设学生熟悉的情境，激发学生的学习兴趣，也有助于学生关注社会、关注生活，积极参与教学过程。例如，在教授《城市内部空间结构》时，笔者引导学生阅读本地地图《宿州市城区图》，找出环城河内（商业区、住宅区）、开发区（工业区、住宅区）、政府新区（行政区、住宅区）等功能区，利用当地城市功能分区的地方课程资源设置疑问导入新课："这种政府新区和经济开发区（工业区）的设置体现了什么土地利用方式？""为什么会形成这些不同的功能分区？""各功能区分别有什么特点？"这种利用地方课程资源的导入可以迅速激发学生的兴趣，因为这是他们可以切身感受到的地理现实，心理参与度自然就高。

2.课堂教学新授阶段的结合应用

地理地方课程资源在地理课新授阶段同样起着重要的作用。现代教育理念注重新授阶段问题情境的创设和学生的体验，认为学生的学习过程是一个发现问题、提出问题、分析问题和解决问题的过程，而丰富的地方课程资源有助于学生把兴趣转化为探究知识的求知欲，会引导学生树立问题意识。例如，在教授《不同等级城市的服务功能》时，教师利用地方课程资源创设情境："宿州市提出建成皖东北名城，为什么不提出建成安徽乃至全国名城呢？"学生结合这一教学情境深入讨论，分析了宿州市的市情和所处地区城市服务范围、种类、级别高低等对城市定位的影响。接着，对地方课程资源进行反向利用：宿州市如果提出建成安徽乃至全国名城对当地发展有什么影响呢？学生更加踊跃参与讨论，对违反科学规律、盲目求大的城市观进行了总结，对新授内容城市服务功能有了更深刻的认识。

体验性是课程学习方式的突出特性，地方课程资源是学生身边的课程，有助于学生用自己的眼睛看，用自己的耳朵听，用自己的嘴巴说，用自己的手操

作,用自己的身体体验,更有利于用自己的心灵去感悟。课程所要传递给学生的东西,不是一大堆死知识,它的传递方式也不只是教师给予,学生接受。内容的鲜活与灵动,决定了地方课程资源的答案不是现成与完整的,需要在实施过程中引领学生去探究和完善它。学生的学习活动是探究性的,学生在这种学习活动过程中会感受到疑惑和经历一定的困难,并能通过思考和探究去消除疑惑,克服困难。虽然在探究过程中会遇到失败,但这恰恰能激发学生的兴趣,促使学生认识社会生活的复杂性与深刻性,并进而调适与探究自身作为社会成员适应社会发展所应具备的基本素质,何况失败本身也是学生自身成长的需要。因此,在新授阶段,教师对学生自己收集的地方课程资源也要充分运用。例如,在教授《环境质量已成为重要的工业区位因素》时,课前布置学生收集、整理当地工业布局资料,新授阶段利用这些“学生的地理地方课程资源”,探讨当地各类工业布局在环境方面的影响。这种方式既培养了学生自主解决问题的能力,又培养了学生注重深入社会、服务社会的责任感和使命感。

3.课堂教学结束阶段的结合应用

课堂教学的结束阶段即收尾环节,虽然占用的时间不多,却非常重要。它通过“巩固”和“应用”起到提炼主题、概括要旨、灵活运用的作用。“巩固”是反映当前这堂课所学的知识,使学生对课堂所学知识有个总体印象,加深记忆;“应用”是使学生能够灵活运用所学知识来解决实际问题,对其认知、情感和行为的更深层次的发展,使学生了解其学习的过程和结果,并能够在变化的新情境中综合运用新旧知识去解决问题。从上述课堂教学结束阶段的要求和特点中我们不难发现,地方课程资源在课堂教学结束阶段的作用和价值主要体现在两个方面:一方面,在“加深记忆”方面,学生眼、耳、口、鼻体验的地方课程资源无疑起到重要作用;另一方面,地方课程资源“活”的特点更可以发挥优势,创设出现实情境和问题,达到“变化的新情境中综合运用新旧知识去解决问题”的目的。例如,在学习“城市内部空间结构”后,自然地运用地方课程资源进行提问:“如果你是宿州市市长,你认为今天学习的内容有什么用处?”这个问题一下子把学生的思维引导到回顾与展望上,达到让学生积极参与,主动总结本节课学习内容的效果。

当然,地方课程资源在国家课程课堂教学中的运用是灵活的,不可能有固定的模式,是根据课堂教学的目标、对象、氛围以及地方课程资源的特点以及适应性的不同而不同。最好是同一地方课程资源能全面渗透在整节课堂教学中,

“润物无声”而又不感觉重复，如果没有这样的地方课程资源，那么可以适当选取多种地方课程资源加以结合运用，以达到最好的教学效果。

总之，地方课程资源的地域性和本土性、丰富性和差异性，开发的能动性和自主性，使其教育功能不断增强。因此，我们在实际地理课堂教学中，应该不断加强地方课程资源的开发，对地方课程资源内容进行拓展，挖掘本地区的特色，把地方课程资源开发到学生最近的“生活区”，并把地方课程资源与国家课程课堂教学有机结合，在教学中不断补充新鲜的地方课程资源内容，从而展现出地方课程和国家课程的内在张力。

乡土地理材料在地理课堂教学中的应用

王晓琳
（砀山中学）

地理新课程实施的关键是课堂教学，课堂教学是学生获取地理知识的最主要途径。如何在课堂教学中充分落实新课程的理念、目标，是广大地理教师不断探索的课题。教师充分开发学生身边的课程资源，挖掘乡土地理材料，更能引导学生学以致用，树立可持续发展的观念，增强实践能力和爱国、爱家乡的情感。

那么，在高中地理课堂教学中应如何应用乡土地理材料呢？笔者认为有以下几个方面内容。

一、紧密联系学生生活经验和实践感受，激发学习兴趣

课堂教学应该立足于绝大多数学生的兴趣、实际生活经验和感受，将其与教学内容紧密结合，激起学生的好奇心和求知欲，从而实现知识能力的培养和情感态度与价值观的塑造。教师通过课堂教学可以丰富学生的生活经验，增强他们对家乡的感知，激发他们对家乡、对祖国的热爱之情，也使地理教学真正走进学生的生活，从而激发学生学习地理的兴趣。

例如，在教学《城市内部空间结构》时，教材以北京、香港等大城市为例说明各种城市内部空间结构的形成与变化。笔者在备课时发现：采用砀山县城功能区划分与近年来变化的材料更能够让学生产生共鸣，于是这一部分教学就以砀山县城为例，紧密联系学生身边的地理环境及变化来说明问题。

笔者先让学生了解教材上城市三大功能区的特征与分布特点，然后让学生结合砀山县城的实际情况，思考砀山县城各功能区的分布是否合理，并以简图说明。接着引导学生寻找近五年来砀山县城的变化，解释为什么有这些变化，引导学生分析影响城市内部功能分区的原因等。然后在此基础上，让学生讨论

砀山县城中的某超市生意红火、县政府搬迁、环城河开发等的原因。

这类扩展性的思考、讨论，将学生对家乡的感性认识提升为理性认识，有效引导学生初步形成可持续发展的观念，激发了学生为家乡的建设成就而自豪的情感，也引发其在今后的生活中对家乡建设的密切关注。

二、利用乡土地理材料，强化学生理论联系实际的能力

高中地理教材在阐述地理现象和地理基本原理时，考虑到地理事物的整体性和典型性，所选的事例和材料全球性、全国性的较多。但从学生认知角度出发，他们对乡土地理耳濡目染，有着丰富的感性认识。如果教师在讲课时能适时恰当地选择乡土地理案例说明，那么更有利于学生增强感性认识，拉近学生与地理课程之间的距离，从而加深他们对抽象知识点的理解，强化其理论联系实际的能力。

教师在教学中应注意将地理知识与当地日常生产、生活等实际问题联系起来，引导学生用所学的地理知识认识家乡的自然条件和经济结构，评价经济发展的现状和存在的问题，探讨趋利避害的措施，让他们认识到地理知识在现代生产、生活中的重要作用，体验到地理知识活学活用的乐趣。这样既可以提高学生对地理的学习兴趣，又能让他们把所学知识变成将来参加家乡建设的基本技术，学以致用，从而实现理论与实践的结合。

例如，在教学“农业区位因素与农业地域类型”时，笔者把“砀山的农业发展”作为一个案例引入课堂中。

[案例：砀山的农业发展]

砀山县位于安徽省最北端，地处苏、鲁、豫、皖四省交界处，气候属于温带半湿润季风气候区。砀山酥梨以果实硕大、皮薄汁多、肉多核小、甘甜酥脆等特点驰名海内外。砀山县入选中国世界纪录协会“中国酥梨第一县”。

结合砀山县农业生产实际状况，提出下列问题让学生讨论：

(1)砀山县农业生产有哪些有利和不利区位条件？

(2)砀山县在农业土地利用类型上可划分为哪几类？应如何因地制宜、扬长避短，发挥自身优势？

(3)根据砀山县人多地少、农业历史悠久、生产条件好等特点，发展农业现代化应侧重哪些方面？

(4)近年来,砀山酥梨遭遇了前所未有的危机,原因是什么?你认为该如何应对?请为家乡农业发展提几条建议。

一石激起千层浪,由于这些话题紧紧围绕着砀山的农业发展,贴近学生生活,为学生所关注,引起了学生热烈的讨论,笔者也适时加入讨论的行列。这时,答案的正确或完整与否已不重要,重要的是学生已认识到地理知识并不遥远,它就在我们身边,学习地理对农业生产有重要的指导作用和实用价值。这样的案例教学有效拉近了学生与地理课堂之间的距离,强化了学生理论联系实际的能力。

三、充分利用乡土地理材料,培养学生地理思维能力和用图能力

地理是一门综合性学科,揭示了人类活动和自然环境之间的关系。教师应将乡土地理知识作为背景资料简单介绍,告诉学生在平时的学习过程中如何去查找、收集。重点是教会学生如何综合运用这些知识点,认识和分析各种地理要素对居民生活习惯、地理景观、经济发展、环境状况的影响和彼此之间的联系,以整合自然、社会、经济发展的内容,使学生逐渐形成科学的人口观、资源观、环境观,形成多角度综合分析、判断地理现象的思维习惯。

例如,采用“梨都砀山梨难卖”这一案例来讲解影响农业区位选择的因素是不断变化的。砀山县地理环境、酥梨生产的历史、优势区位条件及近年来酥梨销售难问题的原因等等,仅作为课堂教学的背景知识,不要求学生记忆,教学的重点是让学生讨论农业区位选择主导因素变化的原因、规律等。

地图是地理信息的重要载体,既是地理学习的工具,也是生活中常用的工具。学会读图用图是学生学好地理的关键。家乡地图是抽象的地图语言,在课堂上教师无须多讲,学生就可以通过家乡地图感性认识到所对应熟知的地理事物的地理位置等。因此在课堂教学中,教师可以经常设计一些现实问题,引导学生使用乡土地图,使学生认识到地图的实用价值,有效地提高学生读图用图的兴趣,主动学习使用地图的方法,养成在学习和生活中使用地图的习惯。

例如,在讲解《交通运输方式和布局》这节课前,笔者是这样做的:先让学生找一幅砀山县交通图,并准备好中国和世界地图册,然后在地理课堂教学中组织学生开展以下读图活动:

(1)在砀山县交通图上标出学校和家的位置。

(2)画出上学的行走路线,并标明方位。

(3)设计以学校为起点,目的地分别为县政府、徐州、北京和洛杉矶的快捷、经济的多条出行线路,注明选择的交通工具、主要线路、中转站站点的名称并说明选择的原因。

这节课的教学有效地增强了学生对交通图的实际运用能力,提高了学生选择便捷、经济的出行线路的生活能力。

总之,乡土地理材料在高中地理教学中的应用优势不可替代。运用乡土地理材料进行有效教学,有利于活跃地理课堂气氛,提高学生学习地理知识的兴趣和积极性,培养学生地理空间思维能力,培养学生平时注意观察生活的习惯,增强学生对家乡的认识和热爱。

区域地理教学设计新探索

——以“欧洲西部自然地理特征”为例

王秀秀

（宿城一中）

在区域地理的教学过程中，笔者初上讲台时因教学经验欠缺总是按部就班地按照传统模式教学，例如从区域的地理位置、自然地理特征（地形、气候、水文、植被等）、人文地理特征（种族、人口、农业、工业等），一堂课接着一堂课地重复着世界地理分区和中国地理分区。当然，这种课堂设计是经典设计之一，知识条理特别清晰，但是当每堂课都是这种设计的时候，就显得机械单一、缺乏新意，难以激发学生的学习兴趣，大大降低了教学效果。

现代脑神经科学研究表明，“喜新厌旧”是大脑的天性，所以为了让学生的大脑在课堂上保持“新鲜感”，地理教师就要不断地调整教学设计，使每次的教学活动都能有效实施。

本文以“欧洲西部自然地理特征”为例，谈谈区域地理的教学课堂上如何激发学生潜能，调动学生的积极性和课堂参与度。笔者和地理教研组的同事们在教研活动中共同探讨了这节课的教学思路，设计出的教学方案课堂实践效果很好，而且对之后的区域地理方面的教学都有很大的启发和帮助。本文结合笔者对自然地理教学的理解，把这次教学设计思路以及自己的感悟整理出来，与大家一起讨论。

一、导入问题的创设

首先在解读欧洲西部的教学目标和重难点的时候，我们充分挖掘欧洲西部自然地理要素的特征及各地理要素之间的相互联系，抓住欧洲西部自然地理最突出的特点：海洋性气候。在导入的时候，如果直接以温带海洋性气候切入，由于缺乏新鲜感，很难调动学生的积极性，学生学习动机不强。但是当教师提供的情境与学生已学知识形成矛盾和差距时，学生就会产生好奇心，进而激发起学习兴趣。这里笔者就利用了纬度相同的区域之间气温的强烈反差导入，如

《世界1月份等温线分布图》。

在《世界1月份等温线分布图》中，英国和我国东北地区纬度差不多，温差却可达30—40 ℃，于是将造成两地温差如此大的原因设置成导入问题。实施效果证明，这个问题的设置可以快速地调动学生的积极性。在学生的已有认知中，同纬度地区接收的太阳辐射相当，温度应该也相当，突然出现一个与他们认知矛盾的特例，一下子抓住了他们的好奇心，学生开始主动去探究其原因。接下来我逐步引导学生由气温过渡到气候，展示英国伦敦的气温和降水柱状图以及欧洲西部气候类型分布图，让学生根据伦敦的气温和降水柱状图说出温带海洋性气候的特征，并与我国东北地区季风气候的特征对比，从而得出两地温差形成的原因。

二、教学过程中探究问题的设置

高中地理课堂教学不能简单地灌输知识，更重要的是要不断培养和提高学生地理学科能力，即“应用地理知识、地理技能和地理智能分析解决各种地理问题的本领”。地理学科能力的培养是一个循序渐进，不断挑战自己已有知识经验的过程，需要组织各种探究学习活动，让学生在由易到难、由简入繁的挑战中逐步掌握方法，激活潜能。所以在本堂课的教学过程中，主要从活动探究的设计着手，来培养学生的地理学科能力。为了让学生理解欧洲西部最重要的特征即典型的海洋性气候的成因，以及培养学生对气候类型成因分析的能力，教学活动设计的第一个探究问题是“欧洲西部温带海洋性气候的成因”，引导学生从影响气候的主要因素（纬度位置、大气环流、海陆分布、洋流、地形等）来分析，并分组讨论。

分组情况：1组讨论纬度位置，2组讨论大气环流，3组讨论海陆分布和洋流，4组讨论地形。根据回答情况给每个组打分，如果能对其他组答案进行补充，其所在组也可以加分。加分环节的设置，主要是引导学生对气候成因的全面分析，克服分组讨论导致学生只注重单个因素分析的弊端。在各组讨论的时候，教师给予一定的帮助和引导，在引导时注意分析。大气环流盛行西风作为动力将海洋暖湿气流带到陆地的过程；地形——山脉的东西走向，平原向西倾斜；破碎的陆地轮廓对气流深入陆地的作用。最后总结时，教师要强调纬度位置和大气环流是气候形成的主导因素。

在知识推进的过程中，要由气候的分布逐渐过渡到气候对区域的影响，使知识的演化层层深入，由表及里。欧洲西部大气环流作为动力，将水分输送到陆地之后，随着输送距离的增加，对陆地的影响也会越来越弱。为了让学生理解这个知识点，笔者从教学资料中选取了两个活动探究问题：从瓦伦西亚、伯明翰、汉堡到华沙的气候特征（气温和降水）发生了怎样的变化？原因是什么？

有了前面的讨论和分析的基础，这个问题探究对学生来说就相对容易些，不需要再分组，让学生自由讨论即可，主要让学生体会到气流自西向东进入陆地后，水汽随输送距离增加逐渐减少的过程。水汽影响减弱之后，气温的变化幅度也会加大，所以越往东，降水越少，气温年较差越大。以水分差异为基础，形成的这种分异规律叫作由沿海向内陆的分异规律，由此进一步将知识推进到地理环境差异性。这一过程有利于帮助学生形成地理思维习惯，达到情感态度与价值观的教学目标。

与地理环境差异性相对应的整体性也是区域地理教学过程中要渗透的学科思想。温带海洋性气候对欧洲西部的影响非常深刻，渗透到了自然地理环境的其他要素。比如，受湿润气候的影响，欧洲的植被覆盖率比较高，河流的水量平稳等。这里就可以运用地理环境整体性的思想，指导学生在分析问题时从联系实际的角度去认识地理要素和地理现象。笔者为此设计了课堂上的第三个活动探究：分析莱茵河的水文特征及其成因。这样既能培养学生分析地理要素之间联系的能力，又能把本节课没有突出的零散知识整合成以地理要素为特征的综合知识网。

在课堂推进的过程中，笔者指导学生以表格的形式总结概括河流水文特征的一般描述方法及气候影响因素等（表1）。

表1　河流的水文特征及气候影响因素

水文特征	气候影响因素	具体表现
	纬度位置	
	大气环流	
	海陆位置轮廓	
	地形	
	洋流	

表1的设置不仅可以让学生掌握河流水文特征的描述方法以及水文特征影响因素的分析方法，还可以将气候、地形、水文之间的关系加以拓展。气候、

地形可以影响河流水文特征,且欧洲西部的地形对气候的影响深刻(影响海洋气流的输送),河流在发育过程中又不断塑造着地表形态(流水侵蚀和流水搬运堆积)。这些自然地理要素之间的联系反映了地理环境的整体性。

地理课堂教学涉及学科知识的方方面面,并没有一套约定俗成的方法或模式,但培养学生的地理学科能力是教师在地理课堂中需要追求的核心目标。因此,教师需要通过组织有效的教学活动,有针对性地加强学生的地理思维能力,并在教学过程中采取不同的教学方法将地理技能和知识相结合,从而提高学生的地理学科素养。

新课程背景下“活动教学”初探

苗红青
（宿州二中）

活动教学作为一种基本的教学形式，是指在教师指导下的，以技能性知识、情感性知识和问题性知识为基本内容，通过学生自主、开放的实践性活动，促进学生整体发展的教学。它具有知识获得、能力发展、人格完善等功能。活动教学在教学中有着不可忽视的地位，它与其他教学形态相辅相成、优势互补。近代著名教育家余家菊撰文指出，要想求真知识，有很多方法，其中最重要的一条是“多动作”，他说：“丰富的知识产生于丰富的经验，没有经验作背景的知识，算不了知识，乃是‘道听途说’，‘能言之鹦鹉’而已。”

活动是最好的教育机会，好活动是青少年的天性。学生参加游戏和活动时大多是兴高采烈的。在课堂教学过程中，如果设法使教学内容与活动发生联系，能够使学生的课堂学习如同参加游戏和活动那样，教学将收到相当好的效果。

例如，气压带、风带或三圈环流的形成，抽象难懂，学生普遍反映难以掌握，即使依靠死记硬背记住了，也很难运用它解决一些实际问题。由于气压带和风带统领的知识点很多，在考试中经常造成大面积失分。教师在教学中采用板图教学、多媒体教学等效果不明显，学生们仍然存在这样那样的问题。那么怎样才能调动学生积极性，使其参与到教学活动中呢？为此，笔者在教学这部分内容时设计了如下游戏活动，效果较好。

一、知识准备过程

首先引导学生复习热力环流形成过程的知识，并绘出简单热力环流图，再要求学生画出赤道与极地间的热力环流图（假设地球静止不动，地球表面物理性质均一）。

二、单圈环流的形成

创设问题情境一:①如果大气在均匀的地球表面上运动,②不考虑太阳直射点的回归运动(太阳直射赤道),③不考虑地球自转,即不考虑地转偏向力存在,此时引起大气运动的因素是高低纬度之间的受热不均导致近地面气压差异,形成赤道与极地之间的热力环流。

活动一:挑选甲、乙两名学生,分别代表赤道地区和极地地区,要求他们用手臂示意赤道与极地间的单圈环流。甲、乙两人面对面站立,保持一臂的距离。

(1)学生甲代表赤道地区,学生乙代表极地地区。

(2)运用热力环流原理,学生甲、乙分别用右手臂(手腕伸直,手指指向代表气流运动方向)表示赤道地区和极地地区空气在垂直方向上的运动,分别用左手臂(要求同上)表示赤道与极地之间近地面和高空空气水平运动。

(3)其他同学运用“热力环流”知识,解释甲、乙两位同学示意的赤道与极地间的热力环流是否正确,并回答此时宿州市的盛行风向。

三、三圈环流的形成

创设问题情景二:假设情景一的①②两点仍然存在,但考虑地球自转,即考虑大气运动会受到地转偏向力的影响。

引导学生思考:此时我们宿州市是否常年盛行北风呢?

活动二:

(1)六名男生(A、B、C、D、E、F)按高矮顺序站到讲台上,六人均代表北半球。

(2)六人以身高表示对流层的高度,按从赤道到北极点的顺序站成一排,同时要求其他学生监督,并解释他们的站位是否准确。

(3)从左到右分别是A、B、C、D、E、F,学生A(身高最高,赤道地区对流层最厚)代表赤道,学生B、C代表30°N,学生D、E代表60°N,F(身高最矮,极地地区对流层最薄)代表90°N,A和B、C和D、E和F面对面站立且相距一臂的距离,B和C、D和E背靠背站立。

(4)A和B两位学生用手臂如活动一所述,示意低纬环流圈;C和D两位学生示意中纬环流圈;E和F两位学生示意高纬环流圈。重点观察水平气流偏向、上升气流、下沉气流示意是否正确。

(5)三组学生分别解释各自环流圈的形成过程,其他学生给予解释、指正或评价。

(6)提问:①A、B、C、D、E、F所在纬度分别是什么气压带?在其控制下的天气状况如何?②A与B、C与D、E与F之间的风带分别是什么?判断它们的风向。

(7)三圈环流中的中纬环流圈为什么不是热力作用形成的?

教师补充说明北半球中纬环流圈是间接热力环流圈,且高空风向不是东北风或东风,而是西风。

(8)选出六名女生如上所述,示意南半球的三圈环流。

(9)结合所完成的全球“三圈环流”示意图,认识全球近地面的七个气压带和六个风带。

(10)观察并归纳它们的分布规律:南北对称、相间分布。

四、演示“北半球冬、夏气压中心”的热力环流

(1)挑选X、Y两位同学如前所述,示意亚欧大陆与太平洋之间的冬、夏季海陆热力环流状况,并回答此时宿州市的盛行风向及气候特点。

(2)同桌之间演示不同的热力环流,确定高、低空风向和气压。

层层递进的活动,充分调动了学生的积极性,激发了学习热情,增强了学生直观感性认识。通过检查发现,学生顺利掌握了气压带和风带的形成、分布及其对气候的影响等知识。可见,只要改变以传授和灌输为主要方式的课堂教学模式,实现以学生主体实践活动为基础的课堂教学,使课堂成为师生共同的、真实的生活,就能让学生在丰富多彩而又充满挑战性的活动中得到发展。

又如学习等高线地形图时,为了更直观准确地掌握等高线知识,并能解决一些实际问题,在上课时,笔者把学生分成四人一组,每小组都准备适量的黄沙,讲台上也放适量的黄沙。首先,自己先堆出一座“山峰”并讲明等高线是怎样绘出的(即经过地形测量,测出各个地点的海拔,把它们标注在图上,然后,把海拔相同的各点连接成线,就是等高线;并用白棉线在堆砌的模型上示意出等高线,如图1)。

图1　等高线地形图绘制实验

然后,要求每一小组分别堆出山顶、山脊、山谷、鞍部、陡崖、盆地等不同的地形,并要求每一小组分别绘出这些不同地形的等高线图。(学生活动时,教师在教室巡视,给予必要的帮助,并补充讲述等高距)

接下来,引导学生通过活动完成以下问题:①看等高线的闭合状况,根据闭合等高线数值由中心向四周的变化规律,判断山顶和盆地(洼地)。②如何区分山脊和山谷的等高线?③陡坡和缓坡的等高线疏密有何不同?④如何计算两点的相对高度?⑤如何估计陡崖的相对高度?能否用实物说明:陡崖的相对高度H取值范围是$(n-1)d \leqslant H < (n+1)d$?($n$为陡崖处等高线的条数,$d$为等高距)

掌握这些内容以后再引导学生探究等高线地形图的综合判读和应用:①如何根据等高线图判断水系和水文特征?②如何判断迎风坡、背风坡、阳坡、阴坡?③如何根据等高线图进行区位选择?如:怎样确定水库与坝址的位置?怎样确定交通线?怎样规划农业区、工业区和居民区?……总之,通过真实的活动情境,引发了学生的认知兴趣和冲突,提高了学生合作交流及分析问题和解决问题的能力,丰富了学生的生活经验和阅历。

通过实践,笔者对活动教学有以下认识:

(1)活动教学能很好地激发学生学习兴趣。形式活泼、内容丰富的活动能够吸引学生积极参与,从而得到愉悦的情感体验,有利于学生学习知识、形成技能,有利于学生身心健康成长、陶冶性情。

(2)活动教学能充分体现学生的主体性。在课堂上,活动教学注重为学生搭建展示的舞台,课堂更多呈现出一种开放性与生成性。教师若能及时"抓彩",随机应变,那么我们的每一堂课都能上出"精彩"。

(3)活动教学有助于合作意识的培养。教学中的小组活动、自由讨论等形式，能充分体现同学之间、师生之间的互相帮助和互相启发，改变了课堂教学过于强调接受学习、死记硬背、机械训练的情况，促进了学生主动参与、乐于探究、勤于动手的习惯养成，培养了学生搜集和处理信息、获取新知识、分析和解决问题以及交流与合作的能力。

(4)活动教学注重培养学生的创新精神。在活动中，学生的个性得到充分发挥，求异思维得到发展，创新能力得到提高。

(5)活动教学是学生的真实体验，使学生增加了社会生活经验，激发了学生的课后探究兴趣，把问题带出课堂，利用课外资源解决问题。这将成为我们地理教学的一大亮点。

实施活动教学应注意的问题：

(1)要注意活动内容的选择。活动教学并非适合所有的内容，前提是要与“正课”产生联系。布里顿说：“作业内所含有的游戏的分量，就是那种作业的价值的分量；游戏内所含有的作业的分量，就是那种游戏的价值的分量。”可见活动仅是教学手段，落实教学目标才是根本，不能为了“活动”而“活动”。

(2)要注意创造良好的课堂气氛。平等、民主、融洽、和谐的师生关系是活动教学的重要条件。只有这样才能消除学生的心理障碍，才能使学生情绪高涨、思维活跃、学习主动，才能吸引学生全员积极参与，才能提高学生的探究能力，否则会压抑学生的情绪，使活动教学的价值大打折扣。

(3)教师要在活动教学过程中发挥指导作用。教师在活动教学过程之前要精心准备，根据学生心理特点合理设置游戏活动：明确在教学过程中各种活动的价值——“必须知道什么结果是产生于什么游戏”。教师在活动教学过程中仅发挥指导作用，给予学生以适宜的暗示引导，弥补学生阅历、知识和技能的不足，不可直接干涉，否则会阻碍学生各种潜能的发挥，降低学生的成就感，不利于学生坚强意志品质的培养。教师在活动教学过程之后，要及时总结和评价或指导学生及时总结和评价，以真正落实教学目标。

(4)课上与课下、校内与校外活动相结合。受条件的限制，有些活动很难在课堂内或学校内完成，可引导学生利用课下和校外条件完成教学活动，但是要告诫学生安全第一。

让学生在地理课堂中动起来

谢小宝
（灵璧县禅堂中学）

我们都知道在课堂上让学生积极主动地参与教学活动，并在各种活动中动起来，从而真正地学会学习，做学习的主人、学习的主角，确实不容易。我们也知道在教学中如果没有学生的参与，没有学生的共鸣，没有学生的“附和”，那么这样的课堂教学是没有实际意义的，也可以说是失败的教学。在课堂上让学生动起来不仅是我们教师需要转变教学方式的问题，也需要广大学生学习观念的转变。

其实学生的表现欲望是很强的，他们希望通过各种活动表现自己，得到老师和同学的欣赏和称赞，所以我们可以顺水推舟做学生喜欢的事。在地理课堂中，笔者设计多种多样的活动让学生参与到学习中来，让学生做课堂的主人，真正“动”起来。

一、讨论式学习

笔者在农村中学任教多年，对学生的基本情况很熟悉。在教学中，教师应当充分考虑到学生的实际生活背景，根据教学内容来设计一些学习情景，激发他们探求知识的愿望，培养学生敢说、敢议、敢问、敢交流的品质，这样往往能得到意想不到的收获。笔者在教学《土地资源》一节内容时，让学生讨论我们当地土地资源开发利用过程中存在的问题。笔者鼓励他们说：“你们想到多少就说多少，说错了也没有关系。”刚开始时，学生你看看我，我看看你，犹豫不决，慢慢地，有的学生胆子就大了，时间长了，学生就能说出自己的想法了。有的学生说：我们村盖房子占了很多的农田，很可惜。有的学生说：我们村有一个砖窑厂，由于取土，每年要破坏好多土地……通过讨论，学生了解了存在的问题。笔者又问：我们应该如何解决这些问题呢？学生说出很多的办法，笔者从中也得到了启示。学生的思维和表现欲望在课堂上被调动起来，每个人都很积极，都能通过自己的观察、思考、讨论、验证，得出结论。亲身体验所学知识的作用，学生既能感受到学习地理是一件有意义的事情，又能体验到地理知识就在身边，从而提高学习兴趣。

二、做好课前预习和准备

根据每一节课的需要，笔者会在课前布置小论文，让学生在上课的时候演讲，一般需要3—5分钟的时间，字数不用太多。具体的实施方法是：提前一周布置任务，小组轮流准备论文的题目，即每个小组准备一个题目；上课时由小组派代表上台演讲，锻炼学生的语言表达能力；演讲时要求学生姿态大方、声音洪亮、语言流畅、尽量脱稿，笔者对演讲进行指导并对演讲稿内容把关。例如，笔者在教授《巴西》一节内容时，关于巴西的热带雨林遭受砍伐的讨论，学生能结合我们当地的情况进行讨论。有个学生说：我家的杨树生了一种害虫，树叶都被吃光了……笔者就给学生讲解：这可能是由于我们现在种植的树种比较单一，害虫没有天敌，等等。笔者当时就感觉，学生真的是学到知识了，能发现自己身边的地理知识了。长期坚持演讲和讨论不仅可以开阔学生视野、扩大知识面，而且对学生收集处理资料、写作、记忆、语言表达和心理素质等也是很好的锻炼。

三、知识竞赛式学习

积极参与，勇于竞争。在课堂教学中，学生积极参与教学活动，有强烈的竞争意识，是学生主体意识的具体表现，也是开发智力、培养能力、提高课堂教学效率的关键。在教学中，笔者采取多种手段调动学生的竞争意识，例如，在备课时把本课重要的知识点或有关的课外知识设计成有趣的地理问题。

学生有极强的荣誉感和表现欲望，为了在竞赛中获胜总会全神贯注地听课，尽自己最大的努力去记忆，始终处于兴奋状态。很多学生反映：上地理课最紧张、最兴奋也最盼望的就是知识竞赛。多年的实践证明：地理课采用竞赛形式符合初中学生的身心特点，提高了学习效率，也扩大了学生的知识面，培养了学生集体主义观念和竞争意识，是地理课堂从沉闷走向活跃的简单好用的方式。

四、游戏式学习

游戏之所以对学生有吸引力，是因为其具有互动性。课堂教学中根据教材内容设计游戏活动是激发学生兴趣的办法之一。

例如，在教学《地图》时，可编成地理游戏，让学生在活动中愉快地学到地图知识，发展地理能力。在活动中，学生知道了方向、比例尺、图例和注记等要素的作用和意义。比如，笔者问学生在现实生活中辨别方向的方法有哪些？有个学生就说到了可以利用太阳能热水器集热管朝向来辨别方向，这是因为现在我们农村太阳能热水器普及了，而十年前的学生是不会理解的。在以往的教学过程中，学生在课堂上学习了如何辨别方向，但在实际生活中却往往无法直接体验。学生没有直接经验，难以灵活运用。通过转变学习方式，将地图知识放在游戏中学，学生兴趣浓厚，乐于参与，并能在实践中不断体验地理知识的作用与价值。这对培养学生学习地理的兴趣和能力，特别是绘制地图和阅读地图的能力是大有益处的。同时，地理游戏活动将理论联系实际，有利于培养学生的地理实践能力。

五、表演式学习

新教材注重学生创新能力的培养，因此，让学生动手把课本知识“演”出来既能帮助学生加深对知识的理解，又能培养学生的创新意识和表演才能，深受学生欢迎。演一演还可使学生克服害羞心理，增强自信心。

俗话说“千言万语说不清，一看实验即分明”，有些地理原理仅仅靠教师口头讲解学生理解较为困难，教学中让学生演示实验不仅能让抽象的知识形象化、具体化，从而加深理解，而且能调动学生的参与热情。

教授《地球的运动》一节时，笔者让学生手拿地球仪环绕教室内走道（地球公转轨道）演示地球的运动（自转和公转）。学生在演示中经常会出现忘记地球自转、地轴倾斜方向变化或搞错自转或公转方向等现象。让学生指出演示过程中的错误后，再请一位学生作正确的演示。近几年我们学校有了多媒体教室，地球运动的演示就容易多了，学生的学习效果也好多了。这样一来，地球自转和公转的抽象知识就能较为形象直观地展现在学生面前，学生理解记忆也更加深刻牢固。

六、绘图式学习

在平时教学中，笔者还经常让学生自己动手画设计图、示意图、漫画，如学习聚落时，首先向学生展示西亚、东南亚、北极地区几个不同温度带的景观图，然后让每个小组根据上述地区气候设计房屋图，并说出设计理由。讲解七大洲的位置和形状时，笔者设计了“一笔画世界”比赛，看谁能用一笔快速而准确地画出世界陆地轮廓(南极洲除外)。讲解地图时，让学生绘制灵璧县政府到宿州市政府的路线示意图。讲解人口、环境问题时，笔者让学生创作一幅宣传漫画。这样做，费时不多，但培养了学生的实际应用能力和创新能力。

笔者认为，“教虽无定法”，但可“以学定法”，这就是课程改革以人为本理念的体现。教师应根据不同的教学内容和教学对象采取灵活多样的活动方法，这就要求教师要走近学生，了解他们的喜好，不断变换活动方式，迎合学生“口味”，否则，再好吃的“饭菜”吃久了都会吃腻。在课堂上开展各种活动是和课堂教学相互补充、相互促进的，学生要想在活动中一展身手，就必须学好书本知识，必须在课堂上积极主动地参与教学活动。实践证明，各种活动的开展有力地促进了课堂教学。

高中地理教学课堂提问之我见

孙善贤
（萧县黄口中学）

课堂提问是一种教学艺术，它不仅外显教师的综合素质，而且内显教师的教学理念。在课堂教学中，教师精心设计的学习思考问题，不仅能激发学生的浓厚兴趣，而且能带动学生积极主动地深入思考，促进学生挖掘自身的潜能，展示自己的智慧，表现自己的能力。课堂提问是教学过程中师生之间常用的一种交流方式，是联系师生思维活动的纽带，是教师教学的重要手段和教学活动的有机组成部分。在新课程理念下，地理课堂提问发挥着新的特色与功能，成为体现新课程理念的“亮点”之一。

一、深刻理解新课程理念下的地理课堂提问功能

第一，转变学生的学习方式。在新课程理念下，地理课堂提问可以促成学生学习方式的积极转变。教师在课堂教学中，要坚持重“教”向重“学”转变，充分发挥课堂提问技能，引导学生自己去发现问题，并独立自主地完成各种探索活动，使学习过程变成学生不断提出问题和解决问题的探索过程，从而实现学生学习方式由被动向主动转变，充分调动学生学习的积极性和主动性。

第二，发展学生的高层次思维能力。在新课程理念下，地理课堂提问可以发展学生的高层次思维能力。教师在课堂提问时，不仅要重视学生思维能力的培养，尤其是创新能力和解决实际问题能力的培养，而且要重视问题的开放性和启发性。教师在设计问题时，不要给学生提供固定的答案，而要引导学生之间相互启发，各自提出不同的想法，相互交流和评论各自的想法，最终形成学生自主、开放的批判性思维。因此，课堂提问为学生在学习中提供了讨论和交流的机会，发展了高层次的思维能力。

二、牢牢把握新课程理念下的地理课堂提问原则

第一,提出的问题要有适度性。教师在设计问题时要考虑到学生已有的知识基础、接受水平和理解能力等情况,问题的难易程度应在学生的“最近发展区”内,既要有一定的难度,又要有一定的梯度,要能达到“跳一跳摘得到”的效果。问题的设置,应由小到大,层层推进,步步深入,使学生在获取知识的过程中体验到成功的喜悦,既激发了学生的求知欲望,又提高了学生的学习能力。例如,在讲解大气的受热状况时,设问“青藏高原为什么成为全国年太阳总辐射量最多的地区,但气温不高?”这样的问题有一定的难度,能够在学生的头脑中构成一个悬念,能够起到促使学生积极思考的目的,又能使学生感觉到问题与自己学过的知识存在着某种内在的联系,通过自己的积极思考可以解答。

第二,问题的答案要有科学性。在传统的实际教学中,教师的提问往往只是一种纯粹的手段,只追求问题的答案,即一个正确的符合教师预设的答案,导致学生的思维活动受到约束,不利于学生的个性发展和创新能力的培养。因此,教师要遵循新课程理念,在课堂提问中要适量提出答案具有开放性的问题。开放性问题大多一题多解,思维是开放的、发散的,有利于学生开阔视野,掌握多种思维方法,训练学生用不同的途径解决地理问题的能力。如在讲解交通运输方式和布局时提出:一位同学暑假要从上海到大连去旅游,该怎样设计旅游线路?学生既可依据时间要求,选择航空、公路、铁路、海运等交通方式;也可根据预算,选择交通工具设计线路;还可依据想要经过的城市和沿途要参观的旅游景点设计线路。不同的回答产生了多种结论,既训练了发散思维,又满足了不同层次学生的发展需要。但要注意,即使是发散性的问题,其答案的范围也应在预料之中,要避免答案不确定或超出学生认识水平的问题,确保答案的科学性。

第三,提问的对象要体现公平性。由于学生的认知水平各不相同,教师在设置问题时既要侧重学生整体,又要注意个体差异,使问题尽量覆盖全体学生。因此,教师要根据问题的难易程度,有目的地选择不同层次的提问对象,使人人都有思考问题和回答问题的机会。由此可见,在设计课堂提问时,教师要注意学生的认知水平和规律,要使问题之间有梯度。例如,在《热力环流》和《大气的水平运动》的教学设计中,我要求学生在理解教材、研究图像的基础上,回答以下问题:①大气产生运动的根本原因是什么?(冷热不均)②为什么冷热不均是

大气运动的根本原因?(分析热力环流的形成)③大气水平运动的直接原因是什么?(水平气压差异)④假如只考虑水平气压梯度力,大气水平运动的方向如何?(高压指向低压,垂直于等压线)⑤地转偏向力将对以上大气水平运动的方向产生什么影响?(大气水平运动的方向偏至与等压线平行)⑥近地面大气运动还要与地面产生摩擦,这对大气水平运动产生什么影响?(大气水平运动的方向偏至与等压线有一个交角)。这种提问避免了一种困境:将一个大而无边的问题呈现在学生面前,使学生无所适从。同时,分层次小步子提问更符合学生认知发展的规律,起到了培养学生思维能力的作用,从而使每位学生都有机会思考和回答问题。

第四,提问方式要有开放性。爱因斯坦说:“提出一个问题比解决一个问题更为重要。”长期以来,我们习惯于“师问生答”,导致学生跟着老师关注的问题走,学生的思维跟着老师的问题走,缺少自己提问的机会。由于知识背景、兴趣爱好、价值取向、思考角度的差异,师生关注的问题不同,就是对同一问题的关注点也可能会迥然不同,造成课堂提问不能激发学生探求知识的欲望。因此,我们应改变单一的“我问你答”的提问方式,提问形式要多样化:可以师问生答,也可以生问师答;可以同桌互相提问;可以小组内提问,也可以小组间提问;可以男女同学互相提问,也可以开展提问接力竞赛,比比谁或哪一组提的问题多、水平高。教师应创造条件尽可能地把提问的权利交给学生。例如:如果黄赤交角变为0°,会引起地球上一系列自然现象的变化。为了培养学生独立发现问题的能力,笔者把提问的权利交给学生,让他们从不同的角度设计问题。学生提出了下列问题:①地球上有无昼夜和昼夜更替现象?②有无昼夜长短变化?③正午太阳高度角有无变化?④有无四季更替?⑤有无五带产生?等等。学生提出的任何一个问题都经过了一番思考,动过一番脑筋,提出问题的过程本身就蕴含着创造思维的力量。

三、紧紧抓住新课程理念下的地理课堂提问时机

提问可以在单位教学时间内任何时刻进行,但不同时刻提问的效果不同。课堂提问存在着一个最佳时刻的选择问题,教师要善于抓住最佳时机,充分发挥课堂提问的功能。

第一,课堂伊始提问,引人入“戏”。一出戏在开头设置悬念,自然会引人入胜。课堂提问可以采用设置悬念的方法,抓住学生的注意力,提高学生的学习

兴趣。例如，在讲解昼夜长短的变化时，首先创设黑龙江省的漠河镇有我国的“北极村”之称，每年都有一段时间出现“白夜”现象的情境，然后提问：你知道什么时间出现“白夜”吗？原因是什么？这样的提问能够使学生的学习兴趣陡增，思维闸门顿开，收到良好的教学效果。

第二，重难点处提问，突出认知矛盾焦点。重点和难点是教学重心所在，是学生认知矛盾的焦点，于此处提问，可以集中学生的注意力，使其情绪高涨，精神振奋，积极思维，从而提高课堂教学效率。例如，在讲解沿地表水平运动物体的偏移时，首先通过多媒体展示长江干流示意图，提问：长江下游南京以下优良河港一般位于南岸，就自然条件而言，其主要原因是什么？在学生回答出“南岸水深，有利于大船停靠”时，接着又提出“南岸水深的原因包括哪些”。学生一时回答不出，又急于想知道问题的答案，表现出了强烈的求知欲，这时笔者引导学生阅读教材，然后进行综合分析，从中探究问题的答案。这样的设疑既提高了学生学习教学难点的兴趣，又训练了学生的思维能力。

第三，理论与实践的连接处提问，使知识根植于生活的土壤。回归生活是新课程理念的基本理论之一，因此，教师在平时的教学中要善于捕捉生活中的信息，设置问题情景，引导学生关心社会，体验生活，感受责任。例如，在讲授产业转移时，我结合宿州市积极打造“中部鞋都”案例，提前要求学生搜集资料研究几个问题：宿州市打造中国“中部鞋都”有哪些区位优势？对宿州市产业结构调整有哪些积极作用？对宿州市地理环境有哪些积极影响？从产品生产环节的价值链示意图可以看出鞋子的加工在产业分工中处于不利地位，要改变此状况，应采取哪些措施？学生根据调查研究，独立思考，相互讨论交流，沟通合作，不仅理解掌握了知识，而且培养了社会责任感，更感受到了地理知识在社会生活中的重要作用。

总之，新课程理念下的地理课堂提问，应该以学生的全面发展为目的，突出学生的参与性，使学生能够更好地自主学习和探究学习，突出对学生问题意识的培养，使学生逐步形成发现问题、思考问题和解决问题的能力。

浅谈地理课堂教学方法

王洪荣
（宿州十一中）

新一轮课程改革对地理课堂教学提出了新的要求。地理教师在课堂上应该怎么教，是广大一线教师不断思考的问题。笔者结合地理教学实践，谈谈自己的看法。

一、激发兴趣，唤醒学生

孔子曰："知之者不如好之者，好之者不如乐之者。"兴趣是学习的一种原动力，兴趣是最好的老师。学生凡是学习有兴趣的知识，浑身是劲，效果甚佳。

研究表明，初中生更容易接受以感性材料为主的，富于感情色彩的地理知识。这就要求地理教师在备课时，尽可能寻找符合学生生理和心理特征的兴奋点，创设情境。灵活选用讲故事、做实验、猜谜语、玩游戏、角色扮演等各种形式，把学生的知识世界与现实世界联系起来，使学生明白他们的地理课很有意义，让学生在内心深处感受到学习地理对生活有用，对终身发展有用。

例如，我在讲授《滚滚长江》时，采用多种方法，激发学生的兴趣。导入环节，学生在雄壮优美的《长江之歌》歌曲声中，进入了长江的学习。在了解长江各段特征时，利用角色扮演的方法，请出三位同学扮演长江小导游，分别为大家介绍上、中、下游的特点，最后评出最佳导游。了解长江水能和航运价值时，利用"长江探宝"的方式，激发学生的好奇心和好胜心，课堂气氛活跃。讲到长江三峡水利工程时，通过一段新闻视频，让学生身临其境，近距离感受长江三峡水利工程。任何事物都有利有弊，通过"小辩论"让学生明白三峡工程的利与弊，培养了学生的辩证思维。一节课高潮迭起，不断激起学生的求知欲望。

苏霍姆林斯基说过，所谓课上得有趣，就是说学生带着一种高涨的、激动的情绪学习和思考，对面前展示的真理感到惊奇甚至震惊。所以，在教学中，我们要善于寻找学生的兴趣源泉，不断激发学生的求知欲望。

二、人格魅力，“感染”学生

根据调查统计，学生最喜爱的教师不仅仅有丰富的专业知识，更具备高尚的人格修养和非凡的人格魅力。

“教育是人与人心灵上的最微妙的相互接触”，所以教师是需要用人格魅力“征服”学生的。所谓“亲其师，才能信其道”，很多学生是先欣赏你这位教师，进而才喜欢地理这门课。我们把地理教师分为三种：第一种是专制型教师，强迫学生学习，学生很厌烦，不能完成学习任务；第二种是机械型教师，教授的学生谈不上有兴趣，基本能完成学习任务；第三种是智慧型老师，能使学生在轻松愉快的环境中不知不觉地接受知识，乐学、爱学。调查表明，机械型教师占多数，我们怎样才能由机械型教师成长为智慧型教师呢？这就要求我们地理教师要树立正确的教育观和人才观，与时俱进，加强自身的修养，掌握现代化教学方法和技术，更新教育教学理念，提升自身专业化水平，开展新课程的行为研究，这样才能逐渐成长为一名智慧型教师。苏联教育学家乌申斯基指出，在教育工作中，一切都应以教师的人格为依据，因为教育力量只能从人格的活的源泉中产生出来。因此，我们只有提高自身的内在修养，用完善的人格赢得学生的信赖，从而真正提高教学效率。

三、因材施教，以“生”为本

世界万物是多样的，我们找不到两片完全相同的树叶。当然，每位学生的生活世界是各不相同的，学生的差异是客观存在的。早在几千年前，我国著名思想家孔子就提出了“因材施教，因人而异”。

新一轮的课程改革特别提倡关注学生的个体差异和不同需求，确保每个学生都受益。这就要求我们教师在遵循教育规律对学生进行教育的同时，必须打破以往按统一模式教育学生的传统做法，关注每一个或每一类学生的特殊性，实施分层教学、分类指导，满足不同学生的学习需求，使学生树立“我能行”“我有成功的潜能”的信念。例如，在制定学习目标时要有梯度，由易到难，层层递进。笔者在讲授《海陆的变迁》这节课时，针对学困生，要求他们知道地壳是变动的，了解“大陆漂移假说”“板块构造假说”的要点，火山和地震的分布特点；要求中等生在此基础上，会用“大陆漂移假说”“板块构造假说”的观点解释一些自然现象;要求优等生要进一步在生活中能运用所学知识解决实际问题。

另外,如果教师能够根据教学目标、教学内容、学生身心特点,用心考虑合适的教学方法,因材施教,就能够事半功倍。例如,在讲解昼夜交替和季节变化时,我考虑初中生年龄小,顺口溜朗朗上口,便于记忆,于是归纳为:地球自转,昼夜更换;绕日公转,四季出现;自转一日,公转一年;自西向东,方向不变。

心理学研究表明,外界进入人脑的信息有90%来自眼睛,所以图文并茂的形象记忆也是非常符合初中生身心特点的。例如,在复习“中国政区轮廓”时,启发学生观察想象:湖南省和湖北省的形状是戴着帽子的人头侧面像,山西省像平行四边形,广东省形似一个象鼻,等等。

地理教师在备课时要精心设计每一节课、每一个教学段落的教学方法,做到一节课以一两种地理教学方法为主,穿插渗透其他教学方法。注意教师讲述、讲解的穿针引线作用并贯穿始终,注意地图法、演示法的充分及时运用,使教材和教法、学法融为一体。例如,我在讲授中国的水资源时,采用了小组合作学习法、读图法和游戏竞赛法。简述南水北调工程时,采用了角色扮演法,最后以公益广告“希望人类的最后一滴水不是我们的眼泪”结束课程。

总之,地理课堂教学应该怎样教,需要地理教师不断总结,不断反思。

中学地理教学中“落地”意识的问题探究

——以两次省优质课评比为例

马道宏

（灵璧一中）

一、观点的提出

这里提及的“落地”意识是指一种把现行教材（课本）内容落实到当地的地理环境和生产生活实际之中的教学理念。地理教师要养成良好的“落地”习惯，善于把课本知识同乡土地理有机地整合起来，理论联系当地实际，让学生亲身体验到“地理源自生活”和学习“生活中地理”的重要性，让地理课反映家乡的地理特色，走进学生的心灵深处，激发学生的乡土情怀，认识家乡，热爱家乡。这不仅是“知识与能力”“过程与方法”目标的要求，更是“情感态度与价值观”目标达成的需要。学生只有情动、心动，才能主动融入课堂，让地理知识在课堂教学的实施过程中“落地生根”，最终实现课堂教学效益的最大化。

笔者先后参加了“2011年安徽省高中地理优质课评比”和“2012年安徽省初中地理优质课评比”的观摩活动，深受启发，感悟颇多。大多数参赛教师都能够理论联系实际，注重乡土地理课程资源的开发，凸显地理学地域差异性的特征，强化地理教学中“落地”意识的培养，但是也有不少参赛教师在“落地”的过程中存在一些问题。关于存在的问题及其对策，笔者愿与同仁一起探讨。

二、存在的问题

1.重形式，轻实质——“落地”意识不强

笔者认为少数地理教师“落地”意识不强，并非业务能力问题，而是对课程改革意识和课程标准理念的理解问题。有些地理教师在课堂教学的过程中，列举的案例、提出的问题、互动的文本知识和图像信息，与学生所处的地理环境相距遥远，让学生可望而不可即，甚至“雾里看花”。这样的课堂必然是沉闷的，缺乏生机，当然也是低效的。

比如，在“2011年安徽省高中地理优质课评比”活动中，一位参赛教师在讲授气压带和风带的知识时，让学生结合“气压带和风带的分布示意图”以及2012年夏季奥运会举办城市伦敦的地理位置示意图，分析该城市的气候成因。虽然教师创设了新情境，理论联系了实际，师生互动的气氛也比较热烈，但没有真正“落地”，没有真正地把地理知识和当地的地理环境结合起来。笔者认为教师通过展示“北半球七月和一月的气压分布示意图”（图上标注合肥市的地理位置）和合肥市的气温曲线与降水柱状图，让学生通过合作探究合肥市的气候特征及其成因，从而进一步掌握影响气候形成的因子除了气压带和风带（大气环流）之外还有海陆分布等，效果会更好。这样既拓展了知识广度，又挖掘了知识深度，同时更好地体现了“落地”意识，让学生对所处的地理环境有所感知、有所认识。这样的地理课堂才更有亲切感，教学效果才会更好。

2.软着陆，硬落地——“落地”不自然

有些教师在地理教学的过程中，虽然理论联系了实际，但是显得生搬硬套，强行“落地”。

比如，在“2012年安徽省初中地理优质课评比”活动（地点宣城）中，一位参赛教师在讲述我国工业的分布与发展时，用当地的气候资料导入，这表面上好像联系了当地的实际（软着陆），但实际上与授课内容“风马牛不相及”（硬落地），让听课评委和师生感到茫然。笔者认为，若能利用“宣纸”（落地）制造工艺流程的图文和视频资料，从造纸工业的角度切入课题、导入新课，则更贴切、更自然、更实在。

3.千人一面，机械重复——“落地”缺乏创新

有些地理教师由于创新意识不强，缺乏对原有素材的再加工，教学设计落入俗套，教学的有效性不高。

在“2012年安徽省初中地理优质课评比”活动中，大赛组委会提供两个参赛课题，其中一个是我国季风气候的特征。参赛选手几乎千篇一律地采用宣城市或广德县（落地）的气候资料导入新课，而且图表素材的选取几乎不约而同地源于同一个版本材料，甚至原来素材中的气候直方图明显存在不足，都没有校正、补充，只讲“拿来主义”，不求“选择性吸收”。这样的课机械重复，缺乏创新，让听课评委和观摩教师兴趣全无。

三、应对的策略

针对一些教师在“落地”意识培养上存在的问题，笔者特提出以下建议，仅供参考。

1.关注对发展有用的地理，重视地理学科的价值取向

《义务教育地理课程标准（2011年版）》明确把“实践能力”的培养纳入课程目标范畴。因此，我们地理教师要强化课程观念和课程标准意识，要善于理论联系实际，从地理的视角关注生活、关注社会、关注周边的地理环境，强化“落地”意识，让学生感悟地理的魅力，感受学以致用的乐趣。

比如，在“2012年安徽省初中地理优质课评比”活动中，一位参赛教师在讲述我国季风气候的特征时，先通过展示广德县的气候资料，让学生从家乡的气温和降水特点自然而然地得出季风气候的特征，再结合家乡的自然风光和水稻种植——季风水田农业等视频材料，得出季风气候对自然地理环境其他要素和工农业生产、旅游业等的影响。这样，在重视“落地”意识培养的同时，彰显了地理学科的实用价值。

2.关注课程资源的开发，重视乡土地理的教学

校本课程资源的开发，让教师意识到自己除了对课程进行个性化解读外，还可以对课程进行补充、拓展或创生。学会开发与实施校本课程，是教师职业的重要使命。校本课程的开发要彰显地方性（“落地”意识），重视乡土地理素材的收集与教材知识的有机整合。

比如，笔者在讲授影响工业布局的区位因素时，结合乡土教材《我的家乡在灵璧》让学生了解灵璧石资源的空间分布与灵璧石加工工业的现状，进而让学生评价灵璧发展石材加工工业的区位条件（有利条件：①灵璧石资源质优量丰，接近原料地；②灵璧人口众多，有丰富的劳动力；③有各级政府的大力支持，政策优惠。不利条件：①灵璧经济落后，资金不足；②灵璧石材加工技术水平较低；③灵璧交通等基础设施有待提高；④灵璧石消费市场比较狭小）。校本课程资源的开发和乡土地理的教学，为“落地”意识的培养与强化提供了肥沃的土壤和必要的条件。

3.关注研究性学习，重视创新能力的培养

新课程倡导研究性学习，重视对地理问题的自主探究与合作学习，以及创新能力的培养。因此，地理教师要积极带领学生开展地理观测、地理考察、地理实验、地理调查等实践活动，尝试从实践中发现问题，开展探究，提出解决问题的办法，强化“落地”意识在中学地理教学中的运用。

比如，在“2011年安徽省高中地理优质课评比”活动中，一位参赛教师在“为什么市区气温比郊区高”的课堂教学过程中，展示了课前教师亲自带领学生到合肥市进行气温实地测量的视频材料和统计表格，让学生亲身体验到市区与郊区之间的气温差异，用“数字”说话，用“事实”说话，定量论证与定性描述相结合，验证教材中的原理和规律。这样，在强化“落地”意识的同时，培养了学生探究、分析与解决地理问题的思维方法和科学探索精神。

在课程改革的大潮中，我们每一位地理教师都需要有全新的理性思考和创造性的教学实践，领悟和把握课程标准精神，重视“落地”意识的培养，让地理融入生活，让知识“落地生根”。只有这样，我们才能让地理课堂真正地“动”起来、“活”起来。

（本文发表于《地理教学》2013年第9期，有改动。）

地理教学中的“追问”艺术

田志高
（萧县中学）

在充满互动的课堂教学中，教师要成为一个“追问者”，一个智慧的“追问者”。

追问，是在对问题深入探究的基础上追根究底地继续发问。就地理教学来说，追问就是围绕教学总目标，设置一系列问题，将系列问题与课堂临时生成的问题进行整合，巧妙穿插，由浅入深，由此及彼地追问，以形成严密而有节奏的课堂教学流程。

追问，以思维走向为路线，通过一个“追”字，由教师“吊着学生的胃口”，引导学生对问题现象进行层层深入的思考和研究。因此，我们还应该设计有效的“追问”情境，诱发学生的思维积极性。

教育家陶行知说：“行是知之始，学非问不明。”恰当的、有效的追问，将会使课堂教学充满生机，妙趣无穷。恰当的追问能够让课堂成为生成智慧的天堂。有效的课堂追问要把握好追问的时机和追问的内容。

一、探究式追问——更进一步

德国教育家第斯多惠说：“教学的艺术不在于传授本领，而在于激励、唤醒和鼓舞。”课堂上，教师适当的深层次追问，在学生思考深浅处牵一牵，引一引，引领学生去探索、去发现，学生的思维就有可能慢慢走向成熟。

[案例：《农业的区位选择》教学片段]

师：影响农业的区位因素有哪些？

生：气候、地形、土壤、水源、市场、交通运输、机械、劳动力等。

师：除了课本上列出的区位因素你还可以补充其他因素吗？

生:科技、生活习惯、传统经验、历史因素。

师:这些区位因素可以分为几类?

生:自然因素和社会经济因素两类。

教学反思:这样的追问可以把简单的问题深化,激发学生的思维,从而突破教学重点。

二、点醒式追问——迷途知返

中学生在课堂上犯错误是在所难免的。有人说:"学生的错误都是有价值的。"如果教师能有效指导学生发言,引导学生从错中求知,从错中探究,激发学生去自我反思,在学生犯错误的时候进行追问,教学效果会更好。

[案例:《区域农业发展》教学片段]

课件出示例题:相对于两湖平原而言,试评价三江平原农业发展的区位因素。

师:有哪些区位因素,你能一一列举出来吗?

(学生自主探索之后回答)

生:季风气候,水热条件好;地形平坦;土壤肥沃,以黑土为主;水源充足,河网密集;劳动力丰富。

师:影响热量的因素有哪些?

生:纬度……

师:相对于纬度更低的两湖平原而言,三江平原纬度如何?

生:纬度较高,热量条件差一些。

师:结合现在大家所学的辩证主义思想,分析问题的时候,是不是还要考虑不利的因素呢?

生:还有一些不利的因素,比如热量不足、生长期短、一年一熟等。

教学反思:学生之所以发生错误,是因为学生在回答区位因素时是用罗列的形式展现出来,没有对比分析。可以说,学生容易出错的地方往往就是教学的难点。在这个前提之下,教师的有效追问就能"化腐朽为神奇",把"迷途的羔羊"顺利地牵回来。

三、启发式追问——画龙点睛

课堂提问的“适度原则”,即提出的问题需要学生自主思考,在不断循环的“提问—思考—回答—鼓励”的模式下,激发学生的求知欲,调动学生的积极性,激发学生的思维,让学生体会到课堂学习的乐趣。

[案例:《南极洲》复习课片段]

师:请说出图中的动物是什么,图片反映的是什么地方的景观,当地的地理环境特点是什么?

生:图中的动物是南极的象征——企鹅,图片反映的是南极大陆气候寒冷、冰雪覆盖的自然景观。

师(跳跃式提问):哪位同学知道我们生活中使用的重要矿产——煤是由什么形成的?

生:古代的大片森林。

师:大家想一想,南极大陆目前的自然条件能否形成大片的森林?

生:南极大陆现在被冰雪覆盖,气候寒冷,不可能形成大片的森林。

师:科学家在南极大陆已经发现了大量的煤炭资源,这说明什么呢?(展示南极大陆煤炭资源分布图)

生1:这种现象可以说明南极大陆过去曾经有过非常丰富的森林资源。

生2:从南极大陆的地理位置和气候特点来分析,它根本就不可能形成大片的森林。

教师小结:在《海陆的变迁》一节中我们已经学过,今天的海陆分布是陆地不断漂移的结果。

于是,学生明确了这样一个观点:南极大陆有可能曾经位于温暖的地区,现在的煤正是由那个时期的森林资源形成的。

教学反思:纵观这样的地理课堂,教师的课堂提问张弛有度,疏密有致,节奏合理。师生交流互动,配合较好,课堂气氛活跃,才能更好地调动学生学习的积极性,提高学生对地理学习的兴趣。

四、发散式追问——柳暗花明

追问方式由追问内容决定，不同的追问内容应选择不同的追问方式。一节课应采取多种追问方式，将一个较难的问题（教学重难点）设计成一组有梯度的"问题串"，提高全体学生的思维能力。教师提出一个小问题，学生回答之后，教师接着追问几个小问题，一般属于跟踪追问。这类追问方式在课堂教学中最常见，它的优点在于能展示学生的思维过程和方法。

[案例：地理习题教学片段]

下列叙述正确的是（　）

A. 日本的气候以温带海洋性气候为主

B. 英国的农业以种植业为主

C. 日本的农业在经济中占据重要地位

D. 英国的工业布局具有明显的"资源型"特点

生：D。

师：那么A、B、C三个答案为什么不对呢？

生：A选项，日本的气候不是温带海洋性气候。

师：是什么气候呢？

生：季风气候。

师：英国和日本的北部纬度相近，为什么英国是温带海洋性气候，而日本是季风气候？

生：大气环流不同……

生：B选项不对，英国的农业是以畜牧业为主。

师：英国的农业以畜牧业为主与什么有关？

生：气候温和湿润，地形以平原为主，土壤肥沃……

生：C选项不对，农业在日本的经济中不占重要地位。

师：理论依据是什么？

生：……

教学反思：通过这样的"问题串"，学生不仅对这个知识点有了深刻的认识，而且反映出了其思维过程。

五、因果式追问——激活思维

首先，追问要为落实教学目标和解决教学重难点服务，要在关键点上追问。其次，要考虑学生的实际水平，追问内容难度要适宜，从易到难，层层推进，激活学生思维。

［案例：《河流的综合开发》教学片段］

师：长江上游的发展优势是什么？

生：水能资源丰富。

师：长江上游为什么水能资源丰富？

生：落差大。

师：如果我从青藏高原上向下倒下一盆水，也能有丰富的水能吗？

生：不能。除落差大外，还要水量丰富。

师：那么长江上游为什么落差大，水量丰富呢？

生：长江上游处于我国地势阶梯的交界处，长江流域大部分地区处于亚热带季风气候区，降水丰富。

教学反思：这一连串的追问，不仅解决了教材中的重点问题，而且激发了学生的学习兴趣，还培养了学生的地理思维能力。

总之，课堂追问是一种艺术，是教学的艺术，也是引导者的艺术，目的在于调动学生思维的积极性、主动性。教师恰当、有效的追问，能够架起预设和生成的桥梁。

地理教学方法的新视野

张美娟
（宿城一中）

时代在发展，科技在进步，要求国民素质也要逐渐提高。作为一名一线地理教师也要与时俱进，首先要掌握规范的地理教学模式，在规范性的基础上，要根据课程改革的需要作相应的调整，以适应现在学生学习的需求。地理教育工作者如何才能取得更好的教学效果，这就要求我们通过提高教学组织能力和教学艺术性，在有限时间内实现教育教学的有效性与长效性。

一、地理教学中的规范性与时代性

地理课堂教学的规范性主要包括以下几个环节：

第一步，组织教学。组织教学的作用是使学生明确教学目标，引起学生学习兴趣，激发学生学习动机，集中学生注意力。组织教学一般应安排在课堂教学过程的开始并贯穿于整个教学过程。有的教师课备得很好，但组织教学能力欠缺，导致教学效果欠佳。那么我们应该如何做呢？首先要在学生中树立威信，要做到言而有信，令学生敬畏，其次要精心备课，力求生动。

第二步，检查复习和预习。检查复习和预习的作用是检查学生对已学内容的复习情况和对待学习内容的预习情况。这个环节一般应安排在课堂教学的前段。这一步不一定每节课都做，但必须隔三岔五地做，为下一步教学的有效性与长效性做好铺垫。

第三步，学习新内容。学习新内容的主要功能是使学生完成本课预定的教学任务，掌握新的教学内容是课堂的主要环节，占用的时间最多。本环节一般安排在课堂教学的中段。这一环节在备课时要多花心思，形式要不断变换，引言要新颖，理论结合实际。每一节新内容都要找出闪光点，以吸引学生的注意力。

第四步，巩固新内容。巩固新内容的主要功能是使学生复习巩固本节课的教学内容，检查并评价教学效果。本环节一般安排在学习新内容之后。一节新课讲完要作总结，突出重难点，让学生头脑清晰，思路明确。

第五步，布置作业。布置作业的作用是使学生明确课后应该完成的学习任务。此环节一般安排在课堂教学过程的结尾。可以随堂练习，也可以课外练习，教师要时时掌握学生接受新知识的情况。

一堂规范的地理课堂应完整包括上述五个教学环节，并按顺序依次展开。虽然这些规范性的步骤要具备，但是我们的教学方法也要适应时代发展。例如现在教育专家提出的“翻转课堂”，这就需要我们打破原有的规范性步骤，在课前为学生精心准备好“导学案”。这一环节不仅要求教师自己要备好课，而且要在课前给学生设计好学习思路，让学生课前对教师要讲的内容提前做好充分准备。“导学案”包括基础知识梳理、基础训练、能力提升等环节。基础知识梳理部分可以帮助学生提前预习课本知识，了解本节课的大概情况；基础训练部分可以帮助学生了解有哪些知识点要掌握；能力提升部分可以让学有余力的学生了解综合题型。课堂上，有些内容，尤其是地球运动、大气运动等，这些需要直观再现运动状态的，最好使用多媒体演示。

这样上一节地理课只是完成地理教学中的规范性和时代性要求，但一堂有效性与长效性较强的地理课应如何实现呢？

二、地理教学中的有效性与长效性

笔者在十五年的地理教育教学工作过程中做过很多种方法尝试，得出下面几种有效的教学方法，供大家参考。

1.让某些环节相互交叉、重复出现

组织教学，除在课堂教学的起始专门安排外，还应在其他环节多次重复。这是因为兴趣、动机、意志、情感等心理因素或智力因素对学生的认识过程起着重要作用。在教学过程中，我们必须不断地利用这些心理因素组织教学，才能保证学生认知的深刻性，从而真正掌握知识，训练技能和发展智力。

巩固新知识，除了在全部完成新内容之后安排，还应该在学习新内容的环节中有意识地插入检测练习，帮助学生巩固记忆和加深理解，同时教师可以获取反馈信息并及时调节教学过程。如果仅在课堂的最后安排综合性练习，难以达到巩固和检测教学效果的目的，因为学与练的时间间隔过长，不符合学生的

认知规律。

2. 实现教学环节功能的多样化

检查复习时，不仅要注意使学生再认知或再现以前学过的内容，还要直接揭示本课的主题，使学生的注意力较快地集中到学习本课内容上来。学习新内容时，应该随着知识点的转换，及时组织教学和巩固新内容，保证学生在达到某一个具体目标时认知过程的完整性。每一章节学习后要点对点、节对节、章对章地逐一练习，进一步了解学生掌握情况。

3. 进一步细分教学环节

中学地理课堂教学可以逐一完成各个知识点的教学任务，而不一定要将各知识点环环相扣地推进，这是地理教学的一个特点。在实现不同教学目标的要求时，学生的心理活动和认知程度存在较大差异。考虑到这两个方面，在学习新内容的环节中，我们可以根据知识点的转换细分出若干组成部分，每一部分都具有一个相对完整的教学步骤。教师不仅要注意教学环节的整体安排，还要注意在不同的教学步骤中学生的认知阶段，选择合适的教学方法、教学形式和教学媒体，并在各步骤之间自然承转。如果这样来考虑教学环节的安排，课堂教学必然层次丰富、节奏适当、承转自然，而不是平铺直叙、一灌到底了。这样做可以实现地理教学的有效性。要想做到长效性还应该使用我们新时代的教学工具——“白板”。每一间教室都有的教育教学资源，我们要充分使用。在电脑里安装一个录课音频软件，对每一节课进行录制并传输到“白板”里，学生有疑问的地方随时可以“倒带”，巩固复习，从而实现地理教学的长效性。

综上所述，在规范性与时代性的基础上，我们再掌握一定技巧，借助一些辅助工具，加上准确的语言表述，一定能做到在有限的课堂时间内提高地理教学的有效性与长效性。

关于地理学科学业质量测评的实践与思考

王晓琳
（砀山中学）

基础教育课程改革强调改变课程过于注重知识传授的倾向，形成积极主动的学习态度，使获得基础知识与基本技能的过程同时成为学会学习和形成正确价值观的过程。

如何实现课程改革目标，既教给学生知识技能，又教会学生学习的方法，形成正确的价值观？原有的单纯以期中、期末考试成绩为标准的学业质量测评体系已不适应现在的教学实际，增强学业质量测评的及时性和多元化是提高教学质量的必由之路。

一、学业质量测评的目的和意义

《基础教育课程改革纲要（试行）》指出，要建立促进学生全面发展的评价体系。评价不仅要关注学生的学业成绩，而且要发现和发展学生多方面的潜能，了解学生发展中的需求，帮助学生认识自我，建立自信。发挥评价的教育功能，促进学生在原有水平上的发展。构建有效的学业质量测评体系是提高教育教学质量不可或缺的一方面。及时而多元化的学业质量测评体系更有利于学生提高学习兴趣，建立地理学科学习自信，促进学生地理核心素养的形成与发展。

二、地理学业质量测评体系多元化实践

传统的期中、期末学情检测是各学校每学期的常规教学活动，也是一直沿袭下来的一种传统评价方式，其效果不言而喻。但其单一性、片面性、滞后性一直被诟病，不能及时、公平、全面反映学生学习状况，对整个教学过程的效果产生一定的不良影响。

为此，笔者在地理学科的教学实践中，对现行的学业质量测评体系进行了

适当补充与调整。

1. 日常常规评价与期中、期末考试评价相结合

为了更及时、全面掌握学生学习情况，我们学校增加了周练、月考，对一周、一月的学习内容进行及时检测。周练、月考的题目范围选择要以现阶段学习内容为主，难度要以绝大部分学生接受情况为依据，可以把前一阶段考试中的易错题加入后面考试试卷中，滚动式练习突破知识难点、易错点。

学生上课期间的学习态度，回答问题的表现，课堂小组互助的具体表现，课后作业完成情况，自习课、周练完成状况等都纳入日常常规测评范畴，由课代表、组长负责记录管理。

小王同学刚入班时地理学科基础差，成绩位于班级最后几名，但他学习态度认真，能按照课堂要求认真听课，积极参加小组讨论，主动发言，课后作业、周练都能认真完成，因此其综合评价三个月来在班级始终位于前列。笔者在班级里多次表扬他，使他干劲十足，成绩不断进步，在第三次月考中地理成绩已进入班级前20名。

把学生日常表现评价与周练、期中、期末考试成绩相结合，这样既有利于学生及时查缺补漏，找到阻碍自身成绩提升的原因所在，也可以让教师更客观、全面地了解学生的学习状态，提高教师后续教学活动的针对性和有效性。

2. 书面考试与其他检测方式相结合

"纯笔试"的评价检测只能考查学生对地理学科基本知识点、基本技能的掌握情况，不能全面反映学生的学业综合水平，动手操作、口语表达等能力通过简单的纸笔测试很难达成。

在课堂开始后和结束前的几分钟里可增加语言表述环节，可以让学生回顾上节课内容或者对本节、本章内容进行总结概括，也可以让学生轮流演讲地理小故事。学生应采用学科语言进行科学表述，语言表达要有逻辑性，能有条理地阐述地理现象发生、发展过程，分析其形成条件，利用所学知识针对身边发生的地理问题提出合理化建议等。

课前我们提前安排学生用3分钟左右时间进行地理知识拓展，学生可以提前搜集好相关文字、图片材料，边展示边讲解，既锻炼了语言表达能力，又拓展了地理视野，此环节深受学生喜爱。

课堂之外，教师还可以利用课外活动时间、学生周末放假时间开展地理小实验、地理调查活动并撰写调查报告，做到学以致用，从而提高学生的学习兴趣，增强学生的地理实践能力等。

例如，砀山是水果生产大县，大部分学生对水果生产有一定的了解。在学习《农业》之前，笔者就提前安排学生调查砀山水果生产的结构、条件、特点，以及近年来的发展变化，思考其发展变化的原因，为课堂理论学习做好准备。

在课堂教学中，笔者直接以砀山酥梨为例，引导学生对酥梨的生产区位条件，水果生产品种、生产类型发展变化及原因，砀山水果产业未来发展方向三大问题进行分析。学生们通过实地考察，网上查询，对相关问题的理解、分析十分全面合理，超过预期。

这两年来，砀山连续举办梨花节、马术比赛等多项有影响的大型活动。于是，笔者安排学生在周末分组、分地域进行相关调查，让学生用地理理论分析身边的地理事件、现象及其发展变化，感受地理理论在生活中的应用。

对于搜集资料比较全面，问题分析科学完善，提出建议合理的小组和同学，笔者都给予表扬，并指导他们把相关材料整理好，展示到班级走廊的展示墙上，作为班级学习榜样，带动班级学生地理学习氛围。

多种形式的评价、参与和展示，使课堂教学发生了显著变化，促进了学生的全面发展及其学习方式的改进，增强了学生的学习兴趣，获得了学生和家长的一致认可。

3.个人成绩与小组成绩相结合

现代教育还强调集体合作探究，为此笔者在近几年的课堂教学上采取的是“小组互助”的教学模式。全班分成10个小组，每组4—6个同学，在问题探究过程中要求学生进行小组探究，通过阅读材料，先小组内交流看法与思路，形成组内综合看法，后由组内代表进行表述，其他组可以补充或反驳，我根据需要进行适当总结、点评。笔者会根据各组总体表现，包括小组讨论的积极性、参与度，代表发言的准确度和逻辑性等进行综合评定，给各组打分分档。

因此，学生的课堂成绩由两部分构成：一是个人课堂表现，二是以小组为单位的综合表现，两项叠加综合体现学生的成绩。

4.知识技能评价（定量）与学习态度评价（定性）相结合

周练、月考、期中、期末考试等书面考试采用具体分数定量评定。上课、晚辅导、周练的学习态度采用定性评价，分为“认真”“一般”“待改进”3个档次。再加上课堂成绩，每周笔者会将具体分数与划分档次按比例折合、统计，并对学生进行综合评价，让学生明确一段时间里自己的学习总体状况和下阶段需要改进的地方。

5.教师评价与学生互评相结合

以往学生成绩评定以教师个人评定为准,这学期笔者准备尝试在教师评定的基础上,加入学生间互相评定,可以分为学习小组组内互相评定、班级内互相评定、课代表评分几个部分。这样学生对成绩的认定会更信服,同时会促进反思:自己在班级里总体学习状态如何,有何优点要继续发扬,有何不足需要改善。

以上是笔者在教学中的一些做法和想法,希望通过对学生学业评价的及时性与多元化调整,充分发挥教学评价的诊断、引导、调控、激励功能,为后续的地理教学打下坚实基础。

在教学活动中培养学生地理实践力的方法尝试

林庆安
（宿州市教科所）

核心素养培养是地理教育教学最基本的追求，更是关注学生个体适应未来社会生活和个体终身发展所必备的关键素养。笔者以地理教学中如何培养学生的地理核心素养之一——地理实践力为目标和出发点进行分析探究。

一、地理核心素养的内涵及其作用

新修订的高中地理课程标准，明确了地理学科核心素养的育人价值和方向，包括三个维度（基本价值观念、基本活动经验、基本思想和方法）和四个要素（人地协调观、综合思维、区域认知、地理实践力）。地理核心素养应是地理学科中最具学科本质的内容，不应随着时代的不同而变化；地理核心素养应是最能体现地理学科价值的关键素养，是学科特有的，不是其他学科能够代替的；地理核心素养应是学生通过地理学习形成的解决实际问题所需要的最有用的地理知识、最关键的地理实践能力和最需要满足终身发展所必备的地理思维品质。

二、培养学生地理实践力的重要性

地理实践力是地理学科的核心素养之一，是学生人地协调观与综合思维能力在地理实践活动中的综合体现，也是对学生行动能力与思维品质的全面检验与培养。地理实践一方面有利于将抽象的地理知识直观化，有利于学生掌握知识，总结规律；另一方面能提高学生学习地理的积极性，挖掘学生的潜能，提高他们的动手能力。教师可以通过实践活动，帮助学生树立正确的地理观，同时培养学生的小组合作探究意识，增强集体荣誉感。当前中学地理教学中存在的主要问题当属诸如地理考察、社会调查、模拟实验等形式的实践活动弱化或缺失，直接导致了教材知识与解决问题能力的脱节，影响了学生地理实践力的培养。因此，在教学过程中，教师应该勇于探索，改革教材、课程、教学模式，科学引导学生进行实践活动，将地理课程和生产实践相结合，使学生能将课本所学应用到实践中，真正做到学以致用，学习对生活有用的地理，对终身发展有用的地理。

三、培养地理实践力的教学案例分析

地理实践力作为地理核心素养的重要组成部分，在地理学科中具有重要地位。在教学活动中，我们应充分运用地理知识与技能进行实践探究活动，揭示、探讨如何培养学生的地理实践力。这一核心素养的落实，凸显了地理学科对培养学生实践力有不可替代的作用。

[案例1：地理测量——正午太阳高度角的测量与应用]

测量准备：方案设计、任务分配、时间安排等。

测量工具和物品：1米长钢管、粉笔、皮尺、手表、笔记本、计算器、指南针。

测量时间、地点和过程：

(1)时间：2015—2016年，二分、二至日，正午12时前后。地点：学校操场。

(2)第一小组在篮球场竖立1米长钢管，北京时间12时前后观察钢管的影长，并利用指南针找出物体影子的朝向，当朝向正北方向时记录时刻，此时为当地地方时12时，测量影长，并记录数据。

(3)第二小组负责丈量旗杆影长，并做好记录。

(4)实地测量后各小组进行计算，第二小组的计算要以第一小组的数据为支撑。两小组数据汇总，地理课代表负责总结规律，得出结论，最后做成PPT在全班展示。

成果评价：通过实践活动，学生了解了太阳高度与正午太阳高度的概念，能够运用测量结果计算当地的地理坐标，理解一年中物体影长的变化及相关知识。在活动过程中，学生科学严谨，反复演算，充分体现了求真务实的学习探究态度。同时，通过实践活动，学生较好地突破了平时难以理解的重难点，达到了事半功倍的效果。

[案例2：地理实验——植被涵养水源的功能]

实验器材：两个底部有出水口的水槽(一个装有草坪，一个装有小砾石)，计时器，两个洒水桶(内装500 mL水)，两只量杯。

实验过程：将水均匀洒在水槽内，观察出水口的出水时间、速度、流量，并记录，最后比较量杯中出水量的多少。

学生讨论问题：观察到哪些现象？说明什么问题？我们生活中还有哪些现象说明这一道理？对我们有什么样的启示？

成果评价：通过以上实验及问题探究，学生能明显看出植被涵养水源的功能，直观有效。

[案例3：地理绘图——绘制路线图的方法]

绘图准备：展示几幅路线图，学生讨论如何绘制路线图。

确定绘图的路线以及图幅大小：首先确定起点和终点，再确定行走路线，在路线上适当选择标志性建筑物，图幅大小可以定为A4纸大小等。

绘图工具：直尺、彩色铅笔。

确定路线图绘制的要素：方向、比例尺、图例和注记等。

绘制过程：

(1)明确线路的大致方向，确定路线图指向标的方位：学校北大门的方向为正北方，据此绘制大致路线。

(2)根据城区地图提供的有关信息，选择绘制路线的大致距离，按照纸张大小确定比例尺。

(3)沿途适当选择标志性事物作为参考点，如沿途出现的红绿灯路口、河流、桥梁等，自主创作，根据自己的理解绘制图例和注记。

成果评价：学生完成各具特色的路线图后，在教师的指导下相互点评，再对自己的作品进行修改完善，最后进行展示并选出优秀作品。在绘制地图的实践活动中，学生深感地理与生活联系密切，体会到地理知识的应用价值。

除此之外，本地的人口状况、地质地貌、天气气候、道路交通、产业发展等乡土资源条件也可以作为开展地理实践教学活动的内容。教师可采用社会调查、角色扮演、演讲竞赛等多种教学形式，增强学生地理知识和方法的应用能力、环境的适应能力、发现和分析解决实际问题的能力、认识自我的能力，丰富对地理环境的情感体验。例如，可以组织学生去宿州汴河景观带、灵璧现代农业博览园、灵璧磬云山国家地质公园、砀山黄河故道省级自然保护区、萧县皇藏峪国家森林公园、泗县石龙湖湿地、埇桥区大泽乡农民起义遗址等地实地考察，参观地震局、气象局、水文站和学校的地理活动室、天文台，调查经济开发区污染工业对环境的影响。在活动过程中，学生可以发现地理现象，体验地理情感，寻找地理成因，总结地理规律。

总之，教师应多为学生提供拓展性学习和交流的平台，促进常规教学内容与地理实践教学活动的融合，创建更有力的开放式教学环境，培养学生的地理实践力，使之成为全面发展和社会需要的合格人才。

（本文发表于《地理教学》2017年第8期，有改动。）

基于地理核心素养的实验教学设计

——以河流流速与流量影响因素的探究实验为例

林庆安　焦　洁
（宿州市教科所　砀山中学）

一、设计理念

学生通过地理实验——地理实践力的培养，了解河流的流速与流量特征及其影响因素，认识河流与自然地理环境之间的关系，探究河流动力过程对地貌形成和演化所起的作用，强化空间认知，提升综合思维能力，逐步树立人地协调观。

二、实验目的

（1）理解影响河流流速与流量的自然因素和人为因素及其相互关系，探究改善生态环境的有效方法。

（2）掌握影响河流流速与流量因素实验的基本操作流程。

（3）通过地理实验和活动的巧妙设计，助推地理学科核心素养的真正落地。

三、实验器材

黏土、草皮、长方形容器、洒水器、量筒、量杯、水杯、计时器、水桶（见图1）。

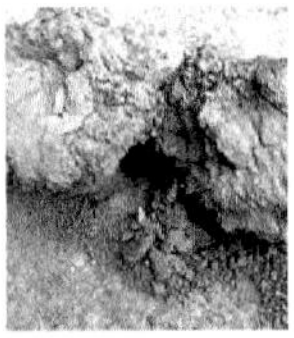
黏土

草皮

长方形容器

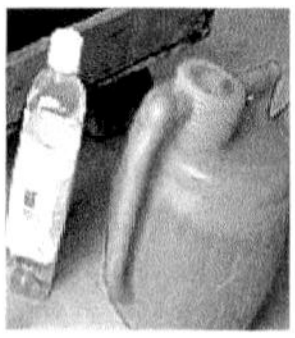
洒水器（2种）

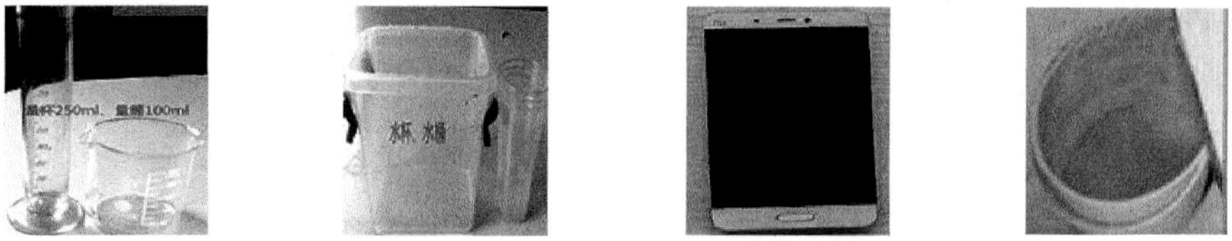

量筒、量杯　　水杯　　计时器(智能手机)　　水桶

图1　实验器材

注:将黏土、草皮和长方形容器制作成河流模型。

四、教法设计

本节课主要采用实验演示的教学策略,分组合作、实验探究的教学形式,观察思考、交流研讨的学习方法,使学生积极参与到实验过程中。学生边实验、边观察、边记录、边思考,在教师的引导下科学获取数据,得出结论,提高信息加工和处理能力。通过实验探究,学生既能强化地理实践能力,又能养成严谨的科学态度和求真求实的思维品质。

五、实验过程

影响河流流速与流量的因素主要有地形地势、降水强度、植被覆盖度、流域面积、支流数量等因素。由于受课堂教学时间、场地、设备等条件的制约,笔者仅选取地形坡度、降水强度、植被覆盖度作为变量,其他因素假设不变,引导学生通过对比实验得出结论。

(一)创设问题情境,导入实验课题

师问:影响河流流速、流量的因素有哪些?(学生课前自由组合完成教师设计的导学案问题)

生答:地形、降水、植被等因素。

过渡:下面我们通过分组实验来探究这些因素对河流流速与流量的具体影响。

(二)设计活动内容,引导实验探究

探究活动1:地形坡度与河流流速、流量的关系

【实验过程】

在河流模型倾斜角度不同的情况下,测量河口出水历时和出水量,判断地

形坡度对河流流速、流量的影响(见图2)。

图2 坡度大小对河流流速、流量的影响

【实验结论】

第一组实验测量数据及结论(见表1)。

表1 实验记录单1

变量	河口首次出水历时/s	15 s河口出水量/mL	备注
坡度大(约30°)	6.7	41	植被覆盖度、降水强度相同
坡度小(约10°)	10.1	18	
结论	坡度大,河流流速较快,流量较大		

探究活动2:降水强度与河流流速、流量的关系

【实验过程】

用容积大小不同的洒水器在河流上游模拟降水,测量河口出水历时、出水量及河水的浑浊度,判断降水强度对河流流速、流量的影响(见图3)。

图3 降水强度大小对河流流速、流量的影响

【实验结论】

第二组实验测量数据及结论(见表2)。

表2　实验记录单2

变量	河口首次出水历时/s	15 s河口出水量/mL	备注
降水强度大	7.05	89	植被覆盖度、地形坡度相同
降水强度小	8.85	42	
结论	降水强度大，河流流速较快，流量较大，浑浊度较大		

探究活动3：植被覆盖度与河流流速、流量的关系

【实验过程】

在河流模型植被覆盖度不同的情况下，测量河口出水历时、出水量及河水的浑浊度，判断植被覆盖度对河流流速、流量的影响（见图4）。

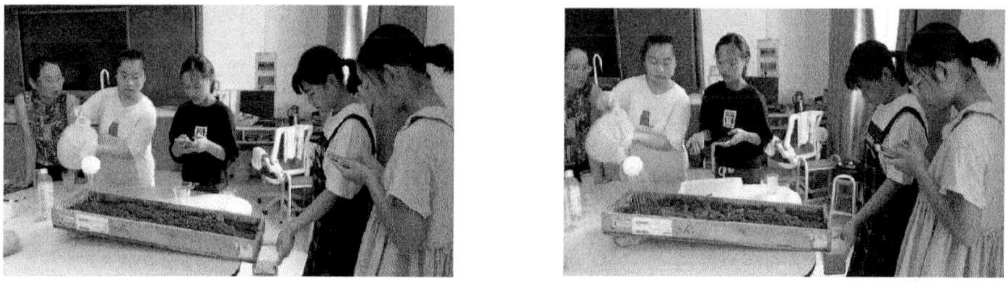

图4　植被覆盖度对河流流速、流量的影响

【实验结论】

第三组实验测量数据及结论（见表3）。

表3　实验记录单3

变量	河口首次出水历时/s	15 s河口出水量/mL	备注
植被覆盖多	7.05	89	地形坡度、降水强度相同
植被覆盖少	5.76	103	
结论	植被覆盖度高，河流流速较慢，流量较小，浑浊度较小		

六、拓展应用

学生借鉴黄土高原某地植被恢复案例（见图5、图6），分析人类活动破坏植被，影响河流的流速、流量，进而影响流域的水土流失。根据上述地理探究实验，提出减少人类活动负面影响，改善区域生态环境的具体措施。

图5　黄土高原某地植被恢复前

图6　黄土高原某地植被恢复后

七、实验反思

地理实验是地理探究方式之一。实验教学可以让学生感受真实的地理过程、自主操作的乐趣，体悟合作探究的魅力，展示主动学习的能力，可以有效培育学生的地理学科核心素养。当然，由于受到实验器材、实验场地等因素的影响，本实验操作过程和实验测量数据可能缺乏一定的严谨性与准确性。例如，课堂实验不能涵盖自然界中影响河流流速、流量的诸多因素，降水强度和降水量的控制，实验时间一致性的把握等，这些都是地理实验教学设计时需要谨慎考虑和有待进一步完善的问题。

（本文发表于《地理教学》2019年第15期，有改动。）

第二编 DI-ER BIAN

地理教学有效性研究

“新课程背景下地理课堂教学有效性的比较研究”课题工作概览

地理课堂教学方法可谓百花齐放，但是课堂教学的有效性有待进一步提高。宿州市2009年度教育科学规划立项课题“新课程背景下地理课堂教学有效性的比较研究”，从立项到结项，取得了丰富的研究成果，达到了预期目标。本课题研究是想通过教学实践对比，论证出一些高效的教学方法或方向，以供地理教师在教学实践过程中参考，并继续丰富和完善，选择某些教学方法或方向继续深入研究，使课程改革更具生机与活力。

一、课题研究的背景和意义

课程改革的显著特点是学生学习方式的变革，强调采取“自主学习、合作学习、探究学习”的全新学习方式，这也要求教学方式的改变。新的教学方式的出现，对传统的教学方式提出了挑战。新的教学方式效果如何，这不仅是方式方法的变革，也是教育理念和教学思想的变革。如何让广大地理教师主动接受课程改革，最直接、最现实的方法就是通过课堂教学有效性的实践比较。这对课堂教学有效性研究提出了迫切要求，同时，课堂有效性的研究也是加强基础教育、深化教育改革、全面推进素质教育的需要，是实施课程标准的需要，也是教育领域的一个永恒的课题。宿州市学校课程改革起步晚，步子慢，近几年由于多种原因，学校生源素质不高，加上教师增加快，社会、家长和学生对学校期望值高，造成学校教学压力大。在这一背景下，加强课堂有效性的研究，提高课堂效率，提升学校教育教学质量，对学校的生存与发展有重要意义。

二、课题研究的依据和方法

课题研究的理论依据：一是建构主义理论。学习中应以学生为主体，学生是教学活动的积极参与者和知识的积极建构者；教师应是有利于学生知识建构的帮助者、促进者;信息技术等教学手段只能是用来创设知识建构情景、帮助学生认知的工具,是辅助教师教学的一种工具。二是人本主义理论。人的成长源于个体“自我实现”的需要,“自我实现”是人发展的根本动力和追求目标。当个体达到“自我实现”需要的高峰,也就进入了自由创造的境界。出现“高峰体验”——创造潜能的发挥或自我实现,给人以愉悦,这种主观上的感受是最高的奖赏。教育的作用在于提供一个安全、自由,充满人性的心理环境,使学生固有的优异潜能自动得以实现。三是相对比较优势理论,借用的是英国大卫-李嘉图经济学理论。大卫-李嘉图是英国古典政治经济学的代表。区域的经济活动可以有许多种,但是其效益有高有低,人们通过比较效益来确定从事何种经济活动。在这里,我们把这一理论引入课堂效益比较,从而确定最佳教学方法。

课题研究的主要方法:一是文献法,理论学习,查阅相关资料,了解其他地区学校课程改革实验情况及相关课题的研究成果。二是实验比较法,选择高一全年级、高二文科7个班、高三文科7个班为研究实验班,比较同一教学方法在同一年级不同班级课堂的有效性,以及不同教学方法在同一班级课堂的有效性。三是行动研究法,将研究中的现象、事实、数据、经验教训等进行定量和定性分析,升华为理性认识,撰写课题研究方案、论文、个案分析报告、研究报告、实验报告、工作报告等。

三、课题研究的内容

课题组专门购买了三本课堂教学有效性方面的研究论著:《新课程背景下的有效课堂教学策略》《教学改革:理念创新与模式构建》《校本教研:基地建设模式》,组织课题组成员认真学习。从网上下载其他地区学校关于课堂教学有效性的研究成果,了解他们的研究过程,从中吸取研究经验,利用他们的研究成果作为本课题研究的素材,共得材料15份;深入研究继续教育教材中有关课堂教学有效性部分内容;收集和学习近期《地理教育》《地理教学》《中学地理教学参考》等地理教育教学杂志上有关地理课堂教学有效性的文章。通过这些学习,课题组成员提高了理论水平,对本课题及相关课题的研究状况有了较明确的认识,了解了相关课题内容的最近研究动态与成果,使本课题研究的思路更加清晰,实践可操作性更强。

“新课程背景下地理课堂教学有效性的比较研究”课题于2009年9月申报并获宿州市市级课题立项。经过一段时间的规划与准备,于2010年2月初在高

一、高二、高三年级同时展开课题研究实践。

(1)高一年级:注重同一种教学方法在不同类型班级课堂教学有效性的比较研究。高一自然地理空间思维要求高,理科思维特别强,是高中阶段地理最难的内容,而学生刚刚进入高中阶段,缺乏地理知识基础。实验结果表明,在这样一个特殊的阶段,传统的讲授法和讲解法效果好,课堂教学有效性高,而一些现代教学模式和方法,例如使用多媒体教学、自主学习、讨论法等,课堂有效性差,短期内学生是感兴趣的,但是这种兴趣是浅层次的,带有明显的低幼化特点,没有生命力,缺乏持续性。

(2)高二年级:就同一课时内容使用不同教学方法在不同层次班级课堂教学有效性的比较。实验结果表明,不同的教学方法产生的效果明显不同,但是很难硬性或简单地说,哪一种教学方法好,哪一种教学方法差,往往在不同的方面,或是不同的时间维度上,各有优缺点。另外,我们还得到一个意外的收获:同一内容、同一教案、同一课件、同一班级,由不同的教师授课,课堂效果也不一样,甚至上课的时间、地点不同,课堂教学的有效性也是有差异的。强化练习法对应试能力培养的短期影响实验:由王珍老师开展的实验表明,把高三一轮练习放到高二使用,短期内的应试效果非常明显,学生的考分高,有效性高,立竿见影,效果显著。同一教学模式在试验班和非试验班课堂教学有效性的比较显示,一些教学模式和方法在试验班的有效性明显要强于非试验班。这里面既有学生学习能力的原因,也有学习态度的问题,学生是否愿意、能否积极主动地学习影响着教学模式和方法的选用。综合实践活动在高二的开展取得了良好效果,意外发现学生的研究性学习和综合实践活动的能力及积极性,比我们预想的要强得多。学法征集与学法指导实验结果表明,学法征集实践难度大,学法指导要具体,有效性才明显。

(3)高三年级:不同教学方法的课堂教学有效性比较。实验结果表明,在短时间内取得良好应试效果的教学方法还是传统的讲授法和讲解法。学生在疲劳的状态下学习,也有着强烈的被动学习需求,而讲授法和讲解法正好满足了他们这种需求。实验结果还表明,课堂结构不能过于单一化,否则课堂教学有效性明显降低。趣味性目标设计的实验研究结果表明,无论是高一、高二,还是高三,课堂趣味性设计都是十分必要的,它直接影响课堂有效性。课堂趣味性设计要注意避免低端化和低幼化倾向,但将趣味性上升为课堂目标来设置,难度很大。

经过近一年半的工作，在课题组成员共同努力下，根据研究计划，在泗县一中高一、高二、高三年级相应班级开展实验，进行教学有效性的比较研究，并先后在一些班级教学中进行研究成果的推广使用，取得了一定的成果，达到了预期的目标。

(1)在同一年级不同层次班级使用同一种教学方法进行教学有效性的研究，最早选用的比较对象是“讲解法”与“分组讨论法”，通过比较发现，讲解法在试验班是高效的，在非试验班是低效的。分组讨论法则在试验班和非试验班都能取得很好的效果，但是效果不完全一致，出现了新的分化现象。

(2)不同教学方法在同一班级使用的教学有效性比较。实验结果表明，教学方法的多样化，有利于激趣、增知、启智、感美、育德，应是课堂教学的发展方向。

(3)同一教学内容，在不同年级采用不同教学方法所产生的有效性的比较(注:同一教学内容是指在低年级为新授课，高年级为复习课)。实验结果显示，不同年级学生的身心特点有差异，学习的主要任务不同，教学的主要目标不同，教学内容的难度不同，在教学方法的选择和侧重上应有所区别。例如，高一应重知识的衔接、学法的指导、学习兴趣和学科意识的培养，高二要关注学业水平测试，高三要侧重高考复习。

(4)课堂趣味性目标设置方面的探索。无论是高一、高二，还是高三，地理教学的趣味性都是必不可少的，快乐学习是我们教学践行的常态过程，也应是我们教学追求的重要目标。在研究的过程中，课题组成员进行了可贵的探索，积累了一定的趣味性教学素材和经验，向课堂趣味性目标迈出了实质性的一步。

(5)在各年级推广比较研究中得出的高效教学法，取得了一定的效果。各年级采用比较研究中得出的高效教学方法后，学生地理学习成绩进步明显。学生考试成绩提高的原因可能是多方面的，但是课题研究成果的推广使用一定起着极为重要的作用。

课题组通过有效性的比较研究，确立一些有具体内容的可操作的高效教学方法。例如:气象、气候、地理计算等理解难度大和理性思维要求高的章节知识内容，使用讲解法有效性最好;地球运动、地球内部结构、三圈环流、锋面的形成等带有“过程性”的章节内容，使用演示法省时省力，易教易学易懂;人口迁移、农业区位选择、工业区位选择、交通区位选择等带有多维性的章节内容，教学时采用分组讨论法，能启迪学生的思维，达到智慧融合的功效，课堂有效性高；区域发展方向、资源枯竭型城市的转型措施、可持续发展模式的探索、生态农业模式的建立等带有探究性质的章节内容，采用综合实践活动、指导撰写小论文的形式更能益智增趣，有效性更高；全球气候变化的影响、人口合理容量、人地关系演变等难度较小的章节知识，使用引导自学、发现教学法，更能激发学生的兴趣，教学有效性更高。通过有效性的比较研究，课题组成员明确了课程改革的方向，体会到了课程改革的优势，坚定了课程改革的意识和信念。有效性比较研究提高了课题组成员的教研意识和教研水平，加快青年教师的成长，促进课题组成员由“教学型”向“教学-研究型”转变，向打造优秀教研组、优秀教研团队的目标迈出坚实的步伐。选择最合适的教学方法，使学生的考试成绩显著提升。通过课题实验成果的推广使用，我校学生的地理成绩有显著提高，课题组成员撰写了一批具有较高质量的论文。有效性比较研究，纠正了教师教学过程中一些不太合理的做法，比如，为增加课堂互动效果，不看具体教学内容而采用“上课必分组，分组必讨论”等做法。这为学校稳步推进课程改革，保证学校课程改革的正确方向及决策提供了有价值的参考，为以后有效的地理课堂教学起到了示范引领作用，也为其他学校的地理课程改革研究提供了参考材料，起到借鉴作用。

在课题研究的过程中，我们发现有许多值得反思的地方。一是课题核心内容为“课堂教学有效性的比较研究”，选题时有“走捷径”“实现教研跳跃式发展”的思想，这种急功近利的思想给后来的课题研究过程带来了很大的麻烦和难度。课题研究在“新课程背景”下的认识不够深刻、准确，制约了课题研究的深度。二是在确定比较对象时，在思路上有一个发展变化的过程，最初确定的是“讲解法”与“分组讨论法”，意在以“讲解法”代表传统的教学方法，“分组讨论法”代表新课程背景下的现代教学方法，但在实际研究过程中发现，这一看法是不科学的，教学方法的概念应有广义和狭义之分，广义的教学方法应指课堂教学模式和课外辅导、综合实践中的主要方法，而狭义上的教学方法应指某个或某些重难点突破的具体方法，目前很少有学者和研究人员将其分开。将教学中低效的方法一概归为传统的，把高效的都归为现代的，是一种简单、错误的分类，否定了中国几千年的教育教学文化的积淀，否定了文化的传承。因此，我们进行了及时调整，先后引入了引导自学法、发现教学法、演示法、导学-练习法等等，使课题研究的内涵更加丰富，更贴近教学实际，但同时使课题研究的难度加大了。三是关于课堂教学有效性的评价标准，本课题采用的是目前普遍关注的四大方面：学生的考试成绩、课堂互动和课堂气氛、听课教师的课堂评价、学生对课堂的评价。具体的评价体系不完善、不健全，甚至不科学，因此存在对某些问题的评价意见不一致甚至相反的情况。除了仁者见仁、智者见智这一因素以外，"评价标准和评价体系本身也是在不断发展的"是最重要的原因。这对我们课题研究有很大的影响，尤其是对学生中、长期的发展和成长目标达成所起的作用，目前还无法做出恰当的评价。四是课堂教学有效性的比较在高一、高二、高三年级同时开展，工作量太大。资料的整理不及时，对研究过程中产生的原始资料重视不够，存在着重研究结果而不重研究过程的倾向，导致研究过程资料缺失或丢失，积累材料不全、不系统。五是对于子课题——"地理课堂趣味性研究"深度不够，离设置课堂趣味性目标差距太远，或许是这一目标定得太高，有点脱离我们目前研究水平比较低的实际情况，继续研究的空间大。六是由王珍老师实施的"导学—练习法"，将高三的一轮资料放到高二使用，短期内的考试成绩上升非常明显，但是中期的效果不是太理想。在此基础上，如何才能使学生的考试成绩持续稳定上升，还有待于进一步的研究。七是课题研究与课堂教学总体是相互促进、共同发展的，但在具体时间安排和精力分配上是有一定冲突的。例如，我们地理课题组办公条件差，办公室没有电脑，且对电脑操作较熟练的成员多为班主任，工作繁忙，加上学校实行的"小考+周考+月考"模式，在出卷、阅卷、分析试卷占用大量精力的情况下，课题中的许多图表和文字多是课题组成员在家中完成的，精神可贵。

积累点滴片段，形成精彩课堂

杨崇广　梁浩浩
（泗县一中）

从教二十余年，低首沉思，能让自己满意的较为精彩的课堂片段，屈指可数，想来惭愧，现采撷几片，与君话旧。

片段一：打比方，解难点

全球分为两个日期，一直是地理教学上的难点，既是教的难点，也是学的难点。教材仅仅提到了人为分界线180°经线，而对于自然界线（0时或24时）并未提及，但试题常考。"两个日期两条界线"学生理解起来难度挺大，教师在难点突破上应有好思路。笔者在教学中采用了打比方的方法，效果很好。上课时，笔者请学生竞猜一道智力题："一根绳子，用剪刀剪断了，还是一根，为什么？"有学生很快回答，绳子是个圆。笔者接着说："地球是个球体，要把全球分为两个日期，也有两条分界线，一条是人为界线，另一条就是自然界线。"这样学生脑海中就有很深的印象，也就更好理解了。

片段二：借用亲身经历细说地理现象

讲到地震给人们身体、心理造成的伤害与影响时，笔者说了自己在学生时代经历的一场"人造地震"：夜里一点左右，后面女生宿舍楼五楼一女生蚊帐着火，前面男生宿舍五楼男生首先发现，开始往下跑，夜深人静时，造成的响声太大，让人有楼房正在倒塌的感觉。虽然没有人喊"地震了"，但大家都以为是地震，于是，所有的学生拼着命地往外跑。当笔者醒来时，我们宿舍人全跑光了，到过道里一看，一个个脸色煞白，神色慌张，再看楼梯上，一个个滚的滚爬的爬，没有一个是正儿八经地走下去或是跑下去的。有位同学，醒来时把被子一抱，跟着别人就跑，到楼梯上就把被子给扔了，等到事后回来到处找被子，大骂谁把他被子给扔了。我们班住的是二楼宿舍,有一个宿舍的两个同学从窗户跳下去了,先跳的脚踝摔坏了,后跳的安然无恙,他摔到前面同学的身上了。这是一个胆子特别小的同学,别人问他怎么敢跳楼,他笑而不答。后来他悄悄告诉别人:"我醒来时看有人从门里出去了,我也跟着出去了,等出去以后才知道那不是门而是窗户。"这个故事给学生的印象深刻,在一定程度上加深了学生对地震危害的认识。

片段三:使用地理板图,培养学生形象思维与综合分析问题的能力

在讲解洋流分布时,笔者采用板图教学,边讲边画,既与学生一起熟悉了大洲的轮廓、主要的半岛,又了解了全球范围内洋流的名称、位置、分布规律,同时还对学生的学法进行了指导,收到了良好的效果。当然,这要求教师要有较强的绘制地图的基本功,平时要有意识进行练习。笔者在这方面很注意,不仅能较准确地示意世界各大洲的轮廓,也能较好地绘出中国轮廓、安徽轮廓,以及黄河水系、长江水系、北美五大湖等轮廓,在学生中有较好的反响,甚至在学生毕业若干年后仍有极为深刻的印象,从而成为本人教学上的一个突出特点。

(本文发表于《地理教学》2009年第11期,有改动。)

教学等待，提高课堂教学有效性不可或缺的途径

杨崇广　梁浩浩
（泗县一中）

所谓教学等待是指在课堂教学过程中不急于求成，留下空白时间给学生进一步理解、反思、回味、消化，最终达到提高课堂效果的目的。

教学等待表达出一种理念，那就是教师的课堂教学应关注学生，追求课堂效果，而不是表演，演完就散场。

首先，教学等待是一种思维等待。聪明一世的人，也有糊涂一时的时候，课堂教学过程中教师要有等待的意识，等待学生的恍然大悟，等待学生的会意颔首，等待思想"开小差"学生的思维回归，促进学生注意力的再集中。一个个教学中的难点，从学生学习的角度来看，就是思维上的一道道"坎"。在教师的引导下，学生可以跨越这一道道坎，但他们可能需要时间，去一次次冲击，还可能需要较长距离的"助跑"，才能跨越这道坎，即使全班学生都能跨越这道坎，但他们可能不是同时跨越。等待，留下点空白时间，是对思维反应较慢的学生的帮助，也是教学面向全体学生的一种最朴素的方法。例如，在讲解正午太阳高度的变化规律时，从定性变化到定量变化，每一环节对学生来说都是一道坎，每两个环节过渡时，进行教学等待，能让每个学生的思维都跟上，整个课堂就有了轻松感、成就感和愉悦感。

其次，教学等待是一种情感等待。教学过程不仅是一个教与学的过程，还是师生情感交流的过程，教学等待的时间是师生情感交融的时间，是学生心领神会的时间，富含情感交流的课堂教学才是"鲜活"的课堂，才有生机，才有生命力。众所周知，一个班级的学生，其知识储备、思维能力、反应能力等个性差异很大。对一些基础较差、反应较慢的学生来说，平时被教师关注较少，在同学面前有自卑感，甚至在潜意识中留下无论如何都不如别人的消极定位，教学等待是对他们的关注和帮助，拉近了师生的距离，增进了情感。例如，要求学生绘制

两地间的地形剖面图,方法了解之后,反应快的学生很快就能独立完成,反应慢的学生可能还不知如何下手,给他多一点的时间,他就能够“悟”出,缺少了那一点等待,他就很难跟上。当教师在继续讲解下一个问题时,他还在苦苦思索着上一个问题,思维是刻苦的、表情是痛苦的、心情是郁闷的、情感是抱怨的。

最后,教学等待也是一种教学方法。课堂教学需要教师课后反思,只有反思才能总结经验教训,以利提高。同样,课堂学习也需要学生反思,只有反思才能巩固、发展、领悟和提高。课堂学习反思也需要时间,反思时间的长短,不是由学生来确定的,而是由教师来把握的,所以课堂等待给学生留下了反思的时间,既是一种教法,也是一种学法。例如,在讲解河流水系问题时,教师要求学生观察长江、海河水系特征,分析水系特征对水文特征的影响,留下教学等待,让学生通过积极的思考去完成,并进一步引导学生学会如何描述一个区域的水系特征,以达到举一反三的目的。思维延伸在教学等待中完成,可以提高课堂教学的长期效益。

教学等待是一种艺术。在课堂教学中,尤其是大课堂教学或是演讲,教师面对着众多的学生,课堂检测和互动有限,教师提出一个有深度的问题,又想强调该问题,可以留下较多的空白时间,做到教学上的等待,能促进全体学生的积极思考。事实证明,这一段时间学生的思维最活跃,也是最有成效的,且能给学生以成就感,留下深刻的印象,甚至是终身的印象。

(本文发表于《中学地理教学参考》2009年第12期,有改动。)

泗县一中校门前交通状况调查与分析

——综合实践活动课案例

杨崇广　梁浩浩

（泗县一中）

一、活动目的和意义

1.巩固教材中交通运输章节知识。要求学生学会运用教材中交通运输知识，分析、解决现实生活中的问题，培养知识的运用能力。

2.使学生初步掌握观察、调查、统计、归纳、分析等地理学习方法；使学生学会发现问题、分析问题，思考并合作解决问题的能力得到进一步提高；使学生学会合作，增强合作学习的观念和意识。

3.增强学生对交通与城市化之间关系的感性认识。

4.培养学生的交通安全意识，进一步增强学生遵守交通法规观念，同时扩大宣传，增强全校师生的安全意识。

5.培养学生从学生时代开始就树立起人路和谐观念，为构建和谐社会尽心出力。

二、主题选定的原因

（一）主题：泗县一中校门前交通状况调查与分析。

（二）选题原因：

1. 2009年4月至2010年4月在泗县一中校门前共发生交通事件21起，涉及教师5起，涉及学生12起，多为人员碰伤、撞伤、蹭伤、刮伤。较严重2起，一起是某教师手臂、肩胛骨两处骨折，另一起是某学生小腿骨折，头部摔伤，缝合8针，给一中教学和管理带来了很大的负面影响。

2.综合实践活动包括合作学习、探究活动、社会实践三个部分，这三部分在该主题活动课中都能得到很好体现，有助于学生综合实践能力和创新能力的提高。

三、综合活动主体

高二文科(7)班全体学生。

四、实践活动规划

第一阶段,校外调查;第二阶段,室内分析交流;第三阶段,撰写论文。

五、实施方案

(一)选择观察地点和观察时间:

(1)观察地点选在图1中①、②、③三处。

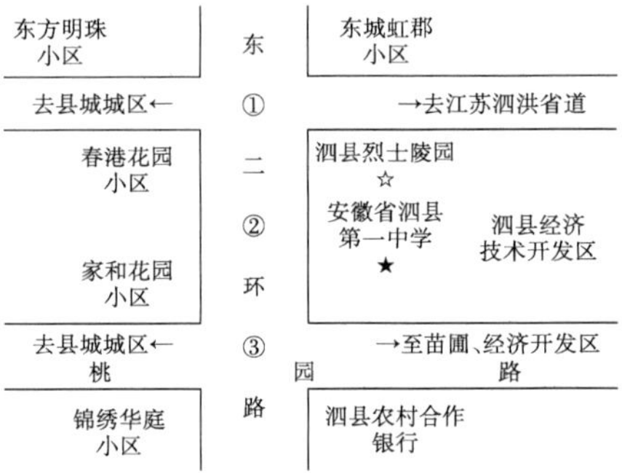

图1　观察地点示意

(2)观察时间:7:00—8:00,13:00—14:00,18:00—19:00。

(二)分组情况:

全班共分三组,各选组长、副组长一名,每组再分为三个小组,每小组5人。组长负责不同时间段成员分工,全组的安全问题和茶水、食品的供应等;副组长负责数据统计。

(三)观察统计表(表1):

表1　观察统计

地点	7:00—8:00			13:00—14:00			18:00—19:00		
	货车	小汽车	农用及其他车	货车	小汽车	农用及其他车	货车	小汽车	农用及其他车
①									
②									
③									

(四)室内数据对比,分析原因及与社会生产生活的联系。

六、实施过程

(一)活动实施方案培训:

1.介绍活动的意义。

2.实施步骤:室外观察、数据统计、数据对比分析、交流讨论。

3.成果展示(统计表、论文)。

(二)确定时间:

2010年4月3日,星期六。原因:第一,学校安排星期六为学生合作学习时间,教师教研活动时间,恰好与我们综合实践活动的主题吻合。第二,天气晴好,便于交通状况的观察,数据统计也比较客观,与正常平均状况比较接近。

(三)确定地点:

观察点①:位于泗城二环路与303省道的交会点。303省道穿城而过,该交会点是东去江苏泗洪最主要道路,道路等级较高,客货运输繁忙。

观察点②:位于泗县一中与几个住宅小区之间,人流量大。

观察点③:位于泗城二环路与东进泗城开发区主干道交会点,是泗城开发区的主要干道,货流量大。

几个观察点有各自的代表性,对问题的说明有一定典型性。

(四)数据对比:

一号观察组统计:车流量最大,客、货车各占一定比例。

二号观察组统计:车流量中等,客、货车各占一定比例。

三号观察组统计:车流量最小,客、货车各占一定比例。

二号观察组意外收获:13:00—14:00、18:00—19:00是学生上学、放学时间,是人流高峰期,学生自行车数量多,在各种车辆中以学生自行车与电动车速度最快,大货车次之,大客车最慢。

(五)分组讨论原因及其影响、对策:

1.各组确定发言人、补充人和记录员。

2.教师引导各组将三组数据对比,提出:

(1)影响车流量的因素有哪些?

(2)车流量的大小说明了什么问题?

(3)车流量与交通事故有什么关系?

(4)二号观察点为什么自行车与电动车速度最快？与交通事故有什么关系？应采取什么措施？

(六)小论文撰写指导。

七、活动成果展示

1.统计表(表2—表4)。

表2　观察点①车流量统计

7:00—8:00			13:00—14:00			18:00—19:00		
货车	小汽车	农用及其他车	货车	小汽车	农用及其他车	货车	小汽车	农用及其他车
117	128	77	81	115	44	107	132	72

表3　观察点②车流量统计

7:00—8:00			13:00—14:00			18:00—19:00		
货车	小汽车	农用及其他车	货车	小汽车	农用及其他车	货车	小汽车	农用及其他车
89	98	77	55	95	34	97	92	67

表4　观察点③车流量统计

7:00—8:00			13:00—14:00			18:00—19:00		
货车	小汽车	农用及其他车	货车	小汽车	农用及其他车	货车	小汽车	农用及其他车
77	78	26	61	74	43	67	66	34

2.论文:《影响观察点①处车流量的因素》《泗县一中校门前交通状况原因分析及对策》。

影响观察点①处车流量的因素

(一号观察组)

通过观察分析,我们组认为影响观察点①处车流量的因素有多种,其中自然因素影响很小,社会经济因素起决定性作用。综合起来,大致可以归纳为以下几个方面:

第一，位置是最直接的因素。

首先，观察点①地处泗城二环路与303省道的交会处，是连接江苏泗洪与安徽泗县以及西去宿州市的必经之地，交通位置相对较重要。

其次，东部为泗城经济开发区，开发区的基础设施建设、对外经济交流多数由此出入。

再次，该处四周为泗县几个规模较大的住宅小区，小区正处在建设时期，已有部分业主装潢入住，客货流量大。

最后，观察点①还在旧城区与新行政区的结合点上，旧城区与新行政区交通联系多经过该处。

第二，经济发展水平是根本因素。

泗县经济发展水平不高，以农业为主，工业处在起步阶段，多为原料导向型，农产品的初步加工厂较多，如面粉厂、粉丝厂、榨油厂、板材加工厂，以及劳动力导向型，如通过招商引资引进的玩具厂、服装厂、食品厂、电瓶厂等。这些厂多建于开发区，因此该观察点交通流量大。

第三，社会文化因素有一定影响。

泗县县城作为小型城市，等级低，人口少，发展历史短，交通位置并不十分重要。

综上所述，社会经济因素起着决定性作用。

泗县一中校门前交通状况原因分析及对策

（二号观察组）

泗县一中位于泗县县城二环路东侧，在校学生五千余人，其中住宿生一千多人，走读生三千多人。庞大的学生人数给校门口交通增加了很大的压力。泗县一中大门紧临二环路，二环路两侧是绿化用地，路面宽不足三十米。这样放学时就容易出现交通拥挤状况，并由此引发交通事故，交通问题成为学校关注的焦点。

校门口交通问题产生的原因之一是学生的交通意识不强，不遵守交通规则。据调查，校门口每学期大约有十次交通事故。当然，校门口的交通问题还有其他原因。学校大门口距二环路较近，而二环路作为重要的交通线，本身过往车辆较多，容易引发交通事故。此外，公路两侧的花园布局不够合理，占用有限空间，校门口长期有商贩占道设点卖零食及学习用品，而且数量众多，非机动车道被占，加剧了交通问题。校门口有学生停放车辆，在学校集中放学后，学生大量涌出校门，停放的车辆阻碍交通，而且人数过多，不仅出现交通拥挤，更容易引发交通事故，对学生生命安全构成极大威胁。同时，学生放学的时间与上下班的时间相近，加剧了交通问题。

解决该问题的措施如下：

第一，提高学生遵守交通规则的意识。学校应通过组织集体讲座活动，促使学生意识到交通的重要性，加大交通规则的宣传力度，减少不遵守交通规则的现象。学校还应加强监管，对不遵守交通规则的学生进行教育、劝导等，提高学生遵守交通规则的自觉性。

第二，改善交通条件。对校门口的花园进行改建，提高交通通达度；劝离校门口的商贩，杜绝不合理挤占非机动车道的现象。一方面，有利于减轻交通拥挤状况；另一方面，有利于减少交通事故。

再次，加强学生车辆的管理。在原有基础上，增建车棚，规定自行车及电动车的停放位置，杜绝自行车乱停乱放现象。

第四，调整学生出校门的时间。放学后，三个年级学生分批出校，间隔五到十分钟。这样有利于缓解交通压力，减轻交通拥挤，降低交通事故率。

第五，改善住宿条件，吸引更多走读生在学校住宿。扩大住宿生数量，减少走读生数量，这使放学时出校门的学生减少，有效缓解交通拥挤问题。

第六，建议增开学校南大门，对学生进行分流，以减少拥堵现象。

八、活动评价

该主题活动达到了预期目标，加深了学生对城市化的认识，尤其是对城市化过程中出现的问题及解决途径的思考。除对教材内容进行验证，获取感性认识外，难能可贵的是学生对一中校门前交通状况分析合理，一些建议已被学校采纳。学生对城市发展过程中新城区与老城区之间的经济交流、文化联系问题，以及城市特色及城市文化传承问题的发现和提出，很有眼光，很有水平。这些问题也是我国大多数城市面临的重要问题。这算是该主题活动的一个意外收获。

该活动巩固了“交通运输的区位因素”知识，通过实施调查，学生对课本内容有了新的认识，使教材内容在现实生活中得到了延伸。

在活动中，学生合作意识增强，学会互相协调，互相配合，互相关心和互相照顾，参与意识增强，对待课外调查活动态度认真。例如，对待车辆的分类，学生认真细致，分类明确；对待调查、交流、讨论充满热情，积极主动；对待小论文的撰写，虽然能力不足，但积极主动，集体荣誉感强，都期望本组的论文得到肯定。

本次实践活动提高了学生合作进行地理观测、绘制地理表格、分析和处理地理数据的能力，激发了学生探究地理问题的兴趣，使学生养成了求真务实的科学态度，增强了学生热爱家乡的情感，以及热爱社会生活和珍惜生命的社会责任感，养成了良好的行为习惯。

本次实践活动也存在一些不足：对比三个观察点数据，反映的问题、产生的原因仅仅停留在讨论交流的层面，没有形成论文；调查活动分组进行，组内协作多，而组与组之间的合作交流不充分；在整个活动过程中，教师的参与度不够。

新课程背景下高三地理课堂教学有效性的比较研究

朱德贤
（泗县一中）

高中毕业班面临的最大挑战是高考，其学习重在对已有知识的再认识或重建，由于时间紧，任务重，高三地理复习必须讲究效率和方法。笔者将高三年级的教学分为复习课、讲评课、练习课和训练课。每种类型的课有其不同的特点与教学要求，教师应抓住不同类型课的特征，提高其有效性。这就要求我们改变单一刻板的教学方式，实现教学方式的多样化，提高课堂教学的质量和效益；运用各种途径和方法来组织、实施具体的教学过程，提升教学效果。近年来出现了"讲解—接受""范例研究""六步教学法"等地理教学模式。这些模式都在不同程度上提高了地理教学活动的有效性及地理课堂教学的效率。但各种教学模式的着眼点和侧重点不同，各有其特定功能和适用范围。本文主要关注复习课中各种教学模式的有效性比较。

在复习课中，我们通过知识梳理让学生构建学科知识结构，对知识体系、层次、脉络从整体上把握。教师可以让学生自己绘制章节的知识结构图，然后与大家交流，最后形成一个较完善的学科知识体系。这样可以激发学生思维，由被动接受老师传授的知识结构转为主动内化知识结构。

当然，对不同知识板块的梳理要采用不同的教学模式。例如，人教版地理必修二《农业的区位选择》教学中，以往一般采用"讲解—接受"教学模式。这种教学模式最突出的优点是可以在有限的时间内，使较多的学生比较迅速、有效地接受系统完整的地理知识，掌握地理知识结构。教师的主导作用直接得到发挥，在一定意义上体现了教学作为一种简单的认识过程的特点，对传授知识来说，效率较高，是经济的教学模式之一。但由于这种模式过分强调教师的主导作用，忽视学生的主体地位，也没有考虑到学生的差异，不利于调动学生地理学习的积极性，也不利于能力的全面培养。当然，如果教师能够调动学生学习的积极性,也能促使他们自觉、主动地学习,即教师启发得法,这种教学模式运用于知识的系统传授和技能的系统训练仍具有独特的价值。

本人采用的则是“自学—辅导”教学模式。笔者首先提出自学要求:影响农业区位选择的因素有哪些?除这些因素外,影响农民决策的因素还有哪些?影响农业的因素都是一成不变的吗?有些问题的答案在教材中可以直接找到,学生带着这些问题,有目的、有重点地读书自学,边看书,边思考,边勾画重点,并试着归纳总结本节的知识结构图,形成系统知识网络,遇到疑惑不解的问题可以提出来,待教师讲解、答疑。这种地理教学模式以学生自学为主,教师始终只是在学生自学、讨论交流活动中给予启发指点,注重讲要领和要点,最后在教师辅导下,学生自行完成练习。在教学中,教师应加强对学生的个别辅导,适应学生的个别差异,贯彻因材施教的原则,使教学具有弹性和针对性。

在教学中,笔者深感“自学—辅导”教学模式实际上对教师的主导作用提出了更高、更新的要求,尤其是实施过程中要善于组织、灵活应变,要有的放矢地对学生进行指导,才能达到预期的目的,获得好的效果。此外,这种模式的实施,以学生具有较高的自觉性、纪律性以及自学能力为前提,教师应有一套相应的组织管理措施,否则,自学很可能流于形式。

复习课中必不可少的内容是考点提示,根据考试大纲和课程标准要求,让学生知道这一章应掌握的知识、技能和应培养的情感态度与价值观,从而形成一种主动学习的意识并结合知识结构体系,有意识地训练自己的能力,做到复习方向明确,备考针对性强。例如,在考点“农业区位因素,主要农业地域类型的特点及其形成条件”提示上,笔者采用的是“引导—发现”教学模式。结合人教版地理必修二“农业区位的选择”教学,笔者进一步提出两种观点:①“像地球上所有生物一样,人也受制于同样的自然力,这些自然力以它们不可抗拒的必然性,决定了人的生产和生活方式。”(地理环境决定论)②“人定胜天”(生产关系决定论)。安排学生就近讨论,有的学生同意两种观点之一,也有学生认为两种观点都有偏颇,应综合考虑。教师适时提示:以上两种观点都有一定的道理,但又有一定的片面性。第一种观点过于强调自然因素的制约性,似乎人在自然面前是无能为力的;第二种观点过于强调人为因素,忽略了自然因素的影响。因此,一方面,我们承认自然因素的影响,另一方面,人类可以能动地利用和改造自然。这时学生很容易就总结出“人类需要主动地、不断地适应于环境对人类的限制,而这种‘适应’,实际是一种不断地调整,是人类有意识地对人地关系的协调”(人地相关论),从而认识到农业地域的形成,是因地制宜发展农业、合理利用农业土地的结果。

“引导—发现”教学模式的突出优势是:在教师的精心设计和组织下,强调学生是“发现者”,能在很大程度上调动学生学习的积极性和主动性,并通过独立思维活动进行创造性学习。同时,以学习促进发展,以发展带动学习,不仅使学生掌握的知识结构更加牢固,而且使他们学会探索研究、迁移应用的方法,有利于培养钻研精神和自行获取知识的能力,发展独立思考能力和分析解决问题的能力。但这种模式也有其明显的局限性,就是对教师的要求很高,要求教师要有比较高明的教学策略,要能策划富有暗示性而又有探索余地的背景材料,使学生能够利用材料去发现;要花费较多的时间和精力去设计实施步骤,对学生的学习水平、学习心理和学习差异均要有全面的了解;还要能对教学程度和方式有多种准备,保证教学过程有一定的弹性。所以,教师的教学水平达不到一定高度,或学习对象没有足够探索的深度,不必也不能采用这种教学模式。

教师平时的教学,重点是否突出,难点是否解析得当,学生是否完全掌握只有通过测试方能知晓,才能真正把握学生的薄弱点,通过试卷讲评,逐步修正平时的教学,达到查漏补缺的目的。高三教学约有三分之一的课堂时间是在试卷讲评中度过的,如何使高三教学的试卷讲评课既富有针对性,又生动有趣,是值得每位高三教师探究和反思的,这同时关系到高三教学的成败。

笔者采用的主要是“多元互动”探究式教学模式。“多元互动”探究式教学模式以学生为中心,紧密围绕学生的学习状态,采取灵活多变的措施。在学生学习的各个环节中,教师始终在观察、指导学生的探究活动,启发学生思维,并随时发现问题,有针对性地进行教学,积极“引导学生共同‘聚焦’于某段材料、培养学生细致入微的‘审图’能力、通过启发诱导,发现学生的思维轨迹,让学生自己分析,进行相互点评与纠正,对个别值得探究的问题,形成你问我答”。

“多元互动”探究式教学模式坚持以学生学习为本,重视教师的主导作用和学生的探究活动,抓住了学生与教师之间的互动关系,进行课程、教材、教法的一体化设计,既有较鲜明的理论色彩,又有较完整的教学体系,以形式多样、学生和教师多元互动为特色,是值得探讨的课堂教学模式。

以上是笔者在高三地理有效课堂教学中的一些探讨与做法,还有很多不成熟的地方,但我相信,只要我们积极努力、不断探索,就能探索出适合自己的更加有效的课堂教学模式。

地理实验在课堂教学中的应用

赵芳芳
（泗县一中）

地理学科跨“人文与社会”和“科学”两个学习领域，兼有社会科学和自然科学知识，具有很强的实践性和应用性。人教版地理必修一涉及的主要是自然地理学的内容，如地球运动和大气运动等，单纯依靠教材中的图解和教师的讲解，学生凭想象很难理解抽象的内容，所以学生在学习过程中普遍感到困难，进而使得学习兴趣逐渐丧失。如何突破这些教学难点，激发学生的学习兴趣呢？根据多年教学经验，笔者认为将地理实验引进课堂，会获得一些意想不到的效果。

一、通过地理实验提高学生兴趣

教学经验告诉我们，在课堂中学生对自己熟悉的、有体验的、听说过的、新鲜的、有趣的事例特别感兴趣。兴趣是一种无形的动力，当人们对某件事情或某项活动感兴趣时，就会很投入，而且印象深刻。从教育心理学的角度来说，兴趣是一个人倾向于认识、研究获得某种知识的心理特征，是可以推动人们求知的一种内在力量。学生对某一学科有兴趣，就会持续地专心致志地钻研它，并把学习看作一种精神享受，因而能自觉积极地学习，从而提高学习效果。

[案例一：地球自转的证明]

实验准备：一张硬纸条、一个水盆、一些水、一块玻璃、一支水笔。

具体做法：用水盆盛满水，将硬纸条折成“T”字形置于水中，上方用玻璃盖上，并用水笔记下硬纸条当前位置。

实验结果：一段时间后硬纸条顺时针转过一定角度。

实验分析：由于地球不停地自转，水在惯性的作用下，保持原先的状态带动硬纸条顺时针转过一定角度。

实验结论：地球在不停自转。

实验注意事项：①水尽量多，但是不能与玻璃接触，否则会使硬纸条浮在水上与玻璃摩擦，效果不明显。②一定要把水盆盖严，否则会使硬纸条受到室内空气流动产生的作用，无法得出实验结果。③该实验需要时间较长，最好是在晚上睡觉前做，早上起来观察。

地理实验可以将原本枯燥乏味，难以理解的知识转变为学生通过观察、操作、发现、思考而获得的结论。在这个过程中，学生注意力集中、思维活跃，易于接受和掌握知识。同时，学生通过不断品尝“发现”与“战胜困难获得成功”的喜悦，在实验中获得成就感和满足感。学生还会在动手动脑中体会到地理的魅力，并逐步对地理学科产生兴趣，从而形成主动、正确的学习方法，积极投入地理学习中，提高地理课堂的效率。

二、通过地理实验解决重难点

地理学科有关于宏观自然现象和过程的知识，需要良好的空间想象能力，因而成为教学的重点和难点。这些自然现象和过程多属于天文、气象和地质等自然地理方面知识，内容抽象，如地球运动、大气运动、地壳运动等。这些自然现象和过程，一般是短时间内无法观察到的，但是通过实验学生可以在短时间内认识和理解这些重难点知识。

［案例二：降水的形成原理］

实验准备：两个水杯、一些水（一部分开水和一部分冷水）、一些冰块。

具体做法：取两个水杯，一杯装入开水，一杯装入冷水（最好是混有冰块的冷水，这样观察更明显），观察两个水杯的上方与周围水蒸气的变化。

实验结果：开水水杯在杯口上方出现水蒸气，且向上飘动；杯体表面较干爽。冷水水杯在水杯四周出现水蒸气，且向下飘动；杯体表面出现水滴。

实验分析：水蒸气遇冷液化成小水滴，开水表面水分蒸发较快，遇到上方较冷的空气液化；冷水温度低，四周空气遇冷液化，最终在杯体表面形成水滴。

实验结论：水蒸气遇冷液化，形成降水。

实验注意事项：开水与冷水一定要与当前的温度有较大差别，否则实验结果不明显，甚至看不到任何变化。

如果能利用简单的材料模拟这些复杂现象产生的原理,就会化繁为简,生动直观。学生通过观察思考可以加深对自然规律和原理的理解,而且印象深刻。

三、通过地理实验培养学生的综合能力

地理学科的综合性特点及地图载体的复杂性与部分文科生"死记硬背"的学习特点,成为一对矛盾,阻碍高中地理教学的有效进行。培养文科生的地理综合能力是解决这一问题的最佳途径。《全日制普通高中地理课程标准(实验)》明确提出,地理教学的目的之一就是要让学生掌握地理基础知识和基本原理,获得地理基本技能,增强学生的地理学习能力和生存能力,倡导自主学习、探究学习。学生在地理实验的过程中,通过分析、比较、判断、推理、表述,能培养逻辑思维能力、归纳分析能力以及语言组织和表达能力。

[案例三:储油构造原理]

实验准备:一段透明塑料管、有颜色的油、水。

具体做法:将等体积的水和油装入透明塑料管,并将塑料管的两端密封,将其平放在演示台上,观测水和油的位置;将其弯曲呈蛇形悬挂在演示架上,再观测水和油的位置。

实验结果:平放时水在下面,油在上面,弯曲呈蛇形悬挂时水在向下弯的部位,油在向上拱的部位。

实验分析:密度小的油浮于密度大的水的上方。

实验结论:石油、天然气因密度小而集中在密封的"背斜"上部。

实验注意事项:塑料管的两端一定要密封严实。

[案例四:地转偏向力的观测]

实验准备:地球仪、红墨水、蓝墨水。

具体做法:将一个地球仪的地轴垂直于地面,先在北半球高纬度处滴一至两滴红墨水,在地球仪不转动的情况下,观察红墨水的移动轨迹。然后自西向东转动地球仪,再在高纬度某处滴一滴蓝墨水,观察蓝墨水的移动轨迹。最后将地球仪倒转过来,南极向上,用同样的方法演示、观察。

实验结果:北半球时,红墨水沿经线向低纬度流动并留下墨迹,蓝墨水流动的方向发生了改变,从北极上向下观察,可以发现蓝墨水留下向右偏转的墨迹。

南半球时，红墨水相同，蓝墨水向左偏转。

实验分析：地球上水平运动的物体在惯性作用下，运动方向发生偏转。

实验结论：北半球水平运动的物体在地转偏向力的作用下向右偏，南半球水平运动的物体在地转偏向力的作用下向左偏。

实验注意事项：转动地球仪时速度要适中。

实验不仅活跃了课堂气氛，也容易引起学生兴趣，提高课堂效率。

四、通过地理实验让学生学会合作

合作是为了共同的目的一起工作或共同完成某项任务。因此，它是一个主动、积极、有意识的过程。很多实验需要学生分工合作完成。在实验前，教师不但要讲明实验的具体要求，还要有意识地进行引导，渗透合作意识，让学生认识到合作的重要性，产生合作的欲望，在合作学习中进步和提高。

[案例五：验证海陆热力性质差异(让学生合作设计实验)]

实验准备：两个不锈钢碗、一些水、一些沙、一个温度计。

具体做法：两个不锈钢碗一个盛满水，另一个盛满沙，分别在阳光下加热，观察哪个碗热得更快；过一段时间后，移入室内，观察哪个碗冷得更快。

实验结果：装沙的碗热得更快，也冷得更快。

实验分析：海陆热力性质有差异，水的比热大，升温速度慢。

实验注意事项：该实验较费时，需提前准备。

同时，我们还可根据学校实际，适当开展一些课外活动，组织和指导学生做一些趣味实验，例如空气、水的污染检测，以增强学生的环保意识；指导学生自己动手做一些家庭小实验，例如进行课外小制作、自制学具，使学生在制作过程中有所创造，激发学生的求知欲，培养学生的创新能力。

综上所述，我们要充分发挥实验教学的作用，培养学生的学习兴趣、观察能力、自学能力、综合分析问题和解决问题的能力，培养学生的科学素质、思维素质、能力素质等综合素质，把实验教学的作用尽可能发挥到最大。在地理课堂教学中运用演示手段，不但能增强学生学习地理的兴趣，加深他们对地理事物和现象演变规律及成因的理解，而且能使学生“手、脑、视、听”同步活动，有利于学生能力培养，取得一定的实效。

地理课堂教学有效性的提高

梁浩浩
（泗县一中）

随着时代的发展和《全日制普通高中地理课程标准（实验）》的实施，当前在学校教育教学中正在进行一场深刻的教育观念变革，如何提高45分钟的课堂教学有效性，是目前各学科教师最想攻克的难题。社会对人才的需求增多，提高地理课堂教学有效性势在必行。根据多年一线教学经验，笔者认为提高地理课堂有效性应注意以下几个方面：

一、地理教师要不断提高自身素养

现代教育要求教师自身必须具有较高的素质和修养。教师不但要有渊博的知识，还要有培养人、教育人的本领，因此要不断提高教书育人的艺术水平。教师素质直接关系到教育的成效，同时，它也是实施素质教育的关键，所以，教师要不断加强自身的素质修养。对地理教师而言，尤其要如此，因为地理学科是兼具自然和人文性质的综合性学科，内涵丰富，涉及面广。在这个知识飞速更新的时代，教师要坚持学习，及时补充新的知识，否则在教学中就可能会江郎才尽，捉襟见肘。教师如果仅仅局限于靠传授教材的知识来应付考试，那是远远不够的，同时也不符合素质教育的要求。教师绝不能仅仅满足于“一桶水”的要求，而应该是一条潺潺流淌的小溪，一条奔腾不息的大河，这样才能适应新时代教育的需要。教师要有渊博的学识，才能博观而约取，厚积而薄发。

首先，教师要钻研教材，形成自己独特的见解，把自己理解的知识传授给学生，告别照本宣科的教学方式。其次，经常查阅与教材相关的资料。再次，阅读有关专业书籍，充分利用课外知识帮助学生掌握课本内容。最后，教师要经常阅读适合学生理解的杂志，然后推荐给学生，促进学生的课外阅读，用几分钟来换取学生课下几十分钟甚至几个小时的自主学习。教师只有广泛涉猎，才能去伪存真，披沙拣金，才能真正做到居高临下，游刃有余。无论是垂垂老者，还是初生牛犊，都应有一点“书卷气”，我们要终身学习，做一名学习型教师。

二、精心备课——有效课堂教学的前提

备课是教师根据学科课程标准的要求和课程特点，结合学生的具体情况，选择最合适的表达方法和顺序，以保证学生有效学习。做一个好的地理教师不仅要具备扎实的地理学科知识储备，还要有一定的自然和人文相关学科的知识。这样才能把课堂教学时间变成有生命的、美妙的45分钟。

首先，我们要充分利用课程标准的有关信息备课。课程标准作为课程领域的基本规则与教学行为依据，可以提供诸多有助于备课的信息。例如，课程标准提供了教科书编写的基本思路和基本要求，还提供了与教学内容相配套的学段目标要求，同时课程标准提供的评价建议包含了课程实施过程中评价活动的方方面面，尤其是给出的结合具体事例的评价建议，可以直接运用到教案的设计之中。

其次，我们的备课还应该以教材为支点，走出教材，走进生活，从生活中去学知识，借教材这个点深入生活这个面。因此，教师必须要吃透教材，这样才能从教材联系到生活。在教学活动中，一个在备课时不能吃透教材的教师很难能借助教材带着学生走进生活。课程改革，其中一个重要的思想就是提倡所有学科都要“用教材教而不是教教材”。用好教材，教师必须要重视“探究与接受”“补充与舍弃”“分散与整合”三种关系。

再次，课堂的主体是学生，一切教学活动都必须围绕学生这一主体，要尊重学生的权利，给他们发表自己看法的机会。学生生理、心理以及语言能力的发展具有阶段性特征，不同内容的教学也有各自的规律，因此教师在备课中所设置的教学环节、教学问题要充分考虑学生的年龄、心理等因素，多从学生的角度考虑问题。教师在备课过程中要注重培养学生自主学习的意识和习惯，为学生创设良好的自主学习情境，尊重学生的个体差异，鼓励学生选择适合自己的学习方式。

最后，提高课堂教学效率的一个很重要的因素是教学方法，既包括教师的教法，也包括学生的学法。教学有法，但无定法，教师备课时要根据教材特点、学生实际、学校条件、个人特长选择合适的教学方法，从而更好地突出重点、攻破难点，圆满地完成教学任务。

学生的学习方法，直接影响着教学质量。苏霍姆林斯基认为，教给学生方法比教给学生知识更重要。教师备课时要根据地理学科教学指导意见的要求、教材内容和学生实际，教给学生合适的学习方法，使学生由"学会"变"会学"，培养学生的自学能力、实践能力和创新精神，进一步提高教学质量。教学方法要体现现代的教学观念，以人为本，发挥学生的主体精神和创新意识，可以采取"学生自我尝试在先，教师引导在后"的策略。

三、构建双向互动教学模式

教学系统中教授活动与学习活动，既相互制约，又相互促进；既互为对象，又互为条件；既相互区别，又相互包含；既相互矛盾，又相互适应统一。教学过程就是教师的教与学生的学有机结合并协同发展的耦合体。

首先，教师要善于设计情境，激发学生的学习兴趣和情感，新课新知识的导入尤其重要。上课伊始教师可利用短短的几分钟讲一个小故事，或提出问题，或用多媒体播放视频、景物图片等。这些情境能激发学生的兴趣、情感，可达到教学的初步目的。倘若这些情境又能和教学内容有很大的相关度，其效果则更好。教学过程中除设计情境外，教师还要以自己的情感带动学生的情感，使学生产生情感共鸣，并和教师进行积极的情感沟通和交流，把教学带入乐思乐学的愉快和谐的氛围。例如，在讲到"工业化进程"时，可以播放《春天的故事》导入，以提高学生参与课堂的积极性。

其次，有意义的问题能引发学生的思考或把教学引向深入，问题要从易到难，符合学生认知规律，引导学生沿着知识的脚手架向上攀登。提问题的角度要变化、要新颖，引导学生多角度、多侧面思考，锻炼学生的发散思维。根据学生作答，教师及时反馈，给予鼓励，加强有效信息的传输。例如，在讲交通运输中的点时，我们可以暂时走出教材中的材料，走入生活，以本地的车站为例，让学生分析：车站的区位选择与哪些因素密切相关？这些因素如何影响车站的区位呢？车站应如何布局才更为合理有效？

最后，教师在讲授过程中要允许学生随时举手提问，共同讨论，而不是将自己的观点强加于学生，这对教师将是一个很大的促进。课堂上学生的积极发言，有时会给教师以启发。

总之，课堂上只要师生双方进入教学情境，一唱一和，必定能弹奏出优美的乐章。

四、加强对教学的反思

教学反思是对教学实践的再认识，是对教学中成功与失败、经验与教训的回顾，是教师对自己教学的一种自我监督。写教学反思可以为下一次课提供有价值的经验，同时也是课后的“再备课”。通过写教学反思，教师记录自己较好的教法，成功的经验，能加强自己的经验积累，从而掌握教学规律，有利于从“经验型”教师向“专家型”教师转变，也有利于地理教学系统的良性循环。

例如，我们在反思教学过程时要对教学中重难点的处理、学生主体地位的确立、学生自主学习能力的提高等情况进行反思，然后再回到实践中去分析、去探索怎样才能更好地促进学生素质的发展，怎样才能更好地促进教师教育教学水平的提高。

三种不同教学方法的有效性比较

杨崇广　高　恒
（泗县一中）

2010年1月，我校为推行课程改革，特邀请了安徽师范大学附属中学的高级教师王广宇来我校上示范课。王广宇老师在课程改革方面颇有建树，他选择的教学内容是人教版地理必修三第二章第二节《流域的综合开发——以田纳西河为例》。王老师准备的是高二的新授课，由于学校课程时间安排上的差异，当时参与示范课听课的是我校高三的两个班学生以及一个文科复习班的学生，地点选在我校大阶梯教室，采用的是多媒体教学，整堂课无板书的形式。

王老师注重启发式教学，信息量大，准备很充分，注重在知识联系中传授新知识，但没有过多向其他章节和课外延伸，问题设计缜密，思维连贯。相对于高二学生来说，参加听课的学生学科素质高，对本章节的内容很熟悉，“每启必发”，很少需要思索，课堂气氛好，师生配合好，是典型的和谐课堂。课堂效果好，教学任务圆满完成，“观瞻性”特别强。

听课教师对王广宇老师这节课的评价是：注重从共性到个性的认知规律；以问题的形式展示教学思路，启发性强；使用多媒体教学手段，课堂容量大；师生互动多，课堂气氛活跃。

2010年4月，我校青年教师梁浩浩对王广宇老师的课件进行了改编、简化，使其更贴近我校学生实际，并面向高三学生上了一节复习课，上课的性质定性为青年教师的汇报课。就内容来说，这是高二的新授课内容，拿来给高三学生作为一轮复习课来上，无课外延伸，师生配合默契，课堂气氛好。教师引领得法，学生反应快，思维跟得紧，课堂效果好。无论从教学环节的把握、教学方法的选取、教学手段的运用，还是师生互动的数量和质量等方面，这节课都不失为一节优秀的复习课。

长期以来，学生在学习方法上习惯于“听讲”，老师讲学生听，脑子一时记不住或是一时理解不了的,就记笔记,课后消化。因为不懂的学生毕竟是少数,教师不能等到所有的学生当堂都理解、都记住时再往下进行,长期的教学定式,学生参与课堂的意识淡薄,但是课堂效果并不差。当教学手段发生改变时,无板书,并且课堂上学生也没有记笔记的时间与机会时,课堂教学效果发生了重新的排列组合。原来接受能力弱的同学,现在可能转好,而原来习惯于听课记笔记的优生,可能课堂学习效果变差,在他们看来,课堂由原来"有形"的变成了"过眼云烟",不再那么好把握了。

无论是名师王广宇,还是我校青年教师梁浩浩,都只停留在"教教材"上,没有上升到"用教材教"的高度,即担心哪一块内容没有讲细,有了疏漏,学生就掌握不了,也就是说,从内心里还是不敢放手让学生自主学习。这也许是课程改革中教师都要经历的一个过程。

笔者在2010年10月面向全校地理教师上了一节公开课,选取的内容也是《流域的综合开发——以田纳西河为例》,面对的是高二文科班,上的是新授课。在教学设计上,笔者注重板书的设计,充分运用了板图,注重前后章节知识的联系,方法传统,以绘图讲解为主,边画边讲,以引导自学法为辅。内容较简单的部分由学生自学完成,师生外在的互动少,手段也很传统,指导学生查图、析图,课堂上回避了教材中难度太大和有争议的部分。就个人而言,笔者在这节课的教学设计上有个很矛盾的心理:在教学方法上,想追求一种常态的、平时易于操作的方法,在教学理念上,又想传达一种高层次的教学要求,注重学生运用能力的培养,以及超越合作学习之上的独立学习能力的培养。课堂追求的是师生智慧的融合,"心心相印""心有灵犀"和"会心会意"的颔首,但是课堂评价不好。

下面是本组教师对本节课的评价:

优点:板书设计科学,板图设计、绘制运用都很好,例如绘制出黄河、长江、塔里木河、密西西比河的轮廓。课堂教学亲切自然,教学环节清晰,从中国地理引到世界地理内容,由近及远,由熟悉到不熟悉,符合学生认知规律。

缺点:对学生的学习要求过高,甚至将对高三学生的要求带到了高二;方法传统,手段落俗;课堂互动少,缺少生生互动即课堂讨论;对教材重点内容分析不够,例如"田纳西河早期开发后果"之间的联系分析不够;课堂气氛不够好。

尽管课堂评价不高,笔者还是由衷地感到高兴,因为这说明我校地理教师对课程改革的理念都有自己的见解,我们组的课题研究有成效了。

通过实践对比,笔者以为不同的教学方法都可以渗透新的教学理念,"常态教学”与“激情教学”各得其所。我们追求“激情”,但我们更要立足“常态”。同时,教师的年龄、性格、性别、普通话水平、生活状态、心理状态有时也能成为影响课堂教学有效性的重要因素。

地理课堂教学师生互动有效性探究

林庆安　李　峰
（宿州市教科所　宿州二中）

美国著名心理学家布鲁纳说："学习者不应是信息的被动接受者，而应是知识获取过程中的主动参与者。"新课程背景下的中学地理教学应追求师生互动的教学过程，在充分体现教师能动性的基础上，充分发挥学生的主动性，以及教学手段和素材的高效性。地理教师在教学过程中应坚持主体性原则，充分发挥学生的主动性，让学生积极主动地参与到地理课堂学习活动中来，形成"师生互动，生生互动"的互动式课堂氛围，从而提高学生学习地理的效果。那么怎样才能让互动更有效呢？

一、教学思想的确立：课程改革理念，师生平等，自信自主学习

1.改变传统的教学理念，积极践行课程改革理念

在我们的地理课堂上有很多地理教师有这样的理念：首先课堂上我是"主宰"，学生必须围绕我的"指挥棒"转；其次对于课堂上的一些难点，应该是我精心去讲，而学生应该认真去听。像这些错误的理念在我们身边很多地理教师身上或多或少都有。在这种错误理念指引下，课堂气氛沉闷，学生的积极性遭到抑制，潜力不能得到充分发挥。在"以教师为中心"的师生关系中，学生就会处在被动状态，即所谓"师传生受"的教学关系；在"以学生为中心"的师生关系中，学生是教学的主体，教师处于主导地位，同时也是整个课堂学习的一员，实现"教学相长"。地理课堂教学活动是师生共同构建的双向活动，教师和学生相互影响。所以我们教师首先要转变教育理念，以平等的身份与学生对话，提倡换位思考，消除师生间的融阂，把学生的学习积极性调动起来。

2.平等的师生关系才能让学生自信自主

"皮格马利翁效应"告诉我们：有信任和热爱，冰冷的石头也能复活！教师

放下“唯我正确”“高高在上”的架子，学生才会因为被尊重和关爱而倍感温暖，从而全身心地投入教学活动中，积极地展示自己，产生创造性思维火花。赞可夫说：“教学法一旦触及学生的情感和意志领域，触及学生的心理需要，这种教学法就会变得高度有效。”因此，教师要及时保护学生的自尊心，激励自信心。教师要在课堂教学活动中呈现出民主、平等、和谐的气氛，凸显学生在课堂上的主体性，实现了师生间的平等对话，学生才会思维活跃，情绪高昂，才能做到独立思考，各抒己见，充分发表自己的意见，倾听同伴的不同想法。创设平等、师生互动的课堂教学氛围是实现师生互动课堂教学的基础，只有形成互动、交流的氛围才能提高教学效果，提高地理课堂的有效性。

二、活动平台的搭建：为学生提供参与机会，活动展示方式多样化

爱因斯坦说过，提出一个问题往往比解决一个问题更为重要。现代认知心理学认为，思维的本源在于解决问题，因此学习解决问题首先从设问开始，一个好的设问，往往能激发学生强烈的问题意识和探求动机，从而独立思考和解决问题，发展其思维能力和创造能力。因此，在教学过程中地理教师应积极搭建各种平台让学生充分参与到课堂教学中来。

1. 精心设问是让学生参与到课堂中的前提

设计课堂提问必须以课程标准的目标要求和教材的知识体系为依据，针对教材中的重点、难点以及学生的实际情况，在思维的关键点上提出问题。首先，设计课堂提问要有计划性：即根据地理课程标准总的目的要求及教材中每一节课的具体目的要求，从已知到未知，从感性到理性，有计划地合理安排课堂提问。其次，设计课堂提问要有针对性：要针对学生在思维过程中可能碰到困难和容易出现差错的地方，提出难易适中的问题，以便学生通过思维分析后可以解决。有些较难的问题，可分步提问、引导过渡，帮助学生降低难度。再次，设计课堂提问要有启发性：能促进学生积极思考，充分体现课堂以学生为主体的原则，可通过正问、追问、反问等形式，让学生对知识有确切理解。设计课堂提问，要根据不同课型设计不同类型的问题，做到有的放矢，提高课堂的教学效果。地理学科教学大致有新授课、活动课、复习课、测试评讲课等几种类型。总之，教师应结合学生的实际水平，恰当设疑、热情鼓励、积极引导，使学生从不同角度、不同侧面去灵活地分析问题，获取所要掌握的知识。

2.合作学习是新课程提倡的主要学习方式之一

组织小组学习、全班交流的学习活动,可加强师生间、生生间多向交流合作互动,能让学生真正成为学习的主人。同学间相互配合、交流探讨、补充完善就成了每个人的一种需求,教师和其他小组对本组成果的评价既是互动交流,也是互动的一种动力。如在课堂教学中遇到比较复杂的问题时,我们把班级分成若干小组,这样通过小组成员的集思广益,最终得到的答案就相对完善些。

3.通过地理教具和多媒体教学技术的使用,创设学习情景

高中地理教学中有不少地理概念、地理规律和地理原理等比较抽象的内容,并且具有空间、时间跨度大,区域性、综合性强等特点,因此,利用图文并茂、声像并举、视听结合的多媒体课件,既生动形象,有新鲜感,又好理解,可激发学生参与互动学习的热情。多年的教学经验表明,利用多媒体还可以进行高效的练习反馈,积极进行效果评价。例如:在讲解《常见的天气系统》这节内容时,教师可以事先准备好冷锋、暖锋形成过程示意图,在网络教室借助计算机局域网把练习文件发送给全体学生,利用多媒体的交互性,让学生通过动画演示和解说,理解锋面的形成过程,从而实现较好的教学效果。

4.构建有地方特色的校本课程,提高学生参与度

教学中教师可以采用当地的、学生熟悉的素材或案例取代教材中的相应内容。为此教师在平时就应该了解乡土地理,了解社会热点问题,大力开展校本课程研究,形成具有地方特色的课程体系,满足学生不同的地理学习需要,增强热爱祖国、热爱家乡的情感。为此笔者在教学中大力推行乡土地理案例的教学研究,让学生参与案例材料的收集、编写和探究,甚至案例的反馈等活动,在案例教学实施的过程中促进师生互动,为师生互动构建平台。

三、教学情境的创建:师生关系和谐,课堂气氛活跃,民主集中恰当

情境一般包括以下几种:故事情境、操作情境、生活情境、媒体情境等。和谐、活跃的教学情境有利于教学目标的达成。

1.培养良好师生感情

实践证明,教学活动中最活跃的因素是师生关系,师生情感的融通可以创造宽松、民主的教学氛围,使教学活动配合默契,也能使学生放松心态,敢于表达,而“师道尊严”“高高在上”“永远正确的教师”不可能创造出师生互动的课堂。在教学中,笔者注意激励学生参与互动,少用批评性语句或语气对待学生,

在学生回答问题后，哪怕是大部分没说对，也要找出那一点点闪光处，即使完全不正确，也可以赞扬其敢于发表见解，主动学习的精神。这样学生便可在一种心理安全的感受下大胆质疑，大胆畅想，实现互动才有保障。

根据教学实际安排探究式、讨论式的学习活动，教师注意以平等的身份参与合作，用引导、商量、启发等方法引导学生探讨并互相补充，使师生真正成为一个“学习共同体”。在整个教学活动中，教师是活动方案的研究者和设计者，是学生学习的引导者和合作者。

2.营造自由开放的课堂氛围

教师作为课堂学习活动的领导者、组织者，必须尊重学生的主体性，给学生营造自由、民主、宽松的学习氛围。无论听、说、读、写何种方式，都要鼓励尽可能多的学生参与到互动中。教师以合作者和组织者的身份去营造宽松和谐的课堂氛围，再通过师生之间、生生之间的思维互动和集思广益，培养学生提炼新思想的胆识。

3.尊重学生的个性差异

在班里的几十名学生中，存在着差异是不言而喻的。尊重个性差异，是不同水平的学生都能主动有效参与互动学习的前提。为让每一类学生都有表现和提高的环境和机会，需要对不同学生提出不同要求，如：对学习成绩优秀的学生要求高一些，知识面拓展得宽一些，多问几个“为什么”；对学习成绩差一些的学生适当降低难度，并适时给予恰当鼓励和个别辅导；对成绩不好但参与热情高的学生，笔者也经常鼓励他们的探索精神，指导他们改善学习方法，客观评价学生，使他们在不断增强自信的同时提高学习成绩。实际上，完美的优秀生是极少数，永远的学差生是不存在的。每个学生都有优势和弱势，如：善于思考的学生，可能不善于交流与合作；考分低的学生，可能在发现问题、解决问题方面有过人之处。了解学生的学习程度，发现学生的学习特点，并针对每位学生情况设计活动方案，会使他们产生参与学习和与教师互动的更大动力，扬长避短，获得发展。

在良好的氛围下，学生在不断尝试的过程中及时交流，展示自己的观点，并通过师生、生生思维碰撞和协作，最终达成共识，使地理课堂成为不断尝试、不断探究、不断体验的过程。在探究中学生还会提出一些教师都没有涉及的问题及领域，师生可以共同探究，在相互交流、相互启发中达到共同进步，使知识的学习过程不仅是学生知识和能力的提升过程，还是师生反思、教学相长的过程。

四、活动内容的设计

活动设计要紧扣课程标准与教材，突出重难点，难易适当，联系生活实际，重在解决问题。

充满活力的活动设计应该是一个师生、生生互动的过程，也是有效教学的重要保证，它有利于教师从整体上把握教学过程，使教学有序展开，从而提高学生学习效率。那么怎样才能让活动设计更有效果呢？

首先教师要熟悉课程标准要求，然后才能精心设计活动，对在互动中可能出现的生成问题做好充分的预设准备。

1.课堂互动设计应目的性明确

设计课堂互动的目的在于让学生通过亲身学习体验，深入持久地习得地理知识与技能。所以课堂活动一定不能追求热闹，没有提升总结环节；一定不能互动次数太多，学生没有深入思考的时间，从而忽视地理知识的生成与巩固的基本过程，背离了设计课堂活动的根本目的。盲目的课堂互动，无助于教学，只会分散精力，偏离轨道，浪费时间。

2.课堂互动设计应与教学内容相结合

新教材中设置的课堂活动仍是我们教学的重要内容，所以在设计活动时要紧扣课程标准。如果把教材内容与生活实际结合起来，把学生的思维引到现实生活或身边的情境里，学生有话可说，回答积极，能解决身边的地理问题，就会有成就感。如讲解冷、暖锋过境时，先给出宿州市最近几天的天气资料，然后让学生分析，收到了良好的效果。

3.课堂互动设计应因生、因时制宜，激发兴趣和积极性

要真正做到调动学生的兴趣和积极性，提高学生参与度，教师要注意尽可能多地用现实问题和乡土地理知识，应着重创设良好的教学情景。怎样的地理情境能够有效地激发学生参与呢？

第一，真实性：背景材料必须符合学生的生活经验和现有的地理认知水平。

第二，趣味性：通过新奇的材料引发学生的兴趣和主动思维，发现地理问题。

第三，时效性：用一些热点和焦点的地理现象鼓励学生探究。

如在讲解“常见的天气系统”时，教师运用多媒体播放“中央电视台天气预报”画面，引导学生仔细收看收听预报员的天气分析，然后引出本节课要探究的问题——晴、阴、雨、雪等天气的变化是受不同天气系统的影响或处于天气系统中不同部位所致，并告诉学生学完这节课后，会播放另一段没有声音的天气预报录像，让学生模拟预报，学生的兴趣一下子就调动了起来。

4.课堂互动设计要简单、实用、由浅入深，促进学生主动探究

活动设计的形式过于复杂或难度过大，会引起学生的厌学情绪，认为太复杂或太难而放弃思考，等着老师宣布答案。这样就很难达到设计的初衷，更违背了课程改革的理念。如洋流分布是高中教学的一个难点和重点，教师首先设计情境：郑和下西洋为什么冬去夏回？哥伦布两次去美洲第二次比第一次走的路程长而所用的时间缩短20天，这又是为什么？师生互动用气压带风带图，以及综合考虑陆地形状、地转偏向力推导出洋流模式图，让学生进一步理解洋流分布规律，然后把学生分成三个组，把洋流模式图对应放进大西洋、太平洋和南印度洋中分析。这样让学生动脑动手，互动效果好。

总之，在教学中增强互动的教学设计要生活化、情境化、信息化。在生动、多样的教学环境中学生可交流的话题增多，情感体验丰富，思路打得开，彼此间容易产生相互影响，往往会产生"触类旁通"之感，或"牵一发动全身"的现象，在感情上也容易沟通。所以教师在课堂上除了自己准备丰富的材料，精心设计外，还要引导学生收集各种信息资料，带到课堂上来，使课堂上的每个人都成为信息源，让学生在充分的信息环境中接受多方刺激，发生互动。

五、评价方式的构建：过程与结果并重，正确引导分析回答问题

课堂互动中的评价，是互动过程中的关键一环。积极正面的评价，能激发学生的热情，鼓励更多的学生参与到互动中，对持续互动以及互动效果的提升都有非常好的促进作用。通过课堂上不断暗示和强化，一次次鼓励，学生能发现相互间的长处和进步。学生通过情感的投入，不断发现自我、感受自我，在愉快的课堂氛围中全面成长。

新课程倡导赏识教育，教师在教学中要善于发现学生的亮点，及时给予肯定、鼓励和表扬，即使是对学生提出的不着边际、不合主题或奇思妙想的问题，也不应批评，应耐心听完，给予恰当评价。教师不要怕被学生问住而难堪，课堂上难免会遇到一时答不上学生疑问的情况或因其他原因造成错误而被学生当场指出的尴尬场面。教师要正确对待学生在知识上的"刁难"，诚恳地肯定学生的智慧和勇气，同时可引导学生共同探索。

学习过程和学习结果评价，会直接影响教学质量，正面的评价会催人奋进、鼓舞士气，而不合理的评价会挫伤锐气，使师生互动陷入僵局。因此，在教学中教师必须注重学习过程评价和学习结果评价的结合，重视反映学生发展状况的过程性评价，实现评价目标多元化、评价手段多样化，强调形成性评价与终结性评价相结合、定性评价与定量评价相结合、反思性评价与鼓励性评价相结合。对学生的学习过程和学习结果及时给予肯定，有时一个眼神，一个微笑，一句肯定的话语就可以激活课堂。

结论：随着课程改革的进一步推进，人们越来越意识到有效教学离不开课堂师生的有效互动。教师是师生良好互动环境的创设者、交流机会的提供者、学生活动的主导者和引导者。学生是课堂的主体，只有师生充分互动起来，学生才能有更多的收获，而同时教师也是受益者，既提高了课堂教学质量，又从学生身上学到了好的做法。教师应坚持研究师生互动，付诸实践，培养出主动参与自主学习的学生，同时提高自身文化素质和教学水平，实现教学中的个性化。因此，提高课堂的教学效果离不开师生互动的课堂教学模式。

（本文发表于《安徽教育科研》2013年第3期，有改动。）

名师地理教学断想

杨崇广　周正举
（泗县一中）

2010年10月18日，安徽省特级教师讲师团到达宿州市，在宿州三中面向宿州市地理骨干教师上了一堂示范课。笔者有幸聆听了方老师这节课，感悟颇多，现述说一二，与众共享。

感悟之一：朴实是真

方老师面向高三学生上的一节复习课，内容是初中区域地理中的“中国地形区及自然地理特征”。方老师使用了多媒体教学，在屏幕上打出题目，并用一行小字标出“区域地理学习方法”，他的用意笔者理解为：既是指导学生如何学习区域地理，又是告诉听课的教师应该如何组织初中区域地理复习课教学。方老师语言朴实，普通话说得并不算好，带有明显的乡音，但语调亲切自然。方法也很朴实，虽然使用了多媒体，但是仅用多媒体展示了试题，一点也不“花哨”，是真正意义上的辅助。普通的讲授法，师生互动上表现也很传统，教师设问，学生回答，较难的问题教师带领学生一起回顾，交流顺畅，情感融洽。整节课处处体现着朴实的风范，像听马三立的相声，朴实却耐人寻味。

感悟之二：突显地理教学特色，反映地理学科本质

方老师这节课最大的特点是使用地理板图教学，边讲边画，讲哪画哪，口手一致，图文一致。地图是地理知识的载体，是地理学特殊的语言，是考查学生理解能力和运用能力的手段，“无图不题，无题不图”已成为地理教学和考试的“潜规则”。教师要强化“图行天下”的意识，要培养学生绘图能力。课堂上方老师引导学生绘图、填图，指导具体、细致，如昆仑山与黄河干流的相对位置，秦岭与黄河的相对位置，要求学生当堂绘图，整堂课教学中渗透了“图盖课堂”的意识。

课后听方老师介绍，他平时教学中给学生设置了绘图课，他保留着许多学生的绘图作业本，他爱画图，学生也爱画图，把地图教学上升到这样的高度，是极为少见的。

感悟之三：课堂教学渗透“考”的意识

方老师在引导学生回顾主要地形区位置和特征时，一直在引导学生关注某个区域的某些地理特征会怎样考，信息如何呈现，试题怎样设问，如何作答才是准确的、完备的，怎样才能得高分、满分。长期以来，教学与考试是两股车道，课堂教学评价并不关注学生考试状况，这让课堂教学效果少了许多说服力。方老师在课堂上不仅讲解分析设题方法、思路，还要求学生当堂编创试题，尽管课堂上学生也许编不出有质量的试题，但是其意识是超前的、实用的，“弦外之音”是要关注学生的学习过程、创新思维、动手动脑的探究过程，这不正体现了课程改革的理念吗？

发现教学法点亮探究课堂

杨崇广　梁　青
（泗县一中）

一、发现教学法使用的背景

就应试而言，讲授法、讲解法是高效的教学方法。恰如到达一个陌生的城市，购买一张地图，按地图查找自己要去的目的地，懂得读图方法，总是能到达目的地的，只是用的时间多，费的周折多。若请一位熟悉城市的向导带路或指路，则目标明确，路线清晰，很容易到达，省时省力。教师就是学生的向导，所以就应试而言，讲授法、讲解法是高效的。

讲授法、讲解法的高效是建立在学生在课堂上能自觉学习、主动学习的基础上的，这是我们容易忽略的。再者，现阶段的高中学习，尤其是高二、高三的学生学习任务较重，讲授法、讲解法往往遭遇尴尬，教师分析得很精彩，讲得抑扬顿挫，学生却反应不大。

面对这种情况，笔者在课堂上大有“对牛弹琴”“举目无亲”之感，初始之时，感到“英雄无用武之地”，进而开始思索，换种思路如何？笔者开始尝试发现教学法，本意是让学生动手动脑，把分散的注意力集中到课堂教学内容上来。

二、发现教学法的产生

既然学生不听，讲与不讲效果一样，我要让学生也来感受一下挨累而无收获的心理感受，最初笔者就是带着这种赌气的心理开始让学生走上讲台的。笔者的主观意愿是让学生出出“洋相”，而后能转变学习态度，老老实实坐下来听课。起初，一位学生走上讲台，其他学生也是带着看“笑话”的态度“欣赏”着，并且不时起哄，课堂上可谓洋相百出，气氛“活跃”，再也没有谁能在课堂上睡着了，即使睡着了也会被笑醒。当然，这还能称为课堂吗？思想“正统”的领导、家长、教师无论如何也接受不了，这样的课堂还会影响邻近班级上课，笔者有些忐忑。感谢领导的宽容，感谢兄弟班级的宽容，几节课后，笔者渐渐发现学生开始能够说出点“头绪”了，课堂也安静了许多，不是那么“热闹”了。讲得好的学生受到了其他同学的尊重，于是就有不少学生在课上、课下开始准备了。慢慢地，学生对学习有了点兴趣，有相当大的一部分学生开始把思想放在学习上了。

三、发现教学法的发展

第一阶段：先是教师提出问题，学生读书、查找，教师评价、确认，指导学生在教材上标注，然后在课堂上留足时间要求学生当堂识记，教师及时检测和评价，对识记任务重的，还要总结或指导一些识记的方法。笔者像对待小学生一样对待这些高二的学生，给出细致的学习要求，给足关怀与指导。这一阶段，提出的问题都是重点内容、主干知识，还限于能从教材中直接找到答案的浅显的问题。

第二阶段：增加了一些理解性的问题，需要对教材内容稍作分析才能得出答案，在学习要求上明显有所提高，但是还要根据情况控制理解性问题的比重，在这一阶段，仍然要“忍痛”割舍一些难点，保护学生的学习积极性。例如，在《河流的综合开发——以美国田纳西河流域为例》教学中，只要求学生“发现”该流域降水存在着季节变化，而这种变化与它的气候类型即亚热带湿润气候的一般特点不一致，但对其原因不作追问，留给学生去作深层次的发现，学生发现不了暂时也不去点拨；再如，要求学生“发现”田纳西河水库放水留下库容以达到蓄纳洪水作用的时间应选择在什么季节，而不要求学生发现它在时间选择上与前面教材中表述的降水季节分配上有明显矛盾之处。在这一阶段教学中，笔者力争把教学难度控制在愿意学习的学生能够接受的范围之内。

四、发现教学法的提升

第一，发现教学法的发现阶段主要是让学生发现教师提出问题的具体内容，在具体内容中也主要是解决“是什么”的问题，在提升阶段要让学生去“发现为什么”，以及教材内容中“有什么”。例如，仍以《河流的综合开发——以美国田纳西河流域为例》教学为例，可要求学生发现“地势起伏为什么会对航运形成影响”“气候为什么对航运会产生有利和不利两个方面的影响”。

第二，要求学生发现现实生产生活中有没有与教材内容中类似的问题，有没有与教材内容不一样或相反的现象，为什么会出现这种情况，教材中介绍的国外的现象在中国有没有，等等，把知识由课内延伸到了课外，把知识的识记、理解延伸到了掌握和运用。

第三，就某一节内容要求学生主动去发现，这一节有哪几个问题值得关注，为什么？

第四，让学生发现教材中的“不足”或“错误”，培养学生发现问题的能力、探究的意识和创新精神，这才是发现教学法应用的最高层次。

五、发现教学法的推广

通过半个学期的试验，学生学习地理的积极性被调动了起来。学生课堂学习的态度有了明显的改变，主动学习的学生多了，自主学习的意识增强了，课堂“走神”的学生少了，地理考试成绩也有了很大改观。

笔者有意识地将发现教学法引入高三实验班试用，效果非常理想，实验班学生素质高，学习能力强，理解能力、动手操作能力、探究能力也很强，经过一段时间的试用，学生发现了不少有价值的问题，例如“水库大坝建在背斜、向斜上都有一定的道理”，“背斜、向斜尺度大小对工程建设的影响”，“固定沙丘的植被是栽在背风坡还是迎风坡”，“气候类型与自然带相悖原因探析”，“岩浆岩上环状波纹的形成猜想”，“生态城市利弊分析”，“生态农业模式的地区差异”等问题。这些很有深度的问题的提出，接近了一般意义上的科学研究，真正体现了发现教学法的“发现”功能、“探究”功能，应该说是对课程改革的一种新探索。

另外，笔者请几位同事在高一地理教学中试用，反映情况也很好，他们选择的多为难度较小的章节，例如《地球的圈层结构》《全球气候的变化》《人口数量的变化》等。

最后，值得说明的是，任何一种教学方法都有它的适用范围与环境，在一定的范围内它是高效的，一旦离开那个环境它可能就是低效的。再者，没有哪一种方法或模式是万能的，“教学有法而教无定法”，我们主张在教学方法上提倡百花齐放。在教学实践中，只有课堂模式、方法多样，符合实际教学情况，尊重学生个性发展，才能形成真正意义的和谐课堂。

提高地理课堂趣味性的策略

杨崇广　赵　晔

（泗县一中）

地理课堂教学的趣味性，能消除学生学习中的疲劳感，增强求知欲，在构建和谐课堂，提高课堂教学有效性等方面有着重要意义。笔者以为，提高课堂教学趣味性有如下几个方面的策略：

第一，教师提高对地理课堂教学趣味性的认识，设置地理课堂趣味性目标。把课堂教学趣味性设置具体化，像相声小段一样，每段都有“笑料”，都有“包袱”，充分挖掘教材中的趣味性内容，把它设计成与地理知识和能力“相对接”的“包袱”，以达到引起学生注意、愉悦心情、增加学生对相关知识印象的目的，好的“知识包袱”可以让学生印象深刻。

第二，创情境、设探究，强化和“放大”地理知识及原理的应用。教学中教师应多选取学生比较熟悉的案例，创设情境，为学生学习地理知识和原理搭建平台。例如，笔者在教学中引入这样一个教学情境：学校对面新建了住宅小区，开发商为宣传小区环境优美，打出广告“小桥流水，再造江南水乡”。针对这则广告，笔者要求学生结合本地的气候条件，分析小区“小桥流水”的可能性。学生很感兴趣，分析出“建小桥易，造流水难”，原因是本地冬春降水极少，土壤持水能力差，该地无河流。果然，小区完工后，院内建了一座很小的小桥，桥下面是小区建设时取土留下的池塘，池塘水少且为死水，不久，因污染严重而成了臭水塘。学生很兴奋，觉得自己有先见之明。再如，泗县地处安徽东北部，位于地质学家李四光划出的地震带上，这在泗县几乎成了妇孺皆知的事情，每隔几年，都会闹一次“人造地震”。总有“消息灵通”人士传出，某月某日某时将有地震，并说“这是内部消息，不能乱传”。于是大家总要慌乱一阵子。笔者引导学生利用地震成因、征兆、监测预报等知识加以分析，揭穿谣言，这样学生就能成为辟谣的“主力军”。

第三，利用文学作品、电影、电视等内容增强课堂趣味性。中国有些古诗词中蕴含着地理知识，例如，“南崖新妇石，霹雳压笋出。勺水润其根，成竹知何日。”诗中所述的“新妇石”实为中华震旦角石的化石。教师可以组织学生利用课余时间观看一些灾难片，如《10.5级大地震》《唐山大地震》《龙卷风》《活火熔城》等，要求学生利用地理知识找出影片中不真实的地方，学生很感兴趣。一些电视风景短片，展示风景的同时会对地形地貌及其成因和分布等进行介绍，例如短片《黄山风景》中瀑布季节性变化很大，教师即可要求学生根据气候特征加以解释。

第四，充分发挥教师的语言功能，并能恰当地运用肢体语言，提高课堂趣味性。生动的比喻、形象的描述、饱含激情的讲演、风趣幽默的表达，能够吸引学生的注意力，增强记忆，“死气沉沉地漫不经心地讲述教材，必然使孩子们沮丧”。恰当地运用肢体语言，有利于学生对知识的理解，如教师描述山高水深的峡谷时，可以配合肢体语言，让学生身临其境。

第五，用“成就感”激发学生的学习兴趣。“兴趣的根源是来自对困难的战而胜之”，即要使学生在学习上不断获得成就感。教师对问题分析尽可能细致入微，兼顾到基础薄弱的学生，有计划地延长课堂“教学等待”。“尽可能带着每个学生往前走”，不让他们掉队，即使掉队了也要让他感到有人在等他，适时给予鼓励，肯定学生的点滴进步和成功，让学生感受到进步的快乐、成功的快乐，进而体会到学习的快乐、成长的快乐。

第六，丰富多样的课堂组织形式是培养兴趣的重要途径之一。根据教学实际适当地引入游戏、知识竞赛、绘图比赛、演讲活动、地理调查等，可以提高学生学习兴趣，促进学生积极主动地学习。例如，结合“环境污染”的内容，笔者要求学生调查校园内塑料垃圾来源，并提出解决的措施；针对校门前交通拥堵情况，写出原因分析报告，提出解决措施。学生兴趣浓厚，表现出积极参与学习的态度，分析得入情入理，提出的措施也很得当。

如何提高地理课堂教学的有效性

罗千里
（宿州三中）

高中学生地理知识来源的一个很重要的方面就是课堂，教师对于整堂课把握得好坏，直接会影响到学生掌握地理知识的多少。提高课堂效率，提高课堂教学的有效性，让学生真正能学到有用的知识和技能，在课程改革的大环境下显得尤为重要。那么，如何提高地理课堂教学的有效性？本人认为可以从以下五个方面着手：

一、营造宽松和谐的课堂氛围

宽松和谐的课堂氛围有助于学生掌握知识，发展思维，培养能力。营造这样的氛围可以把学生带到教师的授课中去，把学生真正推到学习的主体位置，学生也就敢于交流、乐于交流，在学习活动中体验到平等、民主。教师应理解每一位学生，热爱每一位学生，使学生体会到信任与爱护，从而促进师生间的情感沟通和交流。从我校的学生情况来看，如何营造一个适合学生学习的课堂氛围，是一个很重要的方面。我校学生学习兴趣普遍不高，关键在于没有一个好的学习氛围。“近朱者赤，近墨者黑”，营造良好的学习氛围，将有利于学生对以前不良习惯的纠正以及良好学习习惯的培养。

二、分析教材，优化教学内容

新课程倡导教师以学生为主体，在使用教材的时候要注重“用教材”，而不是“教教材”。教师要把学生作为教学的基本出发点，关注学生对知识的需求，创造性地使用新教材，变通地利用新教材。教材仅仅是教师在教学过程中的一个授课依据，在其基础上根据自己授课的具体情况、学生情况来安排教学，要充分发挥教师教的主导性和学生学的主动性。课本知识只是一个纲领，告诉学生需要学什么，我们可以拓宽学生的视野，将课堂外的热点信息以及发生在我们周围的或生活当中的地理事物迁移到课堂中来，让学生感觉到学地理有用处、有帮助。比如，笔者在讲授《城市内部空间结构》时，让学生参照我们宿州市，分析城市有哪些土地利用类型，不同的城市土地利用类型集聚就构成了城市的不同功能区，让学生有身临其境感，便于学生掌握，也提高了学生的学习热情。以课程标准和教材为纲领，以课外知识为辅助，丰富教材和课堂内容，让课堂"动"起来，让学生"活"起来，可以避免枯燥的纯理论。

三、授课以学生听懂为宗旨，不能贪多

课堂教学有效性就在于学生听懂了多少。所以课堂内容不能贪多，应根据学生认知水平分析，宜简则简，力求教师教一个知识点，学生掌握一个知识点，做到有的放矢。

四、提高学生学习的兴趣

"兴趣是最好的老师"，我们要从身边挖掘课程资源，使案例贴近学生生活，激发其探究的热情。我们还要鼓励学生积极大胆地表达自己的想法与独到的见解，无论对错，作为教师我们都要给予肯定，肯定的同时要帮助学生去分析不足之处，适当辅导和提示，让学生感受到"跳一跳，够得着"的成就感，进而激发探索下去的兴趣。

五、充分利用多媒体辅助教学

我校现代信息教学条件比较完善，教师每人配备一台电脑，每个班级都配有投影仪，还配置有电子阅览室等现代化教学设备。充分利用这些资源来提高课堂的有效性，需要教师娴熟掌握现代教育手段。地理是一门趣味性比较强的学科，很多地理知识可以利用多媒体以生动有趣的方式呈现在学生面前，很多地理现象也可以利用多媒体动画来模拟。这些多媒体方式不再局限于传统教学中的"口授"，可以让学生调动多方面的感官，形象生动地掌握地理知识和地理现象，进而提高对地理学习的兴趣。比如，"地球运动"是整个中学阶段的难点所在，笔者通过动画演示，让学生一目了然。在人文地理方面，多媒体教学可以增加教学内容的丰富性，拓宽学生的视野，让学生感受到地理是一门有用的学科。当然，在应用多媒体过程中我们还要注意一个度的问题，也就是要恰当。

很多教师每节课都要用课件上课,需要板书的内容也都在课件上反映出来,而且要花很多时间精心制作,可谓煞费苦心。其实,没有必要每节课都使用课件教学。另外,上课都按课件的流程来上,忽视了学生主体作用的发挥,过分依赖课件,课堂教学反而被机器控制。教师花费了大量的精力,教学效果却不理想。因此,只有恰当合理地利用信息技术,才可能提高教学效果。

以上五点只是笔者对提高地理课堂教学有效性的一些浅薄见解,在具体的教学过程中,应针对学生情况灵活应用,因材施教,具体情况具体分析,方能有效提高课堂教学质量,让学生学有所得,真正从学习中获得乐趣。

如何让地理课堂“活”起来

——例谈高中地理课堂教学方法

张冬妹

（灵璧一中）

在新一轮高中课程改革的背景下，教师需在传统教学方法和现代教学方法之间衡量取舍。作为一线地理教师，笔者根据学生的特点，在实际的地理课堂教学中采取多种教学方法，充分利用学校资源和学生的积极性，提高课堂教学效率，同时培养学生的地理学习技能，树立正确的“三观”。

一、高中生地理学习存在的误区

1.高中地理“副科”论

素质教育的推行给地理教学带来了新的希望，但是地理学科被当作“散科”“副科”“小三门”的现象仍然存在，学生中甚至流传着“地理课是副科，临考背诵就解决”的说法。在这种形势下，学生学习地理的兴趣和精力都是不足的。

2.高中地理“无用”论

一方面，学生本身对地理学习缺乏兴趣，另一方面，地理教师教学还存在很多问题。例如，有些教师不重视，专业基础不扎实；教学时缺乏饱满的情绪；对教材不熟悉，理解不透彻；讲课缺乏灵活性和生动性，无法吸引学生；教学不注意与实际生产生活联系，不注意运用身边的地理现象教学。学生感到学习地理对以后的学习、生活无用。

3.高中地理“无趣”论

中学地理新课标教材主要培养学生的自主学习能力、综合能力、理解分析能力以及读图能力等等。由于部分学生基础差，自主学习能力薄弱，地理学科知识又抽象、难懂，学生学习地理的兴趣缺乏。教师的讲解比较枯燥，缺乏生动形象的描述，学生经常是一头雾水，自然产生地理“无趣”的印象。

二、高中地理的教学方法

1.地理教学方法的定义

地理教学方法是指地理教师在完成教学任务过程中所采取的各种手段和措施，其中有教的方面，也有学的方面。

2.地理教学方法的特点

比较地理教学方法与其他科目的教学方法，相同之处在于其结构均包括教法和学法两部分，形态丰富且具有综合性，对象具有个体性。但地理教学方法又有以下几点独特之处：活动空间地域广，实践性强；综合思维活跃，比较法运用广泛；教学手段多样，直观性强。

3.学生喜欢的地理教学方法

笔者对所在中学高二学生（共计106人）喜欢的教学方法做了问卷调查，统计结果如表1所示。

表1　灵璧一中高二学生喜欢的教学方法

教学方法	喜欢的人数/人	所占比例
讲授法	61	57.5%
自主探究法	47	44.3%
直观演示法	90	84.9%
多媒体辅助教学	66	62.3%

从表1可看出，在笔者常用的教学方法中，学生比较喜欢的，更容易接受的教学方法有直观演示法、多媒体辅助教学法、讲授法，而在课程改革中提倡较多和效率较高的自主探究法在所教的班级中却不受学生欢迎。

三、当前地理教学方法存在的问题

1.教师的主体地位未发生根本性的变化

就目前的地理教学方法而言，尽管素质教育在不断推进和深化，教育体制在不断改善，但是地理教学还是以教师讲课为主导，以课堂授课为核心，以课本为中心。由表1也可以看出，学生习惯教师这种主体地位，自主探究学习的积极性不高。一方面是学生缺乏自主、合作、独立的学习机会，另一方面受传统教学模式的影响，教师还不善于引导学生自主探究学习。

2. 存在问题的表现

教师是课堂的主体，学生被动接受知识，传统的地理教学是一个教师进行大量的信息输出，学生被动接受输入的过程。教师通过课堂的讲述，传递地理知识，学生靠重复机械的记忆来掌握地理知识，束缚了创造力和想象力。在地理教学中，传统的教学方法过多关注于把知识传递给学生，并对学过的地理知识、技能进行简单机械的模仿训练，忽略知识的灵活应用和场景的迁移效应；注重结论，忽视学习过程，只是传递给学生结论性的知识，而对得出结论的复杂的思考过程涉及较少，这对学生学习能力、方法、态度的培养产生不良影响。传统教学方法，使得学生对于书本上的观点不敢质疑，对于教师的讲授内容照单全收，对于过时的地理事实材料或有争议的地理结论也是全盘接受，很少根据自己的理解，思考问题并发表看法，制约了其思维的发展。实践与理论不能协调统一，传统的地理教学方法主要以教师上课讲授、学生接受为主，忽略了课外的地理活动、实践考察、社会调研、合作交流，以及手工制作和实验操作等地理教学活动，制约了学生动手能力、实践能力和团队合作能力的培养和发展。

四、地理课堂教学方法的运用

1. 直观演示法

苏霍姆林斯基曾说过，情感如同肥沃的土壤，知识的种子就播种在这个土壤上。在每一个年轻的心灵里，都存放着求知好学、渴望知识的火药，只有教师的思想才有可能去点燃它。

自然地理知识比较抽象，要求学生有一定的空间想象能力，是文科生学习的拦路虎，例如正午太阳高度角的计算就是地理学习的重难点。为了帮助学生更好理解这部分内容，笔者组织了地理学习兴趣小组，在春分日和夏至日测量学校所在地杆影长度，通过计算得出正午太阳高度角，并由结果推算出学校旗杆的高度。在活动中，学生能积极主动制定活动方案，总结成果，并能够在教师的指导下制作PPT，向同学展示活动成果。学生在活动中理解了正午太阳高度角的变化规律，并且能够灵活运用，解决与太阳高度相关的问题。

例如，在讲解植被涵养水源的作用时，笔者自制教具，通过录制实验过程，结合习题制作成微课，通过直观演示，学生清楚地看到草坪和砾石涵养水源能力的差异，用事实说话，把抽象的地理知识演示得直观、易于理解，效果非常好。

2. 任务驱动法

课前将任务分别布置给各个小组，由各个小组学生准备，教师制作PPT辅助学生讲解重难点知识。例如，在学习世界区域地理《澳大利亚》时，笔者把全班学生分成四组，每个小组准备一部分内容。组员相互合作，集思广益，可以自由采用表现形式，走上讲台，带领大家学习。有的小组采用角色扮演的方式，有的以历史故事作为线索，有的则是用组员互动的模式，整个课堂有条不紊，严肃活泼，有张有弛，下面的学生也都热情饱满，情趣高涨。作为教师，笔者惊讶于他们的能力和热情。基于这种课堂表现以及课下和学生的交流，我们一致认为这种教学法效果是显而易见的。在学习区域地理时，笔者经常放手让学生走上讲台，做课堂的主人。当然教师也要聆听学生，在讲解重难点时要及时补充。总之，在此过程中教师要鼓励学生走上讲台，突破自己，同时要加强对课堂的掌控，肯定学生的闪光点。

3. 地图教学法

地图是地理学的第二语言，其重要性在试卷上也体现得淋漓尽致，地理试题中一般都是由图出题，由图做题。因此，在地理教学中，教会学生读图识图尤为重要。基于地图的重要性，笔者在教学中尤其注重学生读图能力的培养。例如，在每节课前几分钟让学生上黑板填图或者看PPT填图，晚自习让学生临摹各个区域或国家的地形、气候图，周末或寒暑假则打印空白地图，让学生在图上完成相关地理问题。通过分散和集中的地图教学，学生的读图能力有了明显的提高，整体水平也有所上升。

4. 其他教学方法

课堂教学是没有彩排的，因此教学方法要随课堂教学的变化而调整。在地理课堂上，笔者还积极使用多媒体和网络资源平台来辅助教学：在讲解自然地理时，把学生带到地理室，通过地理室的教具演示给学生看；在讲解区域地理时，在网络上找相关的视频开阔学生的视野，激发学生的学习积极性；在讲解中国地理时，及时培养学生热爱祖国的情感；在讲解乡土地理时，敢于带领学生探寻身边的地理。例如，2015年5月印度高温天气导致人员死亡。走进班级，笔者就叹气道："唉，热死人了！"学生很纳闷："今天一点都不热呀！"笔者抓住时机，解释是印度高温，并发出疑问："印度是哪种气候类型呢？形成这种高温天气有哪些原因呢？"引导学生利用课外时间通过网络、地理室等途径，从气候和厄尔尼诺现象的角度探究其缘由。再如，在冷锋和暖锋过境前，教师通过让学生收看天气预报，观察预测锋面过境前、过境时、过境后的天气状况，等锋面过境后再验证自己的预测，并画出锋面过境前、过境时、过境后的气温和气压变化曲线图。通过利用身边的地理进行教学，学生更容易理解和识记，同时也提高了学习兴趣，学习了对生活有用的地理。

五、结论

“教无定法”，要以学定法，正如德国教育家第斯多惠所说：“教学的艺术不在于传授本领，而在于激励、唤醒和鼓舞。”作为教师，我们要结合具体的课堂教学案例，要善于利用不同的教学方法，充分利用教学资源，展现地理课堂之美，让地理课堂真正“活”起来、“动”起来，让学生爱上地理，真正成为课堂的主人，变被动学习为主动求知，从厌学到乐学进而会学，从而更好地彰显课程标准的教学理念，提高地理教学的有效性。

培养学生读图能力,提高地理教学有效性

安中峰
(萧县郝洼初级中学)

地图是地理知识的一种形象、直观、综合的表达,也是地理学科的第二语言。地图以图像、符号、注记和色彩等人们容易接受的形式,把大量的地理空间和时间信息传递给大脑,从而成为联系地理事物与人的认识过程之间的桥梁。养成良好的读图习惯,具备较高的读图能力,有助于培养学生的空间概念和空间想象力,有利于学生自主、高效、有意识地学习。因此,在打造有效课堂的前提下,笔者认为地理教学中应该重点培养学生的读图能力。

一、培养学生读图的兴趣

学生学会读图、用图,从不喜欢到喜欢,从不会到会,需要一个过程。在这个过程中,我们要用兴趣来引导。常言说得好:兴趣是最好的老师。那么如何培养学生的兴趣呢?笔者的做法是利用引言设计问题。例如,在学习经纬网时,这样设计:在茫茫的大海中,一艘正在航行的轮船突然遇难,船身正缓缓下沉,轮船如何利用无线电向陆地报告遇难的地点呢?前往搜救的船只又如何找到遇难的轮船呢?我们学完经纬网知识后,就可以回答这些问题了。这样就激起了学生学习经纬网的兴趣。制定适当的读图目标,让学生思索,能激发求知欲,调动积极性。例如,在"中国的交通业"教学中,由于主要铁路干线及铁路枢纽,名称多,记忆难,我们可确定起点和目的地,让学生设置几条旅游路线,这样不仅能激发学生的兴趣,还能达到预期的教学目标。

二、培养学生读图的习惯

地理学习离不开地图。教学中教师所讲的地理知识往往都要落在图上,而许多地理原理也要从地图的分析中得出。教学中,教师要多途径、多方法地让

学生养成“左图右书”的学习习惯。

第一,师问生答,即教师一边问问题,学生一边看地图找答案。当然,这种大合唱的方法较传统,不利于学生个体的发展。

第二,边讲边画,即教师一边讲解,一边画图。这种方法不仅可以充分调动学生的视觉器官,使其注意力随教师的笔和语言而转移,而且可以使学生非常直观地了解地理事物的变化趋势,加深学生对地理知识的理解、识记和巩固。不知不觉中学生也就爱上了地图。当然,这种方法需要教师有深厚的教学功底。

第三,任务驱动。教师制定适当的读图目标,指导学生读图,反馈结果。这种方法较符合课程标准倡导的理念,因为让学生在读图的过程中摸索出一套适合自己的读图方法最为宝贵,在摸索中养成读图的习惯最为重要。

三、培养学生析图的能力

析图是让学生明确图中“为什么”的问题。析图是对图进行积极思维分析的活动,从而达到准确理解地图内涵的目的。

第一,分析地图要注意有序性。看图不能杂乱无章,而要根据各种图的实际情况,按照一定的顺序,一步一步地进行。例如,七年级地理下册有一幅中东石油资源分布图,此图内容丰富,在学习中要分步观察:第一步,认识石油资源的图例符号;第二步,看石油资源图例符号主要分布在哪些地区;第三步,看石油资源图例符号主要分布在哪些国家;第四步,看哪些地区属于石油输出区,哪些地区是石油输入区;第五步,看有哪些重要的输油路线,途经哪些主要的边缘海、海湾、海峡、港口、运河、岛屿等等。通过这样有层次、有步骤地看图,学生就能形成比较完整的知识结构。

第二,分析地图要注意探究性,即运用地理基本原理解决一些疑难问题。例如,在《印度》一节教学中,学生知道了水旱灾害是印度最频繁的自然灾害。那么为什么呢?这就需要学生带着问题去探究印度的气候类型、气候特点,以及西南季风和东北季风对印度的影响。再如,我国的长江中下游地区与青藏高原地区大体处在同一纬度,而夏季长江中下游地区炎热,青藏高原地区却是我国气温最低的地区,这就需要学生探究和明确气候除受纬度位置和海陆位置影响外,还受地形(海拔)的影响。这样的问题提得越多,学生的思维就越活跃。

第三,分析地图要注意对比性,即用对比的方法让学生明确所要记住的知识内容。例如,印度地图和巴西地图的轮廓形状有些像,为了让学生区别清楚,教学中尤其是在复习中可以让学生对比着去找各自相邻的海洋、相邻的国家、主要的地形区、主要的气候类型、主要的城市等,有利于加深学生的记忆。再如,在“长江的开发”和“黄河的治理”教学中,让学生仔细分析图,列表比较它们的发源地、流向、注入地、经过的省份、经过的地形区、上中下游的分界点等内容,加强学生的理解和记忆。这样学生将地理知识与地图知识紧密结合起来,既培养了学生的读图能力,又使所学知识得到了巩固。

第四,分析地图要注意时政性。通过时事政治培养学生关注社会、关心生活的意识,引导学生利用所学的地理知识解释日常生活中的地理现象。例如,在“海陆变迁”的教学中,联系1976年7月我国唐山地震、2008年5月我国汶川地震和2011年3月日本地震及海啸,让学生明确板块与板块交界地带的地壳比较活跃,明确世界六大板块的名称,明确环太平洋地震带和地中海—喜马拉雅地震带的分布区域。再如,在“中东”教学中,为了让学生理解中东是世界长期的热点地区,利用多媒体设备向学生展示中东近几年战争的有关新闻报道和图片,帮助学生理解其原因有“中东特殊的地理位置”“丰富的石油资源”“匮乏的水资源”“宗教文化的差异”和“领土纠纷”等。这样学生既学会了课本知识,又培养了关注时事的好习惯,并能用地理知识解释地理现象。

四、总结与练习相结合

在初中地理的学习过程中,需要识记的知识点比较多、比较零碎,这就需要学生不仅学会总结规律,而且在识记的过程中要与练习相结合。其中,总结规律十分重要,它是方便我们识记知识点的一条便捷途径。例如,在学习“世界的气候类型”时,学生不能单纯死记硬背,而要根据地域划分气候带。这时教师就可以引导学生归纳出“以温定带,以水定型”的规律。学生在掌握这一规律之后,就可以自如判断气候类型,而不会觉得地理知识需要死记硬背而丧失信心了。又如,在学习有关“洋流”的知识时,通过观察总结可以归纳出:除印度洋之外的中低纬度海区,北半球呈顺时针方向,南半球呈逆时针流动;环流的东部为寒流,西部是暖流。在掌握共性的基础上,再识记一些特殊的知识点,这样就能轻松地掌握知识了。如果在这之后能将其归纳整理为知识体系,那就能习得系统知识了。

在总结归纳之外,适度的练习必不可少。教师可以适当布置一些课外练习,如填图、画图,这样能够很好地检验学生对地图的掌握情况。填图练习不仅可以帮助学生夯实基础,在大脑中形成一个对地图的整体印象,对图的记忆更加鲜明立体,而且能大大激发学生的兴趣,可以避免题海战术,提高学习效率,达到事半功倍的效果。

总之,学习地理离不开地图,运用地图学习地理知识是地理教学的重要方法和手段。教师要不断提高认识,引导学生从地图上获取信息,加强读图、用图训练,把地图用熟、用活,这样地理课堂的学习效率就会得到大大的提高。地图可以培养学生的抽象思维,把原本抽象的地理事物展现在平面图上。地图教学可以确定地理事物的地理位置,使学生树立正确的空间概念。地图还可以表示地理事物的形态,运用地图教学能使学生对地理事物形成比较形象、直观的印象。地图教学有助于阐明地球表面各种地理事物的分布和现象以及相互作用的规律,有利于学生记忆和理解,有利于教学效率的提高。

在“4C”教学法中提高教材的首次学习效率

高成鹏
（灵璧一中）

在学习华南师范大学附属中学地理特级教师冯丹老师提出的“4C”体验式教学法的过程中，笔者感触颇深，起心动念，抛弃固有经验，全然接纳未知的世界，努力去创造最灵动的课堂，于是尝试着在教学中去运用，以提高教材的首次学习效率，以期有效培养学生的地理思维能力。

一、关于“4C”体验式教学法

“4C”是Cooperative（合作能力）、Communication（社交能力）、Critical thinking（批判性思维）、Creative（创造性）这四个英文首字母的缩写。“4C”体验式教学法的四个主要环节是真实场景、角色扮演、任务落实、及时评价。

二、“4C”体验式教学法在高中地理教学中的应用

如何提高高中地理课堂教学的效率？让学生实现从学会到会学再到乐学的转变是笔者工作十余年来孜孜以求的目标。多年的教学经验证明教材的首次学习效率非常重要，学习教材的第一堂课应成为特别重要的一课，要力求在首次学习教材时，能看到每个学生的脑力劳动成绩。于是笔者通过“区域农业发展——以我国东北地区为例”的教学实践，去感悟探究如何在“4C”体验式教学法四个环节的具体实施中提高教材的首次学习效率。

1.真实场景创设

真实场景不一定是一片森林，一条大河，而是要精心设计一个从头到尾贯穿某一课的真实问题。设置真实场景的目的只有一个，就是要把学习的东西体验化。针对本节课的内容，笔者尝试结合社会热点——第一个中国农民丰收节（2018年9月23日）进行真实场景创设，培养学生关注生活中的地理知识的习

惯，引导学生学会用一双“地理眼”去观察世界，把要学习的知识体验化。

(1)师生共同回顾人教版地理必修三“影响农业发展的区位因素”(目的在于引导学生靠已有的知识来获取新的知识，培养学生自己思索的习惯，它实质上是一种思考)，然后学生通过读图了解本节课所关注的东北地区的地理位置、范围及特点。

(2)播放农民丰收节黑龙江绥化市庆安县分会场的一个节目——群口快板《丰年丰收选大王》。提醒学生用心去感悟，去体验是哪些地理条件成就了黑龙江十个不寻常的大王(玉米大王、大豆大王、营销大王、蔬菜大王等)，进而激发学生的探究欲望，培养学生的地理思维。例如，群口快板中提到的“寒地黑土创辉煌”，“天猫京东大米网，半亩方田闯市场”，“新农人”，永和菜业的“北菜南销”，等等，通过对真实场景的体验结合已学的知识，努力发挥学生思维的积极性，使知识得到运用，进而在运用中获得新的知识——东北地区农业发展的自然条件和社会经济条件。

真实场景的合理有效创设是“4C”体验式教学法高效应用的前提，通过真实场景创设，引导学生从了解事实到认识地理原理。

2. 角色扮演

21世纪要重点培养创新型人才，要求高中教学在增加知识储备的同时，注重培养学生的好奇心和创造力，让教育创新带动人才创新。有效的真实场景激发了学生的探究欲望，学生有了好奇心，思维能力就会被充分调动，这时候进入角色扮演环节，那么一个紧张而有趣的课堂教学阶段便开始了。

在课堂教学中运用“4C”体验式教学法，相邻的4位同学为一个小组，用ABCD代表，全班分成10个小组，其中8个小组是实际操作组，2个小组是评价组，剩余同学平均分到这两个组，这种模式学生是非常熟悉的。分组完成后下发印制的群口快板的节目内容，再次让学生小组合作学习探究创设的真实场景，从内容中获取更多的有效信息，从而进一步获取本节课要学习的重要内容。

探究内容如下：东北地区的范围，东北地区的特点，东北地区农业发展的自然条件，东北地区农业发展的社会、经济条件。

明确角色分工，可以激发更多学生思考，有利于培养学生的自主学习能力，对学生调用知识的能力要求也更高，有利于加深对知识的记忆与理解，充分发挥学生在教材首次学习中思维的积极性，使知识在运用中得到发展。

3.任务落实

每一组的A同学到黑板上写出东北地区的范围,B同学写出东北地区的特点,C同学写出东北地区农业发展的自然条件,D同学写出东北地区农业发展的社会、经济条件。经过引导,学生们写出来的是有自己“思想”的知识点。通过到黑板上展示,学生能够看到其他同学的知识结构,看到他们对教材的不同理解,也认识到自身对教材的理解有哪些不足,从而取长补短。例如,在对东北地区农业发展的社会、经济条件进行总结时,有的同学就想到了“互联网+”这个条件,有的同学还想到了农民素质的不断提高,而有的同学就没有从真实场景中获得这些信息。最后组长通过演讲的方式展示本组合作学习的成果。组长演讲的同时,其他同学再一次全员参与,努力思考,使所学习内容更加深刻地根植于大脑中,教材的首次学习效率也得到了有效提升。这一点是在教学实践中对“4C”体验式教学法的再思考,加上演讲的环节,可以更好锻炼学生的语言表达和逻辑思维能力,也就是“4C+S”教学法。

任务落实的过程是全员参与、充分理解教材的过程。

4.及时评价

在全员共同努力下,同学们对本节课所学内容思考较为透彻,最后进入及时评价阶段,再一次深刻完善,检查是否有需要再补充的地方。这时,剩下的2个小组每组派出1位同学作为裁判员,迅速指出每一组ABCD同学的对错并做出评价,错在哪里,哪些地方需要进一步完善?随后,我们变换指令,以相同的方法多练习几遍。这样可以让全班每一个同学都参与其中。那么,在教材的首次学习中,每个学生都成为积极的脑力劳动者了。

平日里我们重点关注的是怎么把知识输出给学生,但是如何调动学生的积极性,这最为关键的一点我们很少考虑。因此,教师必须和学生统一目标,配合目标找到一系列的任务,让学生去做,才能有效提高学生的学习积极性。在“4C”体验式教学法中,通过真实场景、角色扮演、任务落实、及时评价四个主要环节可以很好调动学生的积极性,提高教材首次学习的效率,培养学生的地理思维能力。

任何活动的设计都是为了学生记忆地理知识,记忆的目的是运用。设计的活动培养了学生正确的思维方式,有利于学生在考试时正确理解题意,归纳自己的观点,在素材中寻找合适的论据,佐证自身观点,进而得到更满意的答案。如果学生的知识不是通过理解和分析事实和现象而记熟的,他就不会运用知识。教师为学生搭建的知识体系再完美,那也还是教师自己的思考结果,而不是学生的。如果我们只是让学生记下我们所构建的完整框架,那么教学将变得和传统的灌输式教学一样,让学生尝试构建属于自己的知识体系图,才是一节课学生最大的收获。"4C"体验式教学法,让学生成为课堂的主体,能够充分提高教材的首次学习效率,达到更好的教学效果。

课程改革背景下如何提高地理课堂教学实效性

许保忠
（砀山县黄集中学）

课程改革是从教材使用、教育模式、教育理念到考核评价方式所进行的有目的、有标准、有成效的新尝试。课程改革的目的就是唤起教师的教学热情，唤醒学生学习的内在潜力，唤醒自我，塑造人格，构建人生发展体系，让学生成为适应社会生活和经济建设的有用人才。

湘教版初中地理教材较好地体现了课程改革理念和《义务教育地理课程标准》精神，为教师和学生自主创新的教与学预留了充足的空间，这对激活教师队伍的专业学习和发展极为有益。然而，其中所阐述的宏观原则与教师的实际教学、新教材的“叙述”结构与学生的知识结构是有区别的，但国家或地区对课程的实施与评价，是有相对统一标准的。那么在这种形势下，教师应如何较好地达成教学目标、完成教学任务呢？

一、响应课程改革要求，提升自我专业素养

传统教育模式下的课堂教学，通过教师对知识的讲解和学生被动式的学习来达到教学目的，但教学效果不尽如人意，而且学生也没有真正体会到获取知识的乐趣。因此，在课程改革背景下，课堂教学应该为学生的需要而设计，让学生主动体会认知过程和掌握获取新知识的方法，让我们的教育从“要学生学”的困境中走向“学生要学”的良好局面。那么，作为教师我们应该探究课程改革，适应课程改革，提升自身的专业素养。

1.加强自身修养

教师应在课程改革的要求下，坚持自学，加强业务学习，努力提高自身的业务能力，特别是要不断提高现代化信息技术与学科教学的融合能力，掌握信息技术应用的基础和操作技能，学会上网学习，学会利用多媒体课件演示等现代

化教学手段辅助教学。我们要认真学习教育教学理论,研究课程标准和新教材,领会课程标准的理念和教材的编写意图,把握教材内容、编写特点及教学方法,有效、合理、创造性地指导地理课堂教学。我们每一个人都要积极从新课程中寻找“自我”,寻找新课程对“自我”的意义,并主动把“自我”融入新课程中,敢于承担责任,善于解决问题。

2.转变角色

新课程要求教师由传统的知识传授者转变成学生学习的组织者。教师作为学生学习的组织者,一个重要的任务就是为学生提供合作交流的机会与空间。教师应从“一言堂”的模式中走出来,成为学生活动的参与者。教师与学生之间的交流,既有认知的交流,也有情感的交流。缩短学生与教师之间的距离,有助于师生交流和学生成长。教师勇于“蹲下来”看学生,这是一种人文关怀,不仅身体要“蹲下来”,心灵也要“蹲下来”,全身心地融入学生中去,与学生一起合作、交流,共建有利于学生个性发展的课堂氛围,使学生有效获取新的知识和技能。只有师生平等,才能调动师生合作的积极性,才有利于师生的交流。

3.转变教学方式

在课程改革背景下,教师要改变传统教学模式下的某些做法,构建新的课堂教学模式,但并不是完全否定接受式学习,否定教师的讲解。教和学的方式受多种因素制约,有些很难理解的问题限于学生的知识水平、理解能力,即使讨论也不会有什么效果,这就要求教师灵活处理,不能刻意追求外在形式,把课堂教学格式化。教学中只要能让学生动起来,积极思考探究,主动交流合作,使学生养成良好的学习习惯和思维方式,就是有效教学。

二、走课程改革路线,培养学生主体性

有人曾说过:“好的先生不是教书,不是教学生,而是教学生学。”师生间的平等民主关系,能使课堂更自由开放,有利于学生的主动参与,使他们真正成为学习的主角。教师在教学的设计和安排上必须更加注意教法新颖有创意,以便更好地调动和发挥学生的主体性,而不是把教学看成“教师灌、学生装”,把学生看成被动接受知识的对象。在现实中,我们经常看到,同一位教师,同一本教材,同一个教学环境,不同的学生却出现不同的学习效果。导致这种差异有多种原因,其中重要的一条就是学生自身主观能动性发挥程度不一。因此,教师在教学过程的设计和安排时要注意发挥学生的主体性。

1.研读教材,培养学生梳理教材知识体系的能力

“授之以鱼,不如授之以渔。”新课程提出了自主学习理念,培养学生的自主学习能力是地理学科教学必须遵循的原则。初中地理教学应根据地理学科特点和学生学习需求,在教学中设计教法,指导学法,培养学生初步的地理阅读能力,这是培养学生梳理教材知识体系能力的关键。教师要指导学生提取重要的地理“关键词”,掌握速读和精读的要领,把握中心思想,形成条理分明的地理知识网络。例如八年级第二章教材中首先提出了几个问题,这几个问题就是本单元要解决的重点。因此,教师要围绕这几个问题来指导学生整合地理知识,构建地理知识网络。这一单元地理知识点相对较多,教师应注意强化学生对我国地形、地势的主要特征,气候的主要特征及影响的主要因素,主要河流及内外流河的分布特征,长江、黄河主要水文特征及对社会经济发展的影响,自然灾害频发的原因等地理知识的理解。教师要运用图示法、合作探究法等多种方法,让学生了解地理现象的形成过程,初步形成自主探究地理成因的能力。例如对地球运动的地理意义的学习,教师可以先指导学生构建知识网络,然后在此基础上分析讲解难点,最后运用这些知识解决生活中的地理问题。

2.动手演示,培养学生空间想象的能力

教师应引导学生运用地球运动规律的知识解决实际问题,培养学生的空间想象能力。例如,在学习光照图后,教师可先让学生对照地球仪说一说不同季节的光照情况,再让学生总结规律。假设地球沿某条经线圈被分为两半,各自投影后是什么图形?先启发学生想象,然后引导学生利用合适的教具试验。这样做不仅锻炼了学生的动手能力,而且培养了他们的空间想象能力,一举两得。苏霍姆林斯基说:“让学生体验到一种自己在亲身参与掌握知识的情感,乃是唤起少年特有的对知识的兴趣的重要条件。”在地理教学中要使学生有亲身参与的“体验”,就应该让学生多动手,给他们充分自主探索实践的机会,让他们在动手实践中感受地理事物的发展变化。

3.结合实践,培养学生理论联系实际的能力

目前,地理成绩不计入中考成绩,学生没有升考压力,地理教学在学校不太受重视。七年级学生对地理学科陌生,加上有些地理内容比较抽象,都是造成学生漠视地理学科的重要原因。不少学生认为,地理就是学习一些国家、地区,有哪些物产,有什么城市,地形如何,气候怎样,学不学关系不大,学好学坏不影响升学。家长、社会和一些学校领导、教师的看法也大致如此。地理教育教学因此造成困难和被动，教师也感到地理教学工作难以开展，有力无处使。针对这种现象，从满足学生终身发展的需要出发，教师在教学中要特别重视将地理知识生活化。我们生活在地理环境之中，生活中处处有地理，地理知识就在我们身边，因此联系生产生活实际，学习有用的地理，易使学生产生共鸣，激发学习和探究地理的兴趣。例如，我们在学习“地图三要素”时，从实际应用出发掌握地理学习的基本方法，带领学生到室外教学，通过引导学生从画学校地图开始，体现“学习对生活有用的地理”这一理念，使学生感到地理不仅仅是一门学科，更是一项人生技能。发掘教材中的有关内容，关注现实问题，理论联系实际，是增强学生学习动力和兴趣、提高学习效果的重要方式。

4.养成读图习惯，培养学生观察图、释图的能力

地图是地理学的第二语言，地图中包含大量的地理信息，通过阅读地图还可以分析出各种地理事物之间的相互关系。然而中学阶段的学生，恰恰对地图的重要性缺乏足够的认识和了解，因此教师在教学过程中不但要强调地图的重要性，还要教会学生阅读各类地图。在地理教学中，重视读图技能的培养，让学生掌握学好地理的钥匙——读图技能，使学生由熟悉地图读法到看懂地图，进而能运用地图分析问题，并逐步建立起有空间概念的知识系统，达到能观其“图”而知其“地”，知其“地”而明其“理”。

首先，熟悉图表语言，掌握读图的基本步骤，要学会读图、用图。教师在教学过程中，要充分利用地图册、教学挂图、课本插图、地理景观图、地理模型、黑板略图等，指导学生读图，让学生通过读图产生欢愉的情绪和浓厚的兴趣，掌握读图基本知识。另外，教师还可以通过拼图游戏等激发学生的学习兴趣，调动学生的积极性。例如，在教学我国34个省级行政区之后，为了让学生能熟悉34个省级行政区的位置及轮廓形状，课后布置了制作我国34个省级行政区示意图的活动。通过制作行政区示意图，学生熟悉了其位置及轮廓，理解和巩固了相关知识。

培养学生读图能力的重要途径之一是让学生观察直观对象，解答问题。在据图提出问题后，教师认真地指导学生掌握观察的程序、方法，然后让学生独立观察，在观察中去发现答案。例如，在讲解地球自转运动时，先让学生用一物体（如课本、文具盒等）充当太阳，假想它们是圆的球体，并能发光，然后一手托着地球仪离开“太阳”一定距离，另一手自西向东拨转地球仪，学生会发现地球仪上的各个地方，有时候会背向太阳（黑夜），有时候会面向太阳（白昼），于是很快得出，由于地球自转产生了昼夜现象，同样，也可让学生演示地球公转运动，从而得出由于地球公转产生了四季现象。

5. 充分利用网络，培养学生获取地理信息的能力

随着信息时代的到来，网络技术已进入课堂，我们应充分利用好这一工具，让它发挥应有的作用。例如，在教授“天气”时，可以让学生查阅台风“利奇马”对我国的影响。学生为了弄懂相关知识，就会主动查找资料，网络就成了他们的“用武”平台。大多数学生能够找到相关的地理知识，并运用这些知识解决实际问题。这样既能调动学生的积极性，又能使他们掌握地理知识和技能。

新教材的特点要求教师“使用教材教”而不是“教教材”。针对这种情况，教师可以以现有的教科书为基础，补充能培养学生能力的新材料，给学生一个体现课程改革的学习框架和步骤，让学生在新的情境中合作探究。

我们要注重学生主体性的培养，实施符合新课程要求的教学设计，多开展地理实践活动，成就高效课堂，以利于学生终身发展。

以生活为基础提升初中地理教学效率的对策

张　磊
（灵璧县初级中学）

学生在小学阶段已经学习了一部分简单的地理常识，但没有形成系统的地理知识体系。通过初中地理学习，他们要掌握基本的地理知识，并提高在日常生活中运用地理知识的能力。初中生需透过现象看到本质，看到生活现象能够联想到所学的地理知识，完成由形象观察到抽象思维的转变过程。通过死记硬背的方式记忆地理知识不利于培养学生的观察能力和抽象思维能力。学生没有掌握好地理学习方法，只是死记硬背非常枯燥的地理知识，当遇到实际问题时，只会按照课本中的理论知识来解释，完全脱离了地理学习的本质。要改变这种情况，教师可以结合生活化的教学理念，强化学生理解地理知识的能力，深化学生对地理知识的整理与运用，只有这样才能让地理教学回归本质，切实提高学生的地理知识水平。

一、初中地理教学中存在的问题分析

随着课程改革的提出，初中地理教学，不论是教师的教学理念与教学方式，还是学生的学习态度，已经有了很大的突破，但仍然存在着一些问题，如果这些问题不及时解决，将不利于地理教学效率的提高。首先，学生只能从教材中掌握地理知识，获取的知识是片面的，很多抽象化的知识在学生实际生活中找不到实例，不能达到深入理解的效果，学生只是按照教师的要求去记忆，很难将地理知识与实际生活联系起来；其次，许多地理课堂是枯燥的，学生提不起学习的兴趣，经常在课堂上做其他的事情，甚至觉得地理不那么重要，只要背一背就能应付考试，也就不再关注教师讲解的内容了；再次，教师的教学模式单一，通常是把重要的理论知识为学生讲一遍，然后划重点让学生去背诵，导致学生出现学习新知识忘记旧知识的情况，不能促进学生形成完整的知识体系；最后，地理教学与实际脱轨,学生虽然掌握了一定的理论知识,但不能合理利用知识去解释生活中的地理现象,达不到灵活运用的水平。教师要具备生活化教学的意识,才能切实解决以上问题,达到提高地理教学效率的目标。

二、以生活为基础的地理教学策略

1.确立地理教学回归生活的教学理念

初中地理教学活动的开展要以生活为基础,教师要具有生活化的教学理念,树立教育是为了让学生更好地生活这一观念,并遵循地理实用性的特点,对教学内容进行全面分析,找出地理知识中的生活元素,合理规划教学流程,让学生充分认识到地理与生活的密切关系,从而调动学生学习地理的积极性。教师只有在强化教学理念的基础上才能开展一系列的教学活动,更好地引导学生灵活掌握地理知识。另外,教师要转变教学中学生的角色,构建以学生为主体的生活化教学环境,结合多种教学方法提升课堂的趣味性,激发学生学习地理的兴趣。教师要善于运用学生已有的生活经验,将各种案例引入教学活动中,拉近地理教学与生活实际的距离,使学生在生活化的地理教学情境中乐于学习、勇于探索。在教学中,教师要经常研究生活化教学的有效方式,提高地理教学的实用性,强化学生对理论知识的理解能力,培养学生科学求真的学习态度,扩展学生解决问题的思路,从而提高学生的综合思维能力,从而使生活化的教学理念落到实处。

2.转变教师的教学方式,构建和谐的生活化课堂氛围

教师有了生活化教学的意识,就要转变教学方式。教师要充分发挥自己的主导作用,营造和谐的教学氛围,面向全体学生开展高效率的教学活动;创造生活化的教学情境,调动学生的主观能动性,强化学生对地理知识的理解能力;改变学生被动学习的局面,提升学生主动探究的兴趣,帮助学生形成系统的知识框架,为今后的深度学习做好铺垫。例如,湘教版地理七年级上册第四章第一节《天气和气候》的教学,这节课的教学目标是让学生知道天气和气候的区别,并能在生活中正确使用这两个词语,引导学生识别常用的天气符号,让学生能举出日常生活中的实例,说明气候对生产和生活的影响。开始上课前,教师先引入一个生活问题:“如果你元旦的时候想去海南,那么应该带什么衣服?”学生根据自己的理解回答:“海南四季炎热,应该带单衣。”“那么在去之前,还需要关注什么问题呢?”学生回答:“海南的天气。”教师板书“天气和气候”。讲述天气

的概念时,可以组织学生观看中央或地方电视台播放的天气预报,让学生找出天气预报传达出的信息,最后总结出天气的特点:时间短、变化快。引导学生举例说明各种天气状况及其影响,让学生了解天气与人们实际生活之间的密切联系。在讲解气候时,教师可播放世界各地不同的风景图片,让学生了解不同地区的天气与气候,理解天气与气候的区别。在实际生活中,学生结合所学知识掌握某一个地区的天气与气候及其变化,可随时调整自己的旅游攻略。课堂教学中生活化场景的再现,引起学生的好奇心,培养学生善于联系实际的地理学习习惯,让学生体验自己身边的地理知识,帮助学生轻松地掌握地理知识。

3. 以生活素材为基础,优化学生的地理学习方法

生活中蕴含着大量的教育素材,具有很强的实践性。教材中有些内容过于理论化,而学生对纯理论化地理知识的理解有一定的困难。那么在初中地理教学中,教师不妨以生活素材为基础,降低学生学习的难度。每个初中生的生活经验不同,教师要尽量采用大众化的教学案例,让所有的学生都能积极参与到教学活动中,不仅能拓宽学生的知识面,还能取得事半功倍的教学效果。例如,湘教版地理八年级上册第四章第三节《交通运输业》的教学,要求学生了解交通运输业的作用,掌握主要运输方式的特点。教师可以引导学生了解中国铁路建设的成就,记住主要的东西和南北向铁路干线以及主要的铁路枢纽。学生生活中会看到不同的交通工具,教师可以结合这一点引入问题:每到重大节日,很多人都选择最恰当的交通方式外出旅游,观赏各地的美丽风景,了解不同地区的民俗风情,那么外出旅游时你会选择什么样的交通工具呢?让学生联系自己出行实际,思考回答所选的交通工具及选择的理由。引导学生阅读教材中的内容,看图回答问题:我国交通运输方式中最重要的是哪一种?有什么样的特点?指导学生从中国铁路线分布图上,找出重要的铁路干线和枢纽,讨论后说出各种交通方式的特点。在学生现有的生活经验基础上融入教学内容,增添了课堂趣味性,便于学生快速理解地理知识,强化了学生运用理论知识解决实际问题的能力。

4. 增强学生的生活体验感,让学生掌握有用的地理知识

教师要加强实践性教学,让学生亲自参与实践活动。这样不仅可以丰富学生的生活经历,还可以让学生灵活运用地理知识解决实际问题。例如,湘教版地理七年级上册第四章第二节《气温和降水》的教学,让学生了解气温的测定方法、降水及降水的类型、降水量的观测方法,使学生能够根据气温和降水资料,绘制出气温变化曲线图和降水量逐月分布图。在学生了解气温知识、气温测定方法的基础上，组织学生测量一天中气温的变化情况，通过测量数据计算出这一天的最高气温、最低气温、气温差和平均气温等，然后过渡到某一月的气温变化，让他们深入理解气温的变化。在生活中他们可以根据气温的变化去提醒他人增减衣物，了解什么样的气温适合出行或运动等。这样的方式可以让学生了解到生活中的地理知识，培养学生的观察能力和探究能力。

三、生活化地理教学反思

教师采用生活化教学模式后，要及时反思，找出教学中的不足，通过搜集学生的反馈信息，完善教学方案，改进教学策略，但不能为了提升课堂的趣味性而偏离了教学主题。教师要围绕教材进行知识的扩展，充分考虑到学生的差异性，选择恰当的生活实例，采用循序渐进、逐层分析的方式，尽量让每个学生都能掌握教学内容。课堂上多留出一些时间让学生进行自由讨论，给学生发挥想象力的空间，促进学生在实践探究中掌握地理知识。生活化教学需要师生共同参与，增强学生互动积极性，通过创设课堂教学情境促进学生拓展知识，达到提高学生地理学科素养的目的。

四、结论

以生活为基础的初中地理教学理念，是提升学生学习兴趣、增添课堂活力、提高教学效率的重要措施。教师只有将地理知识与生活实际紧密联系，才能让学生感受到地理知识的实用性，提高他们学习地理的热情。教师要不断改进生活化教学的策略，积极挖掘教材中的生活元素，引用生活素材增强学生的理解能力，让学生从地理的角度去看待世界，使学生真正感受到地理知识的丰富性、趣味性与实用性，从而实现初中地理教学效率的提升。

地理课堂学生合作学习研究
——以《锋与天气》为例

吴小慧
（灵璧中学）

一、对课堂教学中合作学习的认识

美国教授嘎斯基认为，从本质上讲，合作学习是一种教学形式，它要求学生在一些由2—6人组成的异质小组中一起从事学习活动，共同完成教师分配的学习任务。在每个小组中，学生们通常从事各种需要合作和互助的学习活动。自20世纪70年代开始，合作学习在美国的实践证明它是一种高效的课堂教学模式，世界各国开始关注这个既能活跃课堂气氛又能提升学生成绩和素质的学习方法。

随着新一轮课程改革的推进，传统的“师讲生受式”学习方法面临严峻的挑战。教育工作者逐渐认识到传统学习方法限制了学生主体性的发挥，阻碍了其创新能力和探究精神的培养。合作学习这一新型学习模式倡导学生主动参与到课堂教学中，通过小组间合作的交互式学习，主动构建知识体系。合作学习对于培养学生的学习能力，提高团队合作能力和竞争意识，提升学生的地理学科素养有着积极的意义，有助于实现课程标准提倡的“以学生为主体，教师为主导”以及素质教育培养“全面发展”的目标。

二、“合作学习”模式下课堂教学实例《锋与天气》

1.教材分析

《常见天气系统》是人教版地理必修一第二章第三节的内容，其中第一课时为《锋与天气》。初中教材介绍了天气预报中常见的气象要素，但仅仅停留在天气现象的描述阶段，而高中教材则在简要介绍天气相关基础知识的同时普及了常见的天气系统，对学生的抽象思维能力提出了更高的要求。本课时内容是在介绍热力环流、大气水平运动和全球性大气运动的基础上展开阐述的，是大气运动的原理和知识在实际生活中的运用。在第一课时中，教材先介绍了气团的概念与分类、锋面的形成与分类，然后阐释了冷锋和暖锋过境前后天气状况，最后以锋面系统对我国的影响结束，各知识点之间联系密切。

2.学情分析

对于天气现象，学生有充足的生活体验，也有初中学习天气现象的地理知识经历，以及第二章中热力环流基本原理和大气环流的知识基础，为本课时内容的学习奠定了基础。高一学生的思维正处在由形象思维向抽象思维转化的阶段，而气象学知识中一些基本概念和术语，例如气团、锋、锋面等，对学生而言比较抽象，没有教师的讲解，学生难以从地理学科专业视角分析天气变化原因。本节课旨在通过合作学习，利用贴近生活的素材、角色扮演和做游戏的方式，提高学生参与度，锻炼学生的抽象思维能力和分析解决实际问题的能力。

3.“合作学习”的教学过程

(1)课前准备。

学生按小组利用气象网站搜集灵璧县春季和秋季某次降水前后天气发生的变化(包括气温、降水强度、风力、天气状况等)，然后将天气变化情况以图或者表格的形式展现出来，并制作成幻灯片，最后由教师选择合适的素材在课堂上展示小组成果。

学生在搜集身边的材料中能够学会使用地理语言描述天气状况，提高了语言表达能力，锻炼了采集与处理地理信息的能力。以乡土地理学作为合作学习的载体，引导学生关注和体验生活，从而意识到地理学科在实际生活中的价值。与此同时，为“锋与天气”的学习创设了探究情境：为什么天气状况会发生这样的变化？这样能够极大地激发学生的求知欲。

(2)课堂角色扮演，分组探究冷锋与暖锋过境的天气状况。

教师拿出提前制作好的冷、暖气团和锋面道具，请两组学生分别演示冷锋和暖锋过境前、过境时、过境后的天气状况。每组选派代表进行讲解，其他学生认真观察演示过程，找出存在的问题，并注意观察冷、暖锋过境的区别。

学生在演示和讲解锋面过境的过程中，一方面展现了自己，使语言表达和观察分析的能力得以提高，参与和竞争意识得以培养；另一方面通过合作学习，掌握了锋面相关知识。

教师在学生演示结束后适时进行评价、鼓励和提问，并引导学生思考气团所处位置、移动速度与天气的关系。在学生进行角色扮演和观察分析过程中，教师应关注学生的问题生成，促使其主动构建锋面天气系统的知识体系。

(3)利用游戏“大家来找茬”，分组探究冷锋与暖锋的区别。

教师将学生分成两组，根据课本图2.19和图2.20冷锋与暖锋的剖面图和示意图总结出判断冷、暖锋的方法。合作探究活动结束后，教师利用列表比较法引导学生总结冷锋与暖锋的区别。在轻松愉悦的课堂情境中，学生的学习积极性和主动性得到了提高。合作学习的模式提高了学生读图能力、比较分析和归纳能力，提高了教学效果。

4.课后反思

在课前搜集素材过程中，大部分学生都能够积极参与，角色扮演过程中学生参与度也很高，但是课堂展示时间较短，能上讲台的学生比较少。学生在合作学习中准备了充足的素材，在展示中表现出了较好的语言表达能力。就课堂反馈训练而言，学生通过合作学习基本能够掌握锋面系统的知识，并利用它解释生活中的天气现象。总而言之，本节课比较成功，调动了不同层次学生的学习积极性，与此同时，培养了学生热爱家乡的情感，树立了正确的价值观。

三、关于合作学习的应对策略

1.细化教学安排，提升合作学习实践性

合作学习是课程改革下课堂教学中比较常用的学习方式之一，但实际教学时存在为了合作学习而分组讨论，出现有形而无神的现象。为提升合作学习在实践中的可操作性，根据本课例的实践，笔者认为可以通过以下三个措施来解决。

第一，合作学习小组应依据学生的地理水平进行分组，努力实现“组间同质，组内异质”。同时，教师应该根据教学安排，设置合作学习规则，明确小组成员责任。在本课例的教学中，根据锋面系统教学内容的设置，将全班分为两组，小组内设置组长、记录员、发言员、检查员，并适时进行角色互换。小组成员间以小组商议为主，教师指导为辅，细化分工，明确职责。这样可让参与的学生提高对小组成员的价值认知，有效杜绝小组成员的惰性，强化责任意识，提升合作学习的效率。

第二，教师应依据学生已有知识储备、心理和思维发育状况，紧扣课程标准的三维目标，设计合作学习探究的问题。问题应满足三个条件：具有明确指向性，切忌模棱两可；注重个体差异，难易适中，层次递进；具有创新性，能激起学

生的兴趣。

第三,采用多种方式,适时进行积极的教学评价,提高合作学习有效性。例如本课例中,让其他小组成员评价演示者表演并说出存在的问题,教师随机提问、点评学生的回答。这样有针对性的实时评价,可增强小组内部成员的自信心,强化小组间的竞争和合作意识。

2.营造轻松的合作学习氛围,提升课堂效率

合作学习轻松的学习氛围能让学生快速且积极主动融入课堂,可以改变学生被动的学习方式,让其成为学习的主体。笔者所在学校倡导"打造高效课堂",鼓励一线教师在校本课堂中采取合适的教学模式进行实践。本课例采用了角色扮演和做游戏的方式,让学生在合作学习中感受到成功的喜悦,自信心得以提高,创造性思维也被激发。此外,教师在这种轻松的氛围中可以发现学生存在的疑问,掌握学生的学习状况,在探究中适时指导,易于学生接受。课堂教学效率和学生学习的效果大大提升,让合作学习从理论走向实践。

3.发挥地理学科特色,提高地理学科素养

课程标准中关于"常见天气系统"的教学目标是:学生能运用简易天气图,分析锋面天气系统的特点。本课时教学在合作学习探究中充分发挥了地图——地理学科第二语言的特色,让学生在读冷锋和暖锋剖面图、观察分析冷锋和暖锋天气状况成因中掌握锋面的基础知识。在合作学习创设的地理教学情境中,学生运用地理语言表达观点,主动探索和发现知识间的联系,主动构建地理知识网络,形成地理学科思维,最终提升地理学科素养。

智慧生活，开启兴趣课堂
——高中地理生活化教学初探

陈高琳
（泗县二中）

高中地理教学是文科教学的一个难点，原理性、综合性强，加上初中时地理不作为中考科目，学生重视度不够，基础较差。在高中地理课堂上，大多数地理教师只重视知识点的讲授，导致学生认为地理知识枯燥、乏味，缺乏实用性，从而失去学习兴趣。生活化地理教学源于生活，反映生活，又服务于生活。只有让地理教学走进生活，让学生在生活中感受到地理的重要性，正确认识地理学科，才能激发他们探究地理问题的兴趣，提高地理学科素养。本文结合笔者的教学实践，谈谈自己的看法。

一、激趣导入，唤醒生活体验

兴趣是最好的老师。一堂课的开展应该从一开始就能激起学生的兴趣，激发学生学习的欲望。因此，教师应该从学生已有的生活经验出发导入新课，让多姿多彩的生活实际成为地理知识的源头，让学生始终保持对生活和自然界地理现象的好奇心和求知欲，提高学习兴趣。一堂生活化的地理课，开启的方式是多样的，我们可以用学生经历过的趣味事件，学生熟悉的影视剧片段、音乐、图片等导入，也可以用新闻热点事件、中国的传统文化等导入。

高中学生的学习任务重，教师如果采用播放影视剧片段等相对轻松的方式导入新课，可以很大程度上提高他们的学习兴趣。例如，在教授《森林的开发和保护》时，笔者使用多媒体播放学生熟悉的《熊出没》片段，设疑：光头强为什么要伐树？熊大、熊二及其小伙伴们为什么要阻止他伐树？学生展开激烈讨论，得出结论：森林能为我们的生产生活带来一定的经济效益，但其生态环境效益不容小觑，所以我们应该在保护森林的前提下合理开发利用。笔者又问：如何开发和保护森林呢？以此导入新课。

又如，在教授“人地关系思想的演变”时，为提高情境的感染力，笔者播放环保歌曲《地球,你好吗?》作为背景音乐,紧接着播放从学生身边搜集的关于水污染、固体废弃物污染、大气污染、森林破坏等震撼人心的图片,以此来唤醒学生的生活体验,提高学习的积极性。在教授《常见天气系统》时,笔者播放天气预报的背景音乐,让学生现场播报当地最近几天的天气状况,学生立马兴趣十足。紧接着我设疑:最近几天的天气是怎样形成和变化的,对我们的生产生活有什么影响?从而引入新课。

二、创设生活化的教学情境,实现活跃的课堂气氛

教育家杜威提倡“教育即生活”的理念,地理知识学习的基本素材就是源于实际生活。教师在地理教学过程中应当结合学生的生活经验,准确把握时机,设计问题,营造一个生活化的场景,进而对学生加以有效指导,使学生在提出问题、分析问题及解决问题的过程中充分体会到地理来源于现实生活,并可应用于现实生活。

1.利用生活常识创设教学情境

教师要善于捕捉贴近学生生活的素材,选取学生生活中熟悉的人、事、物,挖掘生活地理实例创设教学情境。例如,在讲解时差时,笔者让学生假设与身在纽约的朋友联系,思考选取什么时间段会比较合适。然后提醒学生要注意作息时间,学生就会想到两地存在时差,根据时区的划分图,找到纽约的时区,从而计算两地的时差。例如,在讲解东亚季风时,笔者以学生已有的生活经验为切入点设置教学情境:我们这里冬季通常刮什么方向的风?风从哪里来?给你的感受是什么?夏季呢?平时家长为什么常说“如果不好好学习,长大就得去喝西北风”?学生立马来了兴致,就会根据日常在不同季节的具体感受,归纳得出冬季风和夏季风的风向、源地和特点,找出家长说话的“真正内涵”,教师顺势点出东亚季风的定义和成因。

2.模拟生活情境并解决生活实际问题

例如,在讲解河流地貌的发育时,笔者给学生模拟了生活中的情境:假如我们在船上顺水划行,船沿河流的哪个位置划行才能使速度更快?为什么?同时提醒学生河流越深,水流的速度越快。此时学生就会思考:只要找到河流最深的位置就可以解决问题。由于侵蚀作用和堆积作用,河流的最深位置并不是在河心,而是在河心偏侵蚀一岸,所以得出结论,船只顺水划行要想速度更快,应沿河流最深、水流速度更快的河心偏侵蚀一岸划行。在这个过程中教师应及时

进行指导,使学生掌握和应用知识,激发学生的学习兴趣和学习自主性,强化他们对地理知识的理解。

教师可根据教学实际和学生生活经验、接受能力来选择适当的方式方法。例如,在讲解地质构造的实践意义时,笔者引导学生分组进行角色扮演:选一位同学作为县长,任命不同组的同学担任不同部门(国土部门、水利部门、交通部门、私有企业)的工作人员,负责安排以下几项工作:开采石油和天然气,修建一条穿山隧道,建一座采石场,开采煤炭,打一口水井。学生通过阅读教材,搜集相关资料,小组合作探究,培养了分析问题、解决问题以及团队协作的能力。

3.结合多媒体技术,再现现实生活情境

多媒体技术能够为学生的生活经验提供一个很好的展示平台。在教学过程中,很多的生活情境通过多媒体技术进行展现,能够很好地唤醒学生已有的生活经验,调动学生的思维,达到体验新知识的目的。例如,在《常见天气系统》一节中,关于天气系统的形成过程和生活中的天气现象,学生理解有一定的难度,所以我运用多媒体技术制作动画来演示某区域冷锋天气过境前后的气温、气压和天气状况变化的过程,使学生能直观体会并理解;在讲解昆明准静止锋时,制作动画展示出冷、暖气团的运动方向,根据锋面降水大部分在冷气团一侧的特点,直观展示了贵州“天无三日晴”和昆明“四季如春”的特点。

三、学以致用,运用于生活实践

课外实践活动是将地理教学生活化最直接也是最有效的方法。古人云“纸上得来终觉浅,绝知此事要躬行”,就是强调实践对于知识的领会和应用的意义。在地理课堂上学生学到的地理知识很多不能够完全理解,所以在课外教师要让学生亲身去感受身边的地理事件和现象。地理实践活动的方式比较多,既有课堂内的实践活动,也有课堂外的实践活动。

1.地理野外考察

实地考察不仅可以使学生拓宽视野,与大自然亲密接触,而且能培养其地理研究能力。例如,在讲解湿地的开发和保护时,笔者组织学生参观考察当地的湿地,引导学生分析湿地的功能:具有调节气候、涵养水源、调节径流、蓄洪防旱、降解污染物、保护生物多样性等生态环境功能,同时具备旅游、航运等功能。但是学生也发现了很多问题,特别是水质的恶化和周围生态环境的破坏。笔者引导学生分析出现这些问题的原因及其危害,并提出可行的保护措施,做到学以致用。通过此次活动,学生更深刻地认识到湿地生态系统日益恶化的严峻现实,增强了环境保护意识。

2.开展宣传教育活动

为增强学生和公众的环保意识,养成节约资源、关注环保、人与自然和谐相处的好习惯,教师可以鼓励学生在课外参加“保护环境,从我做起”宣传教育活动。例如,在学到“水资源的合理利用”或“世界水日”(3月22日)的时候,笔者组织了地理兴趣小组,以水为主题做公益宣传。笔者指导小组成员搜集资料,制作展板、宣传单,在学校和城区广场对师生和群众宣传,带领公众共同反思、感悟,提高节水意识。除此之外,教师还可以以地球、环境、湿地、森林、土地等相关的地理知识为主题做公益宣传,让学生学会从自己做起,发挥他们的影响力,承担起社会责任,培养时代责任感。

3.开展辩论会

地理教师不仅要向学生传授地理知识,还要教会学生利用地理知识分析和解决问题。辩论会的开展就是锻炼学生分析和解决问题能力的有效方法。例如,在学到问题探究“河流上该不该建大坝”时,笔者组织学生开展了一场小型的辩论会:长江三峡上建坝是利大于弊,还是弊大于利?笔者将学生分成两组,指导他们查阅搜集相关数据资料,并归纳整理。在同学们的努力下,这场辩论会激烈而精彩。这样不仅培养了学生的语言表达能力与思维能力,也让学生认识并学会分析事物的两面性。

总之,教师应该充分发挥主观能动性,取生活之源,活教学之水,善于发现知识与生活相结合的素材,将生活引进课堂,将教材中单调的、抽象的知识还原为取之于生活实际的地理问题,创建生活化的教学课堂,不断提升地理课堂教学效率和质量。

第三编 DI-SAN BIAN

地理教学课例选编

《地球的运动》课例*

【课程标准】

说明地球自转的方向、周期、速度,地球公转的方向、周期、轨道。

【教学目标】

(1)知识与技能:理解地球运动的形式;掌握地球自转和公转的特点。

(2)过程与方法:利用地球仪和多媒体课件演示地球的自转和公转,说出地球运动的一般特点。

(3)情感态度与价值观:通过对地球运动的学习,激发探究地理问题的兴趣,养成求真、求实的科学态度,使学生认识到宇宙是物质的,物质是运动的,初步树立科学的宇宙观。

【教学重难点】

(1)教学重点:地球自转和公转的基本特征,如方向、周期、速度等。

(2)教学难点:恒星日与太阳日。

【教学方法】

演示法、探究法。

【教具】

地球仪、多媒体课件。

---

* 本文系人教版高中地理必修一第一章第三节第一课时课例。本书课例均由宿州市教科所林庆安撰写。

【课时安排】

1课时。

【教学过程】

导入:地球是宇宙中的一颗行星,我们人类生活在地球上,随时都能感受到地球的运动,如昼夜交替、四季变化等,这些都是怎么形成的呢?从本节课开始我们将关注的焦点由宇宙空间转移到地球,研究地球运动的一般特点。

一、地球的自转

1.地球自转时地轴的空间位置

教师提问:什么是地球的自转?谁能用地球仪给大家演示地球的自转?地球在自转时有什么规律?

学生观察演示回答:地球绕其自转轴的旋转运动叫做地球的自转。地球绕地轴自转时,地轴的空间位置基本上是稳定的,地轴北端始终指向北极星附近。

2.地球自转方向:自西向东

观察演示:从北极上空观察,地球呈逆时针方向旋转;从南极上空观察,地球呈顺时针方向旋转。

学生活动:在从北极和南极上空俯视图上画出地球的自转方向。

3.地球自转周期

课件演示分析教材图1.15:自转360°,历时23时56分4秒——1恒星日;自转360°59′,历时24小时——1太阳日。

4.地球自转速度

算一算:根据自转周期和赤道周长(约4万千米)计算地球自转角速度和赤道线速度。

分析教材图1.16《地球自转角速度和线速度》:角速度15°/ h ,地球表面除南北极点外,任何地点的自转角速度都一样;线速度因纬度的不同而有差异。赤道线速度最大,为1670 km/h,南北纬60度地球自转线速度大约是赤道的一半。

二、地球的公转

1.地球公转轨道

教师提问:什么是地球的公转?谁能用地球仪给大家演示地球的公转?

学生观察演示回答:地球绕太阳的运动叫做地球的公转。地球公转的路线叫做公转轨道。它是近似正圆的椭圆轨道。太阳位于椭圆的一个焦点上,略微偏离地球公转轨道的中心。地球运行到任何位置,北极的指向都不变,指向北极星方向。

2.地球公转方向

观察教材图1.17《地球公转轨道》:自西向东,逆时针方向绕日公转。

板图:画出地球的公转方向。

3.地球公转周期

公转360°,历时365日6时9分10秒——1恒星年。

4.地球公转速度

根据教材图1.17《地球公转轨道》,分析地球位于近、远日点的时间和速度。近日点一月初,角速度和线速度快;远日点七月初,角速度和线速度慢。

【学习评价】

填写表1。

表1　地球自转、公转比较

运动形式	旋转中心	方向	周期	速度	
				角速度	线速度
自转					
公转					

【板书设计】

地球的运动

一、地球的自转

1.地球自转时地轴的空间位置　　2.地球自转方向

3.地球自转周期　　4.地球自转速度

二、地球的公转

1.地球公转轨道　　2.地球公转方向

3.地球公转周期　　4.地球公转速度

【教学反思】

《地球的运动》对于高一的学生来说内容比较抽象，比较难理解。在教学中，笔者结合学生的认知水平和教材的实际内容，采用由浅入深的教学流程，先讲解地球的自转，再讲解地球的公转，重难点把握较适当。充分利用多媒体课件和地球仪实物演示，这样有利于学生更好地理解本节课的知识点，同时给学生参与探究活动创造了较好的条件，有利于学生自主学习。通过学习评价，学生能够正确区别地球的自转和公转，为分析地球运动的地理意义奠定了知识基础。但是，运用地球仪演示不够精确，多媒体课件演示的直观性还要加强。

《地球的圈层结构》课例*

【课程标准】

说出地球的内部圈层结构，概括地球内部圈层的主要特点。说出地球的外部圈层结构，概括地球外部圈层的主要特点。

【教学目标】

(1)知识与技能：地球圈层结构包括内部圈层和外部圈层，内部圈层是由两个不连续面划分出的三层构造。对于各圈层的具体厚度和细致分层不作要求，需要突出的是地壳和上地幔顶部组成岩石圈，而上地幔上部存在软流层，它可能是岩浆的主要发源地，这些是地球内部圈层的主要特征。内部圈层的划分依据——地震波速的变化作一般了解，地震波的类型及其特征，地震波在地球内部速度变化过程等不作要求。外部圈层包括大气圈、水圈和生物圈。大气圈主要成分是氮和氧，其底部的大气状态对地理环境及其变化起积极而重要的作用。水圈是连续不规则的圈层，它以地表水、地下水、大气水和生物水等形式渗透到其他圈层，并循环运动。生物圈也存在于其他圈层中，占据大气圈底部、水圈全部和岩石圈上部，各圈层在此相互作用，形成自然环境。

(2)过程与方法：读教材图 1.25《地震波的传播速度与地球内部圈层的划分》，说出地球内部两个不连续面、三个圈层及其位置关系，岩石圈、软流层位置。读图 1.27《地球外部圈层结构示意》，说出地球外部圈层的名称、位置、主要成分和相互关系。

(3)情感态度与价值观：结合我国深空、深海、深陆探测计划和地球圈层结构图绘制，体验地球结构的优美，激发探索地球奥秘的兴趣。

---

* 本文系人教版高中地理必修一第一章第四节课例。

【学情分析】

学生已具备地震、地壳、外部圈层等感性知识，具备一定读图、绘图和资料分析能力。但由于本节内容的宏观性，学生接触不多且涉及其他学科知识，教师宜采用讲授为主的教学方法，采用比喻的方式，提供相关图文资料，设置必要的问题，将学生自主学习和教师启发讲解相结合，引导学生用图表形式把复杂关系形象化。

【教材分析】

利用教材中地球内部圈层划分图、地球内部圈层结构图和地球外部圈层示意图基本能完成课程标准要求。对地震波传播速度图、教材第23页拓展深化四大圈层特点的“活动”，暂不采用。外部圈层相互作用形成自然环境的描述过于简单，需要补充相关材料。

【教学重难点】

(1)教学重点：地球内外圈层的空间分布和特点。

(2)教学难点：岩石圈和地壳的区别。

【教学方法】

读图分析法、讲授法。

【教具】

多媒体课件。

【课时安排】

1课时。

【教学过程】

导入新课：介绍我国深空、深海、深陆探测计划。我们生活在地球上，地球的表面容易观察，但地球内部是什么样子呢？这节课我们就来学习地球的内部和外部圈层结构。

一、地球的内部圈层

1.探知地球内部圈层结构的方法

采用“啄木鸟啄木听声探知树中有无虫子”的比喻说明地震波的探测方法。引导学生读教材图1.25《地震波的传播速度与地球内部圈层的划分》，分析地震波的特点。小结如表1：

表1　地震波

项目		内容
概念		当地震发生时，地下岩石受到强烈冲击，产生弹性震动，并以波的形式向四周传播
分类	纵波	振动方向与传播方向一致
	横波	振动方向与传播方向垂直
传播特征	共性	在不同的介质中传播速度不同，因此经过不同介质的界面时波速会发生变化
	特性	纵波传播速度快，可通过固体、液体和气体传播；横波传播速度慢，只能通过固体传播

2.地球内部三个圈层结构划分和主要特征

引导学生读教材图1.25《地震波的传播速度与地球内部圈层的划分》、图1.26《地球的内部圈层结构》，分析地球内部三个圈层结构划分和主要特征，说明地壳和岩石圈的集合关系。小结如表2：

表2　地球内部圈层结构划分和主要特征

圈层名称	不连续面	深度	地震波的速度变化	特征
地壳	莫霍界面	平均17 km	纵波和横波速度明显加快	①固体外壳；②厚度最小（平均厚度17 km），其中大陆地壳较厚，大洋地壳较薄
地幔	古登堡界面	2900 km	纵波速度突然下降，横波消失	①固态，上地幔上部存在一个软流层，物质处于熔融状态；②温度、压力、密度较大
地核				①外核呈熔融状态；②内核呈固态，压力、密度很大

3.学生活动

(1)绘制地球内部圈层结构图,标示“两面”、“ 三圈”、岩石圈、软流层位置。

(2)说出软流层的特点,并标注其位置。

二、地球的外部圈层

1.地球外部圈层结构划分

引导学生分析教材图1.27《地球外部圈层结构示意》,说出外部圈层的名称、位置。

2.地球外部圈层结构和主要特征

引导学生分析教材图1.27《地球外部圈层结构示意》,了解地球外部圈层大气圈、水圈、生物圈结构,概括地球各外部圈层的主要特征。

举例说明地球外部圈层之间的相互联系。

【板书设计】

地球的圈层结构

一、地球的内部圈层结构

1.探知地球内部圈层结构的方法

2.地球内部三个圈层结构划分和主要特征

二、地球的外部圈层结构

1.地球外部圈层结构划分

2.地球外部圈层结构和主要特征

【教学反思】

在教学过程中,笔者通过引导学生判读和绘制地球内部圈层和外部圈层示意图,使学生掌握地球圈层结构、主要特征和组成,培养其读图、析图的能力,以及表述地理事物的方法。但是,教学中要注意对学生在课堂上的发言给予形成性评价,多关注学生,激发学生的学习热情,还要加强自身处理课堂突发问题的应变能力,在板书的设计上要更加精练,在课堂的高潮部分让学生形成正确的情感态度与价值观。

《冷热不均引起大气运动》课例*

【课程标准】

运用图表说明大气受热过程。

【教学目标】

(1)知识与技能:知道大气的热量来源。理解太阳辐射、地面辐射和大气辐射之间相互转化的过程。能运用图表说明大气的受热过程。能利用大气受热原理解释常见的地理现象。

(2)过程与方法:通过自主探究、动手实验、总结归纳等学习方法和手段理解大气的热量来源,以及太阳辐射、地面辐射和大气辐射之间相互转化的过程。

(3)情感态度与价值观:运用图表说明大气的受热过程,培养学生主动发现问题、合作探究、科学严谨的学科素养。

【教学重难点】

(1)教学重点:理解并能运用图表说明大气的受热过程。

(2)教学难点:理解太阳辐射、地面辐射和大气辐射之间相互转化的过程。利用大气受热原理解释常见的地理现象。

【教学方法】

读图分析法、启发法。

---

* 本文系人教版高中地理必修一第二章第一节第一课时课例。

【教具】

多媒体课件。

【课时安排】

1课时。

【教学过程】

教师讲述：太阳辐射既能到达地球表面，又能到达月球表面，但是月球表面白天的温度可高达127 ℃，夜晚则降至-183 ℃，而地球的昼夜温差要小得多，这是为什么呢？这是因为地球上有厚厚的大气层而月球上没有。我们这节课就先从大气的受热过程学起。

一、大气的受热过程

学生思考：地球上的能量主要是从哪儿获得的？

学生回答：太阳。

教师讲述：我们知道万物生长靠太阳，这说明了太阳光热的重要性，而且太阳辐射能是地球大气最重要的能量来源。那么太阳辐射穿过大气层的过程是怎样的？

课件展示教材图2.1《大气的受热过程》，引导学生读图分析：

(1)太阳辐射和地面辐射有什么不同？

(2)地球表面的热源是什么？近地面大气主要、直接的热源是什么？

学生回答：太阳辐射是短波辐射，地面辐射是长波辐射。大气吸收太阳辐射少，大部分可到达地面，地面吸收太阳辐射而增温，所以，太阳辐射是地面的直接热源，同时地面增温以长波辐射的形式向外释放能量。

1.太阳暖地面

学生知识拓展：物体辐射波长和温度的关系。

由实验得知，物体的温度越高，辐射的波长越短，反之则越长。

教师讲述：物体的温度越高，辐射中最强部分的波长越短；物体温度越低，辐射中最强部分的波长越长。太阳表面温度达到6000 K，而地面温度远远低于太阳表面温度，所以地面辐射的波长比太阳辐射长得多，通常把太阳辐射称做短波辐射，而把地面辐射称做长波辐射。同样，大气辐射、人体辐射等也属于长波辐射。

学生思考：太阳辐射中辐射能力最强的是哪一部分？

学生回答：可见光部分。

学生思考：地面辐射主要被谁吸收了？什么原因？

学生回答：大气层。近地面大气中的CO_2和H_2O因强烈吸收地面长波辐射而增温，吸收率75%—95%，近地面大气又以对流、传导等方式，层层向上传递热量、贮存能量。所以，地面是近地面对流层大气主要、直接的热源。

教师提问：请问大气这种受热的过程有什么意义？

学生回答：大气受热的过程影响着大气的热状况、温度分布和变化，制约着大气的运动状态。

过渡：通过学习，我们知道了地面是近地面对流层大气主要、直接的热源。

2. 地面暖大气

课件展示太阳辐射在地面和大气中传递过程的图片，教师引导学生看图、自主学习大气对地面保温作用的知识，实现由地面辐射到大气辐射和大气逆辐射的知识迁移。

教师讲述：下面我们再来看看大气增温后会出现什么情况。

学生回答：大气在增温的同时向外释放红外线长波辐射。大气辐射的一小部分向上射向宇宙空间，大部分向下射向地面，其方向与地面辐射正好相反，故称为大气逆辐射。

教师讲述：大气以大气逆辐射的形式将热量还给了地面，从而完成了大气的保温作用。地球表面及大气层里保存着的这部分热量，成为在地理环境里发生许多自然现象及其过程的能量源泉。

3. 大气还地面

教师提问：引导学生合作探究学习，再看教材第29页“活动”第(2)题，为什么月球表面的昼夜温差变化比地球表面剧烈？

学生回答：地球上有大气层，由于大气的削弱作用，地球的白昼温度不高；由于大气的保温作用，地球的夜晚温度不会过低。

教师归纳：地球大气对太阳辐射的削弱作用表现在吸收、反射和散射三个方面(可做扩展)。这三种削弱作用使太阳辐射只有一半左右能穿透大气层到达地面，这是地面增温的主要能量来源，所以地球的白昼温度不高。另外，大气吸收地面辐射的能力很强，可将地面辐射的绝大部分能量储存在大气中，同时大气逆辐射又在一定程度上补偿了地面辐射损失的热量，从而起到了对地面的保温作用。地球大气对太阳辐射的削弱作用和对地面的保温作用，既降低了白天的最高气温，又提高了夜间的最低气温，从而减小了气温日较差。

月球上没有大气层，白天太阳辐射全部到达月球表面，使月球表面温度迅速升高。夜晚，月球表面辐射强烈，没有大气对月球表面的保温作用，温度下降速度很快。再加上月球昼夜交替周期比地球长，所以月球表面温度昼夜变化比地球剧烈得多。

课堂小结：通过刚才的学习，我们知道了大气的受热过程，即首先是太阳辐射使地面增温——“太阳暖地面”，接下来是地面辐射使大气增温——“地面暖大气”，最后是大气逆辐射使地面保温——“大气还地面”。

【板书设计】

一、大气的受热过程

1. 太阳暖地面　　2. 地面暖大气　　3. 大气还地面

【教学反思】

冷热不均引起大气运动是本章学习的知识基础，大气的受热过程又是本节课的难点。笔者的设计意图是想通过教师的引导启发和学生的读图探究，达到了解地面吸收太阳辐射而增温，大气吸收地面辐射而增温这一原理后，转到大气对地面的保温作用。对月球昼夜温差进行探究，使学生进一步理解大气的削弱作用和保温作用这两个重要原理。知识拓展方面，笔者还补充了物体辐射波长和温度关系的内容。

《常见天气系统》课例*

【课程标准】

运用简易天气图，简要分析锋面、低压与高压等天气系统的特点。以某种自然灾害为例，简述其发生的主要原因及危害。

【教材分析】

本节教材内容由三部分组成：锋与天气，低压（气旋）、高压（反气旋）与天气，案例——台风、寒潮及其危害。本节课主要针对锋面系统进行研究学习。在讲授“锋”这部分内容时首先介绍一些基本概念，如气团（冷气团、暖气团）、锋（锋面、锋线），然后再说明此天气系统会带来怎样的天气或天气会有怎样的变化过程。在学习过程中安排课堂活动，可以让学生运用所学的知识解决实际问题，且突出学习对生活有用的地理。为了解决学生学习上的难点，教师可以引导学生合作探究、自主学习，并将冷锋和暖锋的气流运行方向，锋面形成过程，锋面过境前、过境时、过境后的大气等，利用多媒体手段进行对比讲解，便于学生观察理解，培养学生自主学习能力。

【学情分析】

通过前两节大气知识的学习，学生基本理解大气运动可能引起的天气现象，这为知识的衔接做了很好的铺垫。对于本节中涉及的天气现象，学生生活中也常有听闻，但上升到理论层面，结合大气运动引起的各类天气现象的相关知识点，仍有待剖析和学习。

---

* 本文系人教版高中地理必修一第二章第三节第一课时课例。

【教学目标】

(1)知识与技能:理解冷暖气团的特点及其对天气的影响。掌握冷锋、暖锋的特点,以及它们过境前、过境时和过境后的天气状况。

(2)过程与方法:掌握各天气系统活动规律和处在不同天气系统影响下的天气特点,利用天气图进行天气形势分析预报。能够说明这些天气系统是如何对所到达地区的天气产生影响的,能够结合实际分析天气系统对人们生产生活的影响。通过对冷锋与暖锋天气系统的对比分析,实现学生地理综合分析能力的提高,同时培养其地理空间思维习惯。

(3)情感态度与价值观:关注身边的地理现象,培养探究地理的兴趣。通过学习有关天气系统的知识和分析天气预报来强化理论联系实际的能力,培养热爱科学的思想情感。

【教学重难点】

(1)教学重点:掌握常见天气系统的特点及影响,简易天气图的阅读。

(2)教学难点:理解冷锋、暖锋与天气的关系。

【教学方法】

比较法、探究法。

【教具】

多媒体课件。

【课时安排】

1课时。

【教学过程】

导入新课:播放冷锋系统及其移动的视频。视频中的天气符号代表生活中常见的天气,这些天气是如何形成的?

一、气团

课件播放冷、暖气团模拟实验视频，指导学生阅读教材第41页文字，理解气团的概念、分类、特点及对天气的影响。

(1)概念：水平方向上温度、湿度等物理性质分布比较均一的大范围空气。

(2)分类：根据气团温度与其到达地区气温的对比，可将气团分为冷气团和暖气团。

师生归纳：气团的分类、特点及对天气的影响(表1)。

表1　气团的分类、特点及对天气的影响

分类	特点	对天气的影响
冷气团	温度低，气压高，密度大	气温低，气压高，天气晴朗
暖气团	温度高，气压低，密度小	气温高，气压低，天气晴朗

二、锋与天气

1.锋与锋面

学生阅读教材图2.18《锋的形成》，完成：①在图中找出锋面、锋线。②什么是锋？锋面特征是什么？

师生归纳：一般把锋面和锋线统称为锋。锋面始终向高空冷气团一侧倾斜；锋面两侧空气温度、湿度、气压差异显著；附近天气发生变化，出现阴、晴、风、雨雪等天气现象。

2.锋的分类

根据冷暖气团所占的主体地位分为冷锋、暖锋和准静止锋。

3.锋与天气

(1)冷锋。课件演示冷锋过境的动画，学生阅读教材图2.19《冷锋及其天气》，填写表2：

表2　冷锋的特征

锋面类型	天气符号	锋面移动方向	降水区域	过境前天气	过境时天气	过境后天气	常见天气现象
冷锋		冷气团推动锋面向暖气团移动	主要集中在锋后	单一暖气团控制，气温高，气压低，天气晴朗	阴天、降温、刮风、雨雪	冷气团控制，气温降低，气压升高，天气转晴	我国北方地区夏季的暴雨、冬春季节的寒潮和沙尘天气

(2)暖锋。课件演示暖锋过境的动画，学生阅读教材图2.20《暖锋及其天气》，填写表3：

表3　暖锋的特征

锋面类型	天气符号	锋面移动方向	降水区域	过境前天气	过境时天气	过境后天气	常见天气现象
暖锋		暖气团推动锋面向冷气团移动	主要集中在锋前	单一冷气团控制，气温低，气压高，天气晴朗	形成连续性降水或雾	暖气团控制，气温升高，气压降低，天气转晴	我国“一场春雨一场暖”

(3)准静止锋。课件展示江淮准静止锋示意图，引导学生理解准静止锋的含义及对天气的影响。思考：每年6—7月份，长江中下游地区会出现持续性的阴雨天气，该天气现象受何天气系统影响？

教师总结：受准静止锋影响。6月份，北下的暖气团与南上的冷气团势力相当，在我国长江中下游一带来回徘徊，带来了持续性降水，出现梅雨天气。

【板书设计】

常见天气系统——锋与天气

一、气团

二、锋与天气

1.锋与锋面　　2.锋的分类　　3.锋与天气

【教学反思】

本节课使用多媒体辅助教学,密切联系生活中的天气现象,通过对我国常见天气现象的讲述和分析,使学生感受到地理知识的实用性,从而激发他们学习地理的兴趣。在课堂上,笔者通过课件播放视频的方式演示冷锋、暖锋和准静止锋的天气变化,活跃了学生思维,使抽象的内容形象化,让学生对不同类型的锋面系统有更加直观的认识,更易于被学生接受。同时,积极引导学生参与活动,指导学生读图、列表比较和归纳总结气团、三种不同的锋面天气状况,培养学生识图、读图、分析图表的能力,从而达到提高知识整合能力和巩固知识点的目的。

《自然界的水循环》课例*

【课程标准】

运用示意图,说出水循环的过程和主要环节,说明水循环的地理意义。

【教学目标】

(1)知识与技能:了解水圈内水体的构成和各水体相互转化关系。能绘制示意图表示水循环的过程,掌握其主要环节。运用水循环的知识,分析常见的人类活动对水资源的影响。理解大自然水循环的地理意义。

(2)过程与方法:通过"绘制、分析、讲解"等形式,让学生掌握自然界水循环的类型、主要环节,学会从地理图表、地理现象中获取有用的地理信息。

(3)情感态度与价值观:能够运用水循环过程说出物质的运动是客观存在的,且有其自身的运动规律,人类活动应遵循自然规律。帮助学生正确认识和利用水循环的自然规律,树立科学的资源观。

【教学重难点】

(1)教学重点:绘制《海陆间水循环示意图》,并用简练的语言表述水循环的过程和主要环节。

(2)教学难点:水循环的地理意义,举例说明水循环对地理环境和人类活动的影响。

【教学方法】

探究法、读图分析法。

---

* 本文系人教版高中地理必修一第三章第一节课例。

【教具】

多媒体课件。

【课时安排】

1课时。

【教学过程】

导入新课:从地理学的角度看,诗句"黄河之水天上来,奔流到海不复回"是否正确?学习了本节课的内容之后,这个问题就能迎刃而解。下面我们一起来学习"自然界的水循环"。

过渡:在学习自然界的水循环之前,我们先来了解自然界有哪些水体,这些水体之间又有什么联系。

一、相互联系的水体

学生读图:课件展示教材图3.1《水圈的构成》。

学生思考:说出地球上的水体主要有哪些?它们所占的比例大概是多少?我们可利用的是哪些?水的三态在各个圈层是如何分布的?

学生回答:(略)。

教师归纳:水圈的水体类型包括海洋水、大气水、陆地水。陆地水又可以分为河流水、湖泊水、沼泽水、土壤水、冰川水、生物水等。水以气、液、固三种形态存在,这三种形态是可以相互转化的。从形态和空间分布上来理解水圈是一个连续但不规则的圈层。

学生读图:课件展示教材图3.2《陆地上的水体及其相互关系》。

学生讨论思考问题:河流补给是指河水的来源。图中河流的补给可能涉及哪几种水体?河流与湖泊关系十分密切,假设河流水位与湖泊水位有差异,分析它们的相互补给关系。

学生回答:(略)。

教师补充:大气降水是大多数陆地水体的直接来源。所以,我国东部绝大多数河流的径流与降水量季节变化关系密切,有明显的季节和年际变化,靠雨水补给的河流,其汛期出现的时间与降水量显著增加的季节基本一致。但是一定要注意汛期都在雨季，而非都在夏季，因为不同的气候类型，降水的季节并非都在夏季。在内陆地区，河流主要靠冰川融水补给，所以，河流径流变化与气温变化有直接的相关性，河流的汛期出现在夏季，但是应该注意南北半球的季节是相反的。我国大部分地区属于季风气候，因此，在冬季，我国大多数河流进入枯水期，河水主要靠地下水补给。另外，需要说明的是，湖泊对河流水具有一定的调节作用。洪水期，沿河湖泊及水库能起到削减洪峰的作用。

过渡：滚滚长江东逝水。为什么长江水源源不断东流入海而不枯竭呢？

二、水循环

1.水循环的概念

课件展示教材图3.3《水循环示意》，教师自绘板图，边画边讲解水循环的概念：水循环是指自然界的水在水圈、大气圈、岩石圈、生物圈四大圈层中通过各个环节连续运动的过程。

2.水循环的主要环节

学生归纳水循环的主要环节：蒸发（植物蒸腾）、水汽输送、降水、地表径流、下渗、地下径流等。

学生讨论：根据水循环发生的范围可以把水循环分为哪几类？分别说明其循环过程中的主要环节。

学生探讨归纳：海陆间循环（也叫大循环），陆地水循环，海上水循环。

大循环：海洋水→蒸发→水汽输送→降水→径流→大海。

陆地循环：陆地→蒸发（蒸腾）→降水。

海上循环：海洋→蒸发→降水。

学生思考：驱动水循环的能量主要是什么？结合实例，说明人类活动主要对水循环的哪些环节产生影响。

教师讲述：在太阳能及地球重力的作用下，水在陆地、海洋和大气间通过吸收热量或放出热量，以气、液、固三态的转化形成了总量动态平衡的循环运动。水循环对人类活动的影响巨大，人类目前只能以增加或减少地表蒸发、人工降雨及跨流域调水等方式，去影响水循环的个别环节。

教师引导学生思考：水循环这种规律在我们实际生活中有很大的应用价值。下面请同学们思考，我国许多地方修建水库，以及“南水北调”工程，主要是解决什么问题，有何作用？

教师引导学生归纳：修水库，主要是解决水资源年内分配不均（季节变化大）的问题。水库的作用是在河流的洪水期蓄水，枯水期放水，从而调节河流水量的季节变化。“南水北调”工程，以及前些年建的城市引水工程，如“引黄济青”“引滦入津”“引黄入晋”等，均属跨流域调水工程，主要是解决水资源空间（地区）分布不均的问题。

教师引导学生阅读思考：阅读教材第55页“活动”和图3.4《黄河流域示意》。讨论“探究活动”问题——黄河下游断流可能与哪些自然因素有关？黄河下游断流可能与哪些人为因素有关？人类可以采取哪些措施缓解或者避免黄河断流？

学生回答：（略）。

过渡：每时每刻都在进行的水循环对自然环境有什么影响呢？

3.水循环的地理意义

学生分组讨论，每组派代表发言。

（1）举例说明水循环可以维持全球水量平衡。

（2）举例说明水循环可以更新陆地淡水资源。

（3）举例说明水循环可以调节全球热量平衡。

（4）举例说明水循环可以塑造地表形态。

教师归纳：首先，水循环维护了全球水量平衡，通过各个环节把大气圈、水圈、生物圈、岩石圈有机联系为一个水循环系统，水在不断地运动、转化。其次，水循环使淡水资源不断更新。水循环使大气降水、地表水、地下水、土壤水乃至与海洋水之间相互交换转化，促使水资源形成不断更新的水循环系统。再次，水循环使地球各个圈层之间、海陆之间实现物质迁移与能量交换。最后，水循环影响全球的气候和生态，并不断塑造着地表形态。

学生思考：地球上的各种水体都处于不断的循环运动中，在其运动过程中水的总量是否发生变化？这说明什么？

学生讨论回答：全球水资源总量在长时间范围内保持不变，说明整个水圈的水处于动态平衡状态。

学生思考：既然自然界中的水处于动态平衡状态，那么我们人类是不是可以随心所欲地利用水资源呢？水是取之不尽、用之不竭的吗？

学生归纳结论：如果人类不合理利用水资源，就会造成水资源的浪费甚至枯竭。

教师讲解:在一定的时间和空间范围内,水资源是有限的。如果人类取用水量超过了水资源更新的数量,或者水资源遭到污染,就会造成水资源的枯竭,因此,一定要保护水资源。一是合理利用,即利用量不能超过水的更新数量;二是保护水质,禁止污染,这样才能保证水资源的永续利用。

作业设计:绘制《水循环示意图》。

【板书设计】

自然界的水循环

一、相互联系的水体

二、水循环

1.概念　　2.主要环节　　3.地理意义

【教学反思】

在本节课教学中,笔者先引用李白的诗句"黄河之水天上来,奔流到海不复回"导入新课,即自然界的水是不断循环运动的,激发学生学习兴趣,接着利用课件展示和板图绘制水循环的示意图,让学生学会读图、说图、绘图,然后再让学生通过读图讨论思考相关问题,掌握本节课的教学重点知识,突破难点知识,取得了较好的教学效果。但是,教学过程中的过渡不够吸引人,对学生的引导还不够,运用水循环的原理解决实际问题方面还有待加强。

《大规模的海水运动》课例*

【课程标准】

运用地图,归纳世界洋流分布规律。

【教学目标】

(1)知识与技能:通过比较、分析,归纳世界表层洋流的分布规律。
(2)过程与方法:通过绘制洋流分布图掌握世界洋流的分布规律。
(3)情感态度与价值观:培养学生科学研究的方法和态度。

【教学重难点】

(1)教学重点:世界表层洋流的分布规律。
(2)教学难点:世界表层洋流分布规律及其成因。

【教学方法】

读图分析法、比较法、案例分析法。

【教具】

多媒体课件。

【课时安排】

1课时。

---

* 本文系人教版高中地理必修一第三章第二节第一课时课例。

【教学过程】

导入新课：课件播放“中国浙江舟山洋流发电”视频。今天这节课我们一起来学习“大规模的海水运动”。

课件展示课题：大规模的海水运动。

教师讲述：海水的运动形式多种多样，“潮起潮落”说的是潮汐，“无风不起浪”说的是波浪。在本节课中，我们主要学习另一种大规模的海水运动形式——洋流。那么，什么是洋流呢？

学生阅读教材第57页第1、2自然段，思考洋流的定义和分类。

学生回答：海洋中的海水常年比较稳定地沿着一定方向做大规模的流动，叫做洋流。(教师提醒学生注意其中的关键词：常年、稳定、沿一定方向、大规模)

学生思考：洋流有不同的类型，按性质可以分为哪两种？

学生回答：洋流按性质可分为寒流和暖流两种类型。从水温高的海区流向水温低的海区的洋流是暖流，从水温低的海区流向水温高的海区的洋流是寒流。

学生活动：阅读教材第57页图3.5《世界海洋表层洋流的分布(北半球冬季)》。引导学生通过读图了解世界海洋表层洋流的分布规律。

教师指导学生观察、比较不同大洋同纬度海区大洋环流的运动方向，及同一大洋不同纬度海区大洋环流的运动方向。

课件展示：世界海陆分布轮廓示意图和世界表层洋流模式图的底图。

学生绘图：在世界表层洋流模式图的底图上，画出北太平洋和北大西洋中低纬度、中高纬度的大洋环流，并注意比较两个大洋环流的运动方向。

教师提问：北大西洋中低纬度大洋环流的运动方向和北太平洋中低纬度大洋环流的运动方向是否相同？

学生回答：相同，都呈顺时针方向流动。

教师提问：南大西洋、南印度洋中低纬度大洋环流的运动方向和南太平洋中低纬度大洋环流的运动方向是否相同？

学生回答：相同，都呈逆时针方向流动。

课件展示：北半球中高纬度的大洋环流。

学生绘图：在世界表层洋流模式图的底图上，画出北太平洋和北大西洋中、高纬度的大洋环流，注意比较两个大洋环流的流动方向，有什么规律？

学生回答：北半球中、高纬度的大洋环流都呈逆时针方向流动。

教师讲述：通过对《世界海洋表层洋流的分布（北半球冬季）》图的观察、比较，又通过自己动手画图，我们对世界各大洋的洋流分布已经有了一定的认识，谁来总结一下自己发现的规律？

学生归纳世界洋流分布的规律：不同大洋的同纬度海区大洋环流的流动方向是一致的，而同一大洋的不同纬度海区大洋环流的流动方向是相反的。

教师提问：从世界洋流模式图上我们可以看到南北半球中低纬度海区各形成了两个大洋环流，两个中低纬度的大洋环流以什么海区为中心？

学生回答：副热带海区。

教师提问：北半球中高纬度的太平洋和大西洋两个大洋环流又以什么海区为中心？

学生回答：副极地海区。

教师提问：大洋东西两岸的洋流性质有什么不同？

学生回答：在南北半球中低纬度海区，大洋的西岸是暖流，大洋的东岸是寒流；而在北半球中高纬度，大洋的西岸是寒流，大洋的东岸则是暖流。

教师讲述：通过以上读图分析，我们已经了解了世界洋流的分布规律，那么为什么会形成这样的分布规律呢？下面我们就一起来探究其中的原因。（指导学生先画图，再讲“理”）

学生活动：在黑板上画出全球风带图，并注意各风带的纬度位置。

教师提问：我们将全球风带图和洋流模式图进行对比，能不能找到洋流的成因与全球风带的关系？

学生回答：盛行风是海水运动的主要动力。

教师提问：南北赤道暖流分别是怎样形成的？北太平洋暖流和北大西洋暖流分别是怎样形成的？南半球西风漂流又是怎样形成的？

学生回答：信风带、西风带，分别在赤道与副热带高气压带、副热带高气压带与副极地低气压带之间。北赤道暖流受东北信风的影响，海水自东向西流；南赤道暖流则受东南信风的影响，海水也是自东向西流。西风带海水向东流，北太平洋暖流和北大西洋暖流受北半球西风带的影响，海水也是自西向东流。南半球西风漂流是受中纬西风的吹拂而形成的。

学生活动：对比教材第57页图3.5《世界海洋表层洋流的分布（北半球冬季）》和第58页图3.6《全球风带和洋流模式》，找出差异。

教师提问：南极大陆周围形成了环绕南极大陆流动的南极环流，它是怎样形成的呢？在赤道附近还有一支赤道逆流，流动方向与赤道暖流相反，它又是怎样形成的呢？

学生回答：南极环流是由于极地东风的吹拂形成的。赤道逆流是赤道洋流从东向西到达大洋的西岸时受陆地阻挡，一小股回头向东形成的。

教师提问：观察对比北印度洋海区冬季和夏季的洋流方向有什么变化？为什么？

学生回答：冬季，北印度洋盛行东北季风，形成逆时针运动的大洋环流；夏季，北印度洋盛行西南季风，形成顺时针运动的大洋环流。

教师总结：我们把这种长期由于定向风形成的、方向几乎不发生改变的洋流，叫做风海流。其形成过程是盛行风吹拂海面，上层海水带动下层海水流动形成风海流。但是，在洋流运动过程中，受陆地形状和地转偏向力的作用，其运动方向会发生改变。

课堂巩固：在太平洋海区底图和大西洋海区底图上，绘出各洋流的流向，并标出洋流的名称。

课堂总结：课件展示世界海洋表层洋流的分布规律（见表1）。

表1　世界海洋表层洋流的分布规律

世界海洋表层洋流分布规律
- 中低纬度海区：形成以副热带为中心的大洋环流
  - 北半球：顺时针
  - 南半球：逆时针
- 中高纬度海区：
  - 北半球：以副极地为中心的逆时针大洋环流
  - 南半球：形成围绕南极大陆的绕极环流
- 北印度洋形成季风环流
  - 冬季：逆时针
  - 夏季：顺时针

【板书设计】

大规模的海水运动

一、洋流的概述

1.定义　　　2.按性质分类

二、洋流的形成与分布

1.形成原因　2.分布规律　3.分布名称

【教学反思】

课件播放“中国浙江舟山洋流发电”视频导入新课，能充分吸引学生注意力，调动学生的学习兴趣和积极性，培养学生崇尚科学的精神。笔者将传统教学法与多媒体辅助教学法相结合，引导学生读图分析并绘制出简图，说明洋流的分布，解释成因，突破教学重难点。在讲述世界洋流的分布规律时，笔者用了比较法，将实际中的大洋洋流分布与洋流模式图对比，北印度洋海区冬季和夏季洋流方向的变化对比，找出两者的共性和差异性，探究其形成原因，提高学生分析总结归纳问题的能力。课堂总结便于学生理解洋流的分布规律，课堂巩固便于学生进一步掌握洋流的分布情况。课堂教学效果基本达到预期目标，较好地完成了教学任务。由于本节课的教学内容较多，时间较紧，留给学生画图、探究时间少，自主学习空间没能充分展开。

《人口的数量变化》课例*

【课程标准】

分析不同人口增长模式的主要特点及地区分布。

【教学目标】

(1)知识与技能:理解人口自然增长率的概念,能据图说出世界各大洲人口自然增长的地区差异,了解人口基数对自然增长率、人口增长绝对数量的影响。掌握三种人口增长模式的名称和特点,能利用人口增长图表,判断一些国家所属的人口增长模式及其转变。培养良好的读图习惯、方法和技巧,提高从地图中获取知识的能力。

(2)过程与方法:通过图表资料的分析,了解目前世界人口数量庞大,并且还在不断增长的状况。利用相应的资料,阐明人口自然增长与自然增长率的关系,以及自然增长率与出生率、死亡率的关系。利用图表分析法、比较法,引导学生概括世界人口在不同时期的变化特点和同一时期不同地区人口增长的差异,理解相应国家不同的人口政策。借助图表、案例分析和讨论,理解人口增长模式的含义,认识不同人口增长模式的特征差异,启发学生阐释不同人口增长模式的形成、转变。

(3)情感态度与价值观:帮助学生树立正确的人口观,可持续发展观;进一步培养学生具体问题具体分析、从发展的角度看待问题的辩证唯物主义世界观;进一步加深学生对我国计划生育基本国策的理解。

* 本文系人教版高中地理必修二第一章第一节课例。

【教学重难点】

(1)教学重点:理解人口数量增长在时间和空间上的差异及其成因。理解三种人口增长模式的特点和转变的原因。培养学生良好的读图习惯,提高学生从地图中获取知识的能力。

(2)教学难点:人口增长模式的转变。比较两种“低增长率”的人口增长模式的本质区别。

【教学方法】

讨论法、比较法、材料分析法。

【教具】

多媒体课件。

【课时安排】

2课时。

【教学过程】

导入新课:

师生互动一:同学们有没有发现自己居住地周围人口与以前相比有什么变化?(设计意图:学生寒假归来的第一节课,从春节和师生平常的对话导入新课,显得自然亲切,能很快地把学生引入本节课的教学,激发他们的学习兴趣。)

学生回答:(略)。

教师讲述:很多同学都感觉到了人口数量上有所变化,有变多的,有变少的。那么是什么引起这样的变化,这样的变化对我们的过去、现在和将来已经产生、正在产生和将要产生怎样的影响,我们又该如何去面对呢?带着这些问题,我们开始学习本节课的内容。

一、人口的自然增长

师生互动二:课件展示教材图1.1《世界70亿人口日》,大家在图片中看到了什么?(设计意图:由教材中的图片入手,有助于引起学生的注意,并让学生清晰地意识到人口问题的严峻。)

学生回答:2011年10月31日,成为象征性的全球第70亿成员之一的婴儿在菲律宾降生。

教师提问:为什么这个小孩的出生,社会如此关注?

学生回答:因为他的降生意味着世界人口增长到了创纪录的70亿。

教师讲述:是的,这个小孩的出生意义重大,据说他很荣幸地成了"世界公民",可以享受许多优惠待遇。世界人口不断增长,目前已经达到了相当庞大的数量,并且这个数字还在以每年7000多万速度在继续增大。

1.人口数量变化在时间上的不匀速性

师生互动三:引导学生理解人口的自然增长由人口基数及自然增长率决定,而自然增长率由出生率、死亡率决定。(设计意图:针对人口自然增长和自然增长率提出一些相关问题,并通过实例和活动帮助学生充分理解概念。)

教师讲述:(通过实例及问答的方式使学生掌握出生率、死亡率以及人口自然增长率的含义)人口自然增长率=出生率−死亡率。(根据教材第3页"活动",使学生得出人口的自然增长不仅与人口自然增长率有关,还与人口基数有关)人口数量的自然增长=人口基数×人口自然增长率。

师生互动四:课件展示教材图1.2《10万年以来的人口增长》和图1.3《100年来世界人口的增长》,引导学生观察人口数量的时间变化特点,并分析影响人口增长产生时间差异的原因。(设计意图:培养学生判读地理坐标图的能力,使学生能够区分不同时期人口数量增长的快慢及判断依据。)

教师讲述:人口增长的总体趋势是不断增长。影响人口增长快慢的因素是多种多样的,根本原因是生产力水平的高低,农业革命和工业革命都能促使人口的增长正说明了这个问题。

过渡:人口的数量变化不仅在时间上有差异,在空间上也是有差异的。同一历史时期的不同国家或地区,往往也具有不同的人口自然增长特点。

2.世界人口增长在空间上的不均衡性

师生互动五:课件展示教材图1.4《1950—2005年各大洲和地区人口数量的增长》。(设计意图:培养学生判读地理统计图的能力,并从中获取信息。)

教师引导学生观察人口增长的空间差异,并分析影响人口增长空间差异的因素。

课件展示教材第4页"阅读"和表1.1《世界人口最多的10个国家人口数量及

其自然增长率》,进一步验证发达国家与发展中国家人口增长在空间上的差异。

教师归纳:发达国家与发展中国家人口增长的差异(表1)。

表1 发达国家与发展中国家人口增长的差异

国家	自然增长率水平	人口增长速度	原因	今后变化趋势	典型国家举例
发达国家	较低	缓慢	社会保障制度健全,生育观念的转变等	较稳定,部分国家人口逐渐减少	俄罗斯、德国和日本
发展中国家	较高	很快	政治上的独立,民族经济的发展,医疗卫生事业的进步,人口死亡率下降	人口增长开始趋于缓慢	中国、印度和巴基斯坦

师生互动六:通过学习发达国家和发展中国家人口增长的差异,引导学生讨论分析发达国家与发展中国家各自出现的人口问题和解决对策,树立学生正确的人口发展观。(设计意图:采用问题引导法,将问题逐个分解,主要是为了帮助学生更好地理解人口增长的空间差异。)

教师归纳:发达国家——人口增长缓慢,劳动力不足,资源得不到合理开发,空间得不到合理利用;人口老龄化,个人及社会赡养负担增加,社会福利和保障面临的压力增大,国防兵员不足等。各国具体采取的人口政策不同,例如日本、意大利等国实施鼓励生育的人口政策。发展中国家——人口增长快,劳动力过剩,就业困难,失业人口增加;衣食住行、教育、医疗卫生、交通等各方面的社会开支大,压力增大,影响社会经济的正常发展,影响人们的生活质量。同时,资源需求增大,人类生产和生活产生的废弃物增多,造成资源和环境问题,人地矛盾进一步被激化。各国具体采取的人口政策不同,例如印度等国采取控制生育政策。

课堂总结:结合不同国家针对不同的人口现状所采用的人口政策,理解中国人口的计划生育和"控制人口数量、提高人口素质"政策。

二、人口增长模式及其转变

(略)

【板书设计】

人口的数量变化

一、人口的自然增长

1.人口数量变化在时间上的不匀速性

2.世界人口增长在空间上的不平衡性

二、人口增长模式及其转变

……

【教学反思】

本节主要内容有影响人口自然增长的因素,人口自然增长的时空差异,人口增长模式及其转变。为了让学生能够正确理解人口自然增长变化在时间和空间上的不同特点及其成因,笔者设计了师生互动环节,提高了教学效果。充分利用课件和教材中的图表材料,培养学生读图能力、提取分析数据信息能力,有利于学生形成科学的人口观、环境观和资源观,进一步理解我国人口政策,增强学生社会责任感。但是,教材中的图文资料有些陈旧,给教学带来一定的困惑。

《人口的迁移》课例*

【课程标准】

举例说明人口迁移的主要原因。了解人口迁移的概念、主要类型。能根据图分析不同时间段内国际、国内人口迁移的特点和意义等。学会分析人口迁移对迁入地和迁出地的影响。

【教学目标】

(1)知识与技能:能说出人口迁移的概念、主要类型及其意义。能根据图分析不同时间段内国际、国内人口迁移的特点和原因等。

(2)过程与方法:能够利用图表等资料,结合自己所学理论分析当今世界某个区域人口迁移的主要原因及其产生的影响。

(3)情感态度与价值观:运用辩证唯物主义发展观,全面认识人口的发展理论,树立正确的人口观。

【教学重难点】

(1)教学重点:人口迁移的类型及影响。

(2)教学难点:举例说明人口迁移的主要原因。

【教学方法】

案例教学法、自主探究法。

---

* 本文系人教版高中地理必修二第一章第二节第一课时课例。

【教具】

多媒体课件。

【课时安排】

1课时。

【教学过程】

导入新课:一个地区人口数量的变化除了受该地区人口自然增长率和人口基数的影响外,还有哪些影响因素?这就是今天我们要学习的内容:人口的空间变化——人口迁移。

一、人口迁移的概念

问题探究:什么是人口迁移?人口迁移与人口流动有何异同?

展示课件中"相约北大、清华""学生旅游"图片,带领学生观察图片并思考。观察第一幅图,假设我们安徽省的同学们两年半后相约北大、清华读书学习,这是人口迁移吗?再观察第二幅图,我们短期的外出游玩,这是人口迁移吗?

教师解析:读书离开家乡的大学生符合人口迁移的三个条件,是人口迁移;短暂的外出旅行,时间特征不符合,居住地也没有改变,所以不是人口迁移,属于人口流动。

教师归纳:人口迁移与人口流动的异同(表1)。

表1 人口迁移与人口流动的异同

项目	人口迁移	人口流动
概念	一段时间内(一般一年以上)人的居住地在国际或本国范围内发生改变	人口短期离开原居住地又返回的现象
共同点	空间上都发生了变化	
不同点	①必须改变居住地 ②改变居住地需持续一段时间(一般一年以上) ③必须超越一定的行政界线	①不一定改变居住地 ②不一定超越一定的行政界线 ③短期流动

教师讲述:人口迁移按照是否跨越国界可以划分为不同的类型,下面我们

就来学习人口迁移的类型。

二、人口迁移的类型

1. 人口迁移的分类

(1)国际人口迁移:指人口跨国界并改变住所达到一定时间(通常为一年)的迁移活动。

(2)国内人口迁移:指在一国范围内,人口从一个地区向另一个地区移居的现象。

例题:下列人口迁移事件中,属于国际人口迁移的是(　),属于国内人口迁移的是(　)。

A. 北宋末年,由于战争引起的中原人民大规模南迁

B.19世纪末,俄国向西伯利亚流放犯人

C. 明清时期,我国广东、福建等省的人民移居东南亚

D. 长期在我国工作的外籍工人

解析:根据概念可以判断,C、D跨越了国界线,时间超过一年,为国际人口迁移;A、B没有跨越国界线,为国内人口迁移。

过渡:在人类发展历史中,人口迁移具有阶段性特点,下面我们来学习国际和国内人口迁移在不同阶段的特点。

2. 人口迁移的特点

学生活动:观察图片(19世纪前世界人口迁移图片、二战后人口迁移图片),思考国际人口迁移不同阶段主要迁出(入)地、迁移原因、迁移特点及其影响。

教师总结:国际人口迁移情况(表2)。

表2　国际人口迁移

时间阶段	主要迁出地	主要迁入地	迁移原因	迁移特点	产生的影响
19世纪以前	欧洲、亚洲、非洲(旧大陆)	美洲、大洋洲(新大陆)	欧洲的殖民主义扩张、新大陆的开发	集团性、大批的移民为主	在客观上开发了新大陆,传播了工业文明,也改变了人种的空间分布

续表

时间阶段	主要迁出地	主要迁入地	迁移原因	迁移特点	产生的影响
二战以后	亚洲、非洲、拉丁美洲等	西欧、北美、西亚、北非等	经济发展的地域差异，迁入地区经济发展快	从发展中国家迁往发达国家；定居移民少，短期流动人口增多	调整了劳动力空间分布不均的状况，促进资源开发和经济发展

通过两个阶段对比可以得出：无论是19世纪以前，还是二战之后，始终都是人口迁出地的大洲是亚洲、非洲；始终都是人口迁入地的大洲是北美洲、大洋洲；拉丁美洲由人口迁入地变为人口迁出地，欧洲则相反。

学生活动：观察图片（中国历史上人口迁移路线图、1949年以来我国国内人口迁移的主要流向图），思考国内人口迁移不同阶段迁移原因、迁移特点及其流向。

教师总结：国内人口迁移情况（表3）。

表3　国内人口迁移

时间阶段	迁移原因	迁移特点	迁移方向
古代	农业经济的脆弱、战争、自然灾害	大批迁移	迁往自然条件较好的地区（迁出地“黄河中下游”，迁入地“长江流域、珠江流域”）
新中国成立到20世纪80年代中期	国家实行计划经济体制改革和严格的户籍管理制度	有计划、有组织的迁移	由东部迁往西北和东北；由沿海迁往内陆
20世纪80年代中期以来	改革开放政策、地区发展不平衡	迁移的流量增大，自发流动	由内地迁往沿海；由农村迁往城市

例题：

(1)关于第二次世界大战以后世界人口迁移的叙述，不正确的是(　)

A.人口主要从发展中国家流向发达国家

B.拉丁美洲继续是国际移民的主要目的地

C.发展中国家人口迁出缓解了人地矛盾

D.美国20世纪90年代经济持续发展有外来移民明显的作用

(2)新中国成立到20世纪80年代中期人口迁移的特点是(　)

A.规模小,频率高　　B.规模小,频率低

C.规模大,频率高　　D.规模大,频率低

(3)下面可能表示近年来我国民工大规模流动方向的是(　)

A.从湖南流往广东　　B.从河北流往河南

C.从新疆流往内地　　D.从湖北流往重庆

解析:(1)第二次世界大战后,拉丁美洲的人口在迁出,所以选择B。(2)从新中国成立到20世纪80年代中期,人口迁移是有计划、有组织的迁移,规模小,频率低,所以选择B。(3)近年来,由于人们追求更高的经济收入、教育水平等,由欠发达地区迁往发达地区,北京、上海、广东是主要迁入地,所以选择A。

教师介绍:美国墨西哥边境墙案例。

过渡:通过案例同学们会发现人口迁移会对区域发展产生影响,随着我国社会经济不断发展,现在人口流动和人口迁移现象很普遍。下面请同学们思考:近年来,受到经济因素的影响,安徽省有些人口迁往经济发达的沿海地区定居。这些人口迁移对迁出地(安徽省)和迁入地(沿海地区)产生的影响有何不同?

三、人口迁移的影响

教师归纳:人口迁移对迁入地和迁出地的影响。

迁入地——有利影响:提供人才和大量廉价劳动力;提高城市化和工业化发展水平,促进经济发展。不利影响:加重城市交通、住房、教育等方面的压力,影响城市治安稳定;给当地资源和环境造成压力。

迁出地——有利影响:缓解人地矛盾,改善生态环境;加强与经济发达地区经济文化交流;有利于增加居民收入。不利影响:人才外流,劳动力流失。

例题:右图是我国某省区2003—2013年人口迁移差额率变化情况图。人口迁移差额是指某一个地区在一定时期内人口迁入率与人口迁出率之差,该省区人口自然增长率大于0。

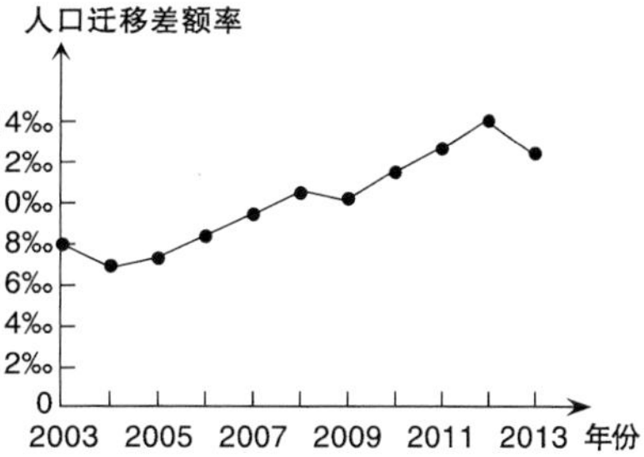

下列关于该省区在2003—2013年人口迁移及其影响的说法,正确的是(　)

A.该省区人口大量迁入,人口老龄化问题加剧

B.该省区人口流动量大,可缓解当地的人地矛盾

C.该省区获得大量劳动力,促进了当地经济发展

D.该省区人才大量外流,劳动力严重不足

解析:据图可知,2003—2013年该省区人口大量迁入,获得了大量劳动力,促进了当地经济发展,缓解了当地劳动力不足的问题和人口老龄化问题,A错误,C正确。人口大量迁入,加剧了当地的人地矛盾和环境压力,B错误。该省区人口大量迁入,引进了人才,获得了大量劳动力,D错误。

课堂小结:本节课我们学习了影响人口变化的另外一个因素——人口迁移,下面通过顺口溜来回顾总结本节内容。

人口迁移要条件,迁移流动学会判。国际国内分类显,迁移影响是关键。

迁入迁出两方面,利弊分析辨证看。

【板书设计】

人口的迁移

一、人口迁移的概念

二、人口迁移的类型

1.人口迁移的分类

2.人口迁移的特点

三、人口迁移的影响

【教学反思】

本节课主要通过实例讲解、问题思考的方法来开展教学活动,完成教学任务,突出了教师的主导作用和学生的主体作用,这也是课程标准的要求。本节课的成功之处是让学生参与到教学过程中来,经历探索发现的过程,从而发展思维,获取知识,形成技能。本节课内容较简单,但是要将引起迁移的原因全部区分清楚还是有一定的困难,因此,本节课需改进之处是在完成教学任务后,应该安排学生多做练习。

《影响人口迁移的因素》课例*

【课程标准】

举例说明人口迁移的主要原因。通过案例分析,归纳出影响人口迁移的因素。能够根据图文信息,说明影响某地区某时期人口迁移的主要原因。

【教学目标】

(1)知识与技能:掌握影响人口迁移的主要因素,利用图表等资料,分析说明某地区或某时期人口迁移的主要原因。提升对生活中地理现象的分析能力,培养人地协调观等地理核心素养。

(2)过程与方法:通过对事实材料的分析、图片信息的解读,理解人口迁移的影响因素。培养利用地理事实分析问题、归纳总结规律及地理知识迁移应用的能力。

(3)情感态度与价值观:通过典型案例的阅读,增强民族自豪感和自信心,激发学生的学习兴趣。运用辩证唯物主义发展观,全面认识人口的发展理论,树立科学的人口观。

【教学重难点】

(1)教学重点:举例说明影响人口迁移的因素。

(2)教学难点:运用资料说明某地区或某时期人口迁移的主要原因。理解经济因素对人口迁移的影响。

* 本文系人教版高中地理必修二第一章第二节第二课时课例。

【教学方法】

案例教学法、探究学习法。

【教具】

多媒体课件。

【课时安排】

1课时。

【教学过程】

导入新课:以人口迁移“闯关东”导入影响人口迁移的因素。

“关东”是指山海关以东的辽宁、吉林、黑龙江东北三省地域。从清朝初期至新中国成立之前,由于自然灾害、战乱等原因,迫于生计的大批华北穷苦百姓或从天下第一关——山海关,或从渤海湾分陆海两路闯荡到地域辽阔、资源丰富的东北大地谋求生存。在这股移民大潮中,山东人占绝大多数,先后有2000万山东人踏上关东大地。这种历史罕见、规模巨大的移民现象,被称为“闯关东”。

学生思考:人们为什么要远离故土迁移到异地他乡呢?

教师讲述:从材料中我们可以看出,山东等地自然灾害、战乱、人多地少等不利因素产生了推力,迫使人们迁出,而关东地区地广人稀、土壤肥沃等有利因素形成了拉力,吸引人们迁入。所以,一般认为人口迁移是推力和拉力共同作用的结果。人口迁移是人们对特定环境中一系列自然、经济和社会因素的综合反应。下面,我们一起学习自然因素对人口迁移的影响具体体现在哪些方面。

一、自然因素

课件展示2010—2018年美国东北部地区的许多城市人口大量迁移至南部图片。

学生通过阅读材料,归纳2010—2018年美国东北部人口大量迁移到南部的影响因素。

教师总结:气候直接影响人们的身体,并通过影响人的生产、生活而影响人口迁移。

过渡:我们都知道水是生命之源,那么淡水资源的分布是如何影响人口迁移的呢?

课件展示塔里木盆地南缘现代绿洲与废弃绿洲空间位置的变化。

学生思考:塔里木盆地南缘现代绿洲与废弃绿洲相比空间位置有什么变化? 造成这种变化的影响因素是什么?

教师讲述:荒漠化使绿洲不断向河流上游方向迁移。淡水的分布及其变化,在很大程度上决定了人类生产、生活的空间布局,从而决定着人口迁移的方向和规模。

过渡:我们常说民以食为天,人口迁移除了考虑为什么迁,还要考虑迁到哪里,尤其是农业社会时期,地广人稀、土壤肥沃的区域常常成为人口迁入区。例如:东北平原是我国最大的平原,地广人稀,土壤肥沃,很多土地得不到开发,因此大量山东人奔赴东北去开荒谋生。土壤是影响农业生产发展的重要条件,对农业生产有着重要意义,因而也是影响人口迁移的一个重要因素。

学生思考:目前,黑土还是东北地区吸引人口迁移的拉力因素吗?

教师讲述:不是,东北地区是我国人口老龄化比较严重的地区。近10年来,东北劳动力人口负增长情况严重,人口形势堪忧。所以,大家要明白一个区域吸引人口迁入的吸引力可能会因环境或个人价值观的变化而变化。

过渡:东北地区除了众所周知的肥沃黑土外,还有丰富的石油资源。

课件展示大庆市的图文资料。

大庆是位于东北黑龙江松嫩平原的一个“石油城”。据说“大庆”地名源于新中国成立10周年的庆典。大庆市,是伴随大庆油田的开发而兴起的。那里原是滨州(哈尔滨至满洲里)铁路线上一个叫萨尔图的小站,几幢站房,四周尽是些沼泽和不长青草的碱滩。

学生思考:大庆市形成的主要因素是什么?

教师讲述:矿产资源是制造业的基础。矿产资源的开发,制造业的发展会提供更多的就业机会,就会吸引人口迁入。

过渡:以上是影响人口迁移的主要自然因素,那么还有没有其他自然因素引发人口迁移呢? 课件展示非洲大旱图片。

学生思考:非洲撒哈拉地区国家的旱灾如此严重的原因是什么?

教师讲述:在很大程度上,旱灾是人类忽视土地和森林保护、过度种植、随意放牧、乱砍滥伐造成的恶果。大自然是人类赖以生存和发展的物质基础和环境条件，生态环境的灾害性变化也会使人口被迫发生迁移。例如，20世纪80年代非洲撒哈拉地区的大旱造成成千上万的环境难民。所以说，旱涝、地震、火山喷发等自然灾害有时也会促使人口的迁移。

过渡：经济因素对人口迁移的影响是多方面的，其中经济发展、交通和通信等是主要影响因素。不论是过去几个世纪具有历史意义的人口向新大陆迁移，还是如今人口频繁地从欠发达地区向发达地区迁移，人们都是为了寻求更多的改善物质生活条件的机会，获得更好的经济待遇，改善个人及家庭生活。

二、经济因素

课件展示2011—2018年中国常住人口年均增量分布图，引导学生分析。

学生思考：我国人口迁移的新趋势"3 + 6"格局正在形成，其原因是什么？

教师讲述：我国人口迁移新趋势"3 + 6"格局正在形成。从2010年以后全国人口流动趋势来看，东部粤港澳和海西、长三角、京津冀和山东半岛三大区域仍是人口主要流向地，而中西部人口增长以核心城市为主，全国整体形成"东部三大区域（粤港澳和海西、长三角、京津冀和山东半岛）+六大中西部核心城市（重庆、郑州、武汉、成都、长沙和西安）"的人口增长格局。粤港澳和海西、长三角、京津冀和山东半岛成为三大人口集聚区域是因为这三大区域经济起步早、先发优势明显，一直是人口流入较为集中的区域。中西部地区早期人口流出较多，但近年来随着产业向中西部转移，核心城市就业岗位与收入水平提升，对周边区域吸引力进一步凸显。概括起来，形成这种新趋势的原因是迁入地区经济发达，就业机会多，收入高，生活水平高，医疗教育条件好，基础设施更加完善，这些地区的整体人口吸引力较强。

过渡：随着经济的发展，人口迁移的规模越来越大，范围越来越广，除了受经济发展水平差异的影响，还受什么因素影响？

三、社会因素

课件展示航空运输和高铁的图片，启发学生理解交通的高速化对人口迁移的影响。

教师讲述：交通的发展相对地缩小了地区之间的距离，减少了妨碍人口迁移的各种困难，从而促进了人口迁移。通信的发展让人们可以更加及时快捷获取更多就业机会，也促发了人口迁移。

学生思考:远嫁现象越来越多体现了哪个因素对人口迁移的影响?

教师引导学生分析:联系身边的故事进而通过生活中的案例理解婚姻对人口迁移的影响。婚姻是影响青年人迁移的重要因素。家庭因素对未成年人(父母带着孩子迁移)、老年人(老年人跟着子女迁移)的迁移起着重要作用。

过渡:同学们在未来的两三年内也可能会成为迁移大军中的一员。

学生思考:你理想的大学是哪一所大学?

教师讲述:文化教育因素对人口迁移的影响越来越明显,文化教育的发展改变了人的生活态度和生活期望,也改变了人们认识外部世界的态度,从而促进了人口迁移。

过渡:人口迁移会不会受到国家政策影响呢?

教师讲述:2015年年初,俄罗斯政府计划将无偿发放远东地区(乌拉尔山以东)的土地给俄罗斯公民,主要从事农业生产。该项政策的实施,将刺激其欧洲部分地区的人口向远东地区迁移。国家政策也是影响人口迁移的因素之一。

课件展示叙利亚孩子流浪的图片以及叙利亚战争的相关材料。

教师讲述:极限探险家张昕宇在《侣行》系列作品中写道:“我们不是生活在一个和平的年代,只是很幸运地生活在一个和平的国家! 孩子们,此刻你有何感受呢? 孩子们,我们是幸福的,请珍惜当下,努力奋斗!”通过图文材料的阅读,我们知道在特定的环境下,宗教、战争、社会变革也会成为影响人口迁移的因素。

过渡:以上是社会因素对人口迁移的影响,那么个人对生活或职业需求的变化会不会影响人口迁移呢?

学生阅读:课件展示西湖大学校长施一公先生的相关材料。他曾是北京清华园的才子,是美国普林斯顿大学生物学系建系以来最年轻的终身教授。然而,他放弃了千万美元的研究资金,和海外已经获得的丰厚待遇,弃美归国。

学生思考:影响施一公先生回国的原因是什么呢? 经济因素是影响他回国的主导因素吗?

教师讲述:相信大家都能感受得到施一公先生毅然回国那份深沉的爱国热情,当然也有个人对生活或职业需求的变化因素的影响。在某种特定的时空条件下,任何一种因素都有可能成为人口迁移的决定性因素。

课堂总结:(课件展示本节课的思维导图)人口迁移主要受自然环境因素、经济因素、社会因素的影响,随着科技的发展、社会的进步,经济因素和文化因素对人口迁移的影响越来越明显。在某种特定的时空条件下,任何一种因素都有可能成为促使人口迁移的决定性因素。

【板书设计】

影响人口迁移的因素

一、自然因素

二、经济因素

三、社会因素

【教学反思】

对于高一学生来说,达成“利用资料分析说明某地区或某时期人口迁移的主要原因”这个学习目标还是有一定难度的,教师要精心选取典型案例,选取生活中的案例,提升学生的课堂参与度,注意激发学生关注生活中地理知识的兴趣。

《不同等级城市的服务功能》课例*

【课程标准】

联系城市地域结构的有关理论，说明不同规模城市服务功能的差异。（结合上一节内容“城市地域结构”，对比不同等级城市在空间上的地域组合城市体系，并通过对身边城市的认知，结合生活实践理解城市等级划分的标准，认识不同等级城市的服务种类、级别和范围，对比服务功能的差异，并能够对城市规划、布局等实践提供依据。）

【教材分析】

在空间上，不同等级城市因其服务功能的差异，形成了不同等级城市在空间地域上的组合——城市体系，以及城市体系内部不同等级城市的分布规律——层层嵌套；在时间上，同一个城市的等级和服务范围也会发生变化，为第三节的内容做铺垫。整体内容相对简单，与生活实践的联系和应用相对紧密，学生比较容易理解和掌握。教材内容的选择上，通过“活动”“阅读”“读图思考”“案例”，充分体现了课本知识要联系社会实际，以提高学生思考、分析问题的能力，充分发挥学生的主体作用，同时提醒了教师们应该更多地参照学生生活经验，选取合适的材料或者案例进行分析，从而取得很好的教学效果。

【学情分析】

高一学生能够理解城市大小、级别的差异，也有能力独立思考和合作讨论分析图表数据所表达的现象，但对城市的服务职能并没有系统学习，无法形成一定的知识网络。因此，教师在教学过程中要基于学生现有认知，更多地引导

* 本文系人教版高中地理必修二第二章第二节课例。

和鼓励他们预习、阅读和自我思考总结，找出城市服务功能的不同，得出与此城市等级变化相关的因素。

【教学目标】

(1)知识与技能：了解城市等级的划分依据，理解我国与其他国家等级划分标准的差异；理解城市服务范围的含义，明确不同等级城市服务功能的差异。

(2)过程与方法：通过对部分城市的分析，掌握影响城市等级变化的因素，提升学科理论联系实践的能力；通过分析德国南部城市等级体系的启示，理解克里斯泰勒的中心地理论的形成过程，培养学科综合思维。

(3)情感态度与价值观：通过理论学习，分析现实生活中的案例，培养地理学习兴趣；结合家乡发展，为家乡城区发展献计献策，培养正确的人地协调观。

【教学重难点】

(1)教学重点：不同等级城市的服务种类、级别、范围；影响城市等级和服务范围的区位因素。

(2)教学难点：城市六边形服务理论的形成过程。

【教学方法】

讲授法、演示法、启发法。

【教具】

多媒体课件。

【课时安排】

1课时。

【教学过程】

导入新课：城市有大小之分，我们向往城市，因为城市能够为我们提供不同的服务，作为中学生的我们，在寻求日常服务时，应该选择哪些城市呢？

一、城市的不同等级

1. 划分依据

城市等级划分的主要指标是城市人口的规模。

2. 等级划分

教师讲述：不同的国家和地区的疆域、人口、经济发展程度和城市化水平各不相同，因此对城市人口规模和城市等级划分标准不尽相同。

我国城市的等级划分：小城市——20万人口以下，中等城市——20万—50万人口，大城市——50万—100万人口，特大城市——100万人口以上。

学生活动：结合教材表2.1和图2.10，引导学生完成探究活动1；对比枣强镇、衡水市、石家庄市等城市相关数据，解决服务选择等问题。

二、德国南部城市等级体系的启示

教师讲述：城市的服务种类、服务范围是与城市等级相对应的。在同一个区域中，城市的空间分布也与城市的等级密切相关。这些不同级别的城市空间组合，就构成了一个地区的城市等级体系。

学生活动：分析我国华北地区的城市体系后，分析教材图2.12《德国南部及其周围的城市体系》，思考问题。

(1)图中的城市共有几个等级？

(2)不同等级城市的数目与城市级别有什么关系？

(3)不同等级城市的分布与城市级别有什么关系？

(4)试解释为什么会形成这种关系。

过渡：德国中小城市特别发达，德国约有85%的人口居住在城市，人口分布比较均匀。从其城市等级可以看出城市的等级与空间分布的关系，进而分析出城市空间形态分布的不同会影响各自服务范围。为什么会形成这种关系呢？我们能够透过其分布模式得到什么启示呢？

1. 城市六边形服务范围的形成

学生活动：读教材图2.13《城市六边形服务范围的形成》，完成教材探究活动2“城市六边形服务范围的形成”。

教师讲述城市六边形服务范围的形成过程：①当某一货物的供应点只有少数几个时，为了避免竞争，获取最大利润，供应点的距离不会太近，它们的服务范围都是圆形的。②在利润的吸引下，不断有新的供应点出现，原有的服务范围会因此而缩小，这时，该货物的供应点出现饱和。每个供应点的服务范围仍然是圆形的，并彼此相切。③相切圆之间会存在空白区，这里的消费者如果都选择最近的供应点来寻求服务的话，空白区又可以分割成三部分，分别属于三个离其最近的供应点，这样圆形就变成了六边形。

2. 城市六边形服务嵌套理论

学生活动：读教材图2.14《城市服务范围的嵌套》，完成教材探究活动3“城市服务嵌套理论”。

教师讲述城市六边形服务嵌套理论：当不同级别的城市出现，各个级别城市的服务范围就会层层嵌套，这就是学者在研究德国南部城市的基础上，总结出的城市六边形服务嵌套理论。

过渡：我们通过对我国华北地区城市群和德国南部城市等级体系的分析，就能够总结出城市等级与服务范围、服务种类等的关系。

三、城市等级与服务范围、服务种类等的关系

教师讲述：小城市城市级别低，服务种类少，服务范围小，城市数目多，城市间距离近；大城市城市级别高，服务种类多，服务范围大，城市数目少，城市间距离远。

过渡：我们在横向空间上对比了不同城市等级、服务、分布等的关系，那么，就同一个城市而言，在纵向时间上，城市的等级和服务种类会发生变化吗？

四、城市等级和服务范围的变化

学生活动：读教材图2.11《上海市的地理位置示意》和文字材料，完成探究活动4“上海市城市等级的变化”，思考哪些条件促进了上海市城市等级的提升。

学生回答：上海市位于我国南北海岸线的中点以及长江的出海口，地理位置优越，对内对外联系便利；有京沪、沪杭铁路通过，交通便捷；位于长江三角洲的东南端和太湖流域的下游，有广阔、平坦的土地，农业发达，可以为城市提供大量农副产品。

教师总结影响城市等级的地理条件：地理位置、交通条件、资源条件等。结合我国交通网的布局和我国煤炭资源的布局，强化学生对城市区位因素及其变化的认识和理解。

【板书设计】

不同等级城市的服务功能

一、城市的不同等级

二、德国南部城市等级体系的启示

三、城市等级与服务范围、服务种类等的关系

四、城市等级和服务范围的变化

【教学反思】

在课程导入内容的选择上，笔者选择学生生活的城市作为导入对象，明确城市的等级大小差异和服务种类等的差异，提出问题；在课程内容的结构上，以城市的时间和空间差异两条主线，分析了城市在空间上的差异和时间上城市等级和服务范围的变化，明确了地理事物的时空尺度；最后在内容的把握上，紧扣教材内容和主题，对学生进行了深入浅出的引导。

《农业的区位选择》课例*

【课程标准】

分析农业区位因素,举例说明主要农业地域类型特点及其形成条件。

【教学目标】

(1)知识与技能:区位的含义,农业区位选择的主要因素,农业地域的概念、类型。

(2)过程与方法:根据景观图分析区域差异,得出农业区位的影响因素。尝试从本地农业生产实际出发,发现问题、分析问题。

(3)情感态度与价值观:激发学生探究地理问题的兴趣和动机,养成良好的学习习惯。

【教学重难点】

(1)教学重点:影响农业区位选择的因素,包括自然因素和社会经济因素。农业区位的社会经济因素是不断发展变化的,我们应以发展的观点看待问题。

(2)教学难点:如何对农业生产进行区位选择,做到因地制宜、合理布局。

【教学方法】

案例分析法、问题讨论法。

【教具】

教材插图、多媒体课件。

---

* 本文系人教版高中地理必修二第三章第一节课例。

【课时安排】

2课时。

【教学过程】

导入新课：所谓“民以食为天”，“食”是和农业紧密联系在一起的。那么什么是“农业生产”？

学生回答：农业生产是人类有意识地利用土地的自然生产力，栽培植物或饲养动物，以获得所需要的食物和其他物质资料的经济活动。

教师指导：读教材图3.1《泰国湄南河平原的水稻种植》和图3.2《澳大利亚牧场》，分析泰国湄南河平原的水稻种植和澳大利亚牧场为什么不同，并思考什么是“区位”。

一、区位的含义

学生讨论：泰国湄南河平原的水稻种植和澳大利亚牧场的农业景观不同，主要是它们所处地理位置和自然条件不同所造成的。这也说明两者的区位不同。

地区	图中信息	引申信息	经营方式
湄南河平原	湄南河平原地区人力耕种的水稻田，地势低平，红色土壤	气候湿热，机械化程度低	人力耕种的水稻田
澳大利亚牧场	澳大利亚牧场上放养的羊群，青草茂密，远处有树林	地势平坦，降水相对较少	牧场

教师归纳：农业的区位有两层含义：一是指农业生产所选定的地理位置，例如泰国的水稻种植业分布在湄南河平原等地，澳大利亚的牧羊业分布在东南部等地；二是指农业与地理环境（包括自然环境和社会环境）各因素的相互联系，这些因素就是农业的区位因素（见教材图3.3《影响农业区位选择的主要因素》）。农业的区位选择，实质就是对农业土地的合理利用。那么哪些因素影响农业的区位选择呢？

二、农业的主要区位因素

教师：指导学生读教材图3.3《影响农业区位选择的主要因素》，思考以下问题:①影响农业区位选择的主要因素有哪些?②除图中列出的各种因素外,影响农民决策的因素还有哪些?

学生讨论回答:影响农业区位选择的主要因素有气候、地形、土壤、市场、交通运输、政策等。除以上因素外,农民的文化素质、资金情况,当地的科技发展等等对农民的决策都是有影响的。

教师评价:对,农业的主要区位因素就是气候、地形、土壤、市场、交通运输、政策等。

学生自学:完成教材第43页"活动"。

教师讲述:我们既要考虑产品种植的本身条件,还要考虑社会经济条件,如地价、产值、投入成本、市场等。这样的例子还有很多,这里就不一一列举了。

那么影响农业的自然条件和社会经济条件都是一成不变的吗?我们来阅读案例1《环地中海地区农业的发展》,并完成相应的活动题。

教师指导:案例1的第一自然段按两个线索展开,一是地中海气候区农业产品种类以及消费地的变化;二是农业区位条件的变化,其中包含人对自然条件改造的因素。第二自然段体现了区域比较的思想方法,给出了法国和西班牙两个国家主要的农业区位差异,提出了进一步思考的问题。

学生讨论回答:(略)。

教师归纳:根据以上的案例,我们可以看出影响农业的区位因素不是一成不变的。相比之下,自然因素比较稳定,而社会经济因素发展变化较快。由于地理环境的整体性,某个区位因素的变化会引起其他区位因素的变化,尤其是社会经济、文化和科技的发展,对自然环境的影响很大,进而对农业的区位选择影响也很大。

三、农业地域的形成

(1)概念:指在一定的地域和一定的历史发展阶段,在社会、经济、科技、文化和自然条件的综合作用下,形成的农业生产地区。同一农业地域内,农业生产的条件、结构、经营方式、发展方向等具有相同的特征。

(2)形成:因地制宜发展农业,合理利用农业土地的结果。由于动植物的不同地域分布,以及自然条件和社会经济条件的地域差异,世界上形成了多种农业地域类型。

四、混合农业

教师指导：阅读案例2《澳大利亚混合农业的形成》，并完成相应的“活动”。

学生讨论回答：根据澳大利亚小麦-牧羊带分布图，确定小麦-牧羊带在澳大利亚降水分布图、气温分布图和人口分布图上的位置，结合地图册中澳大利亚的地形分布图，分析说明澳大利亚小麦-牧羊带分布地区有利的气候、地形、水源等自然条件和劳动力、市场等社会经济条件。

教师归纳：混合农业主要是耕作业与畜牧业相结合的农业地域类型。澳大利亚既是世界小麦市场的主要供应国，也是世界畜产品的主要产地之一，还是世界最大的羊毛生产国和出口国。

课堂小结：本节课主要学习了有关区位和农业地域形成的基本知识，影响农业区位的自然因素和社会经济因素。通过学习，大家了解了农业的区位选择必须综合考虑多种因素，做到因地制宜、因时制宜，充分合理地利用农业土地。

布置作业：

(1)分析影响下列地区农业生产的主要自然条件或社会经济条件：古巴的甘蔗，我国河西走廊的粮棉、黑龙江省的大豆、珠江三角洲的鱼塘、上海郊区的乳牛场和养鸡场。

(2)调查分析我们日常生活中常见的一些食品主要是哪些地区生产的，并说明市场、交通运输等条件的变化对农业区位的影响。

【板书设计】

农业的区位选择

一、区位的含义

二、农业的主要区位因素

三、农业地域的形成

1.概念

2.形成

四、混合农业

【教学反思】

本节课较为系统、详细地分析了影响农业区位的自然条件和社会经济条件，通过活动使学生了解农业区位选择受多种因素制约；在发展农业时，要因地制宜、因时制宜，才能充分合理地利用土地。在教学过程中，为了让学生理解农业区位的两层含义，笔者利用教材中的图3.1《泰国湄南河平原的水稻种植》和图3.2《澳大利亚牧场》两幅图，先让学生仔细观察每幅图再进行比较，得出两者气候条件的不同。因此，学生在理解农业区位的两层含义上比较容易，掌握得不错。在具体分析农业区位因素时，笔者把教材上列举出的各影响因素，通过活动进行练习，将活动穿插在区位因素的教学过程中，让学生能自主参与到教学过程中来。先让学生分析活动，得出各影响因素，最后把所有的影响因素进行归纳。这样由现象到结论的处理，一方面能够调动学生的积极性，活跃课堂气氛；另一方面可以让学生体验到自己分析出结论的成功和喜悦，进而激发兴趣，增加自信。从后面的反馈练习中可以看出，学生理解和掌握得很好。

《以种植业为主的农业地域类型》课例*

【课程标准】

分析农业区位因素;举例说明主要农业地域类型特点及其形成条件。

【教材分析】

这节教材的编写思路是通过案例分析,了解不同地区的农业发展类型,教学过程中应注意突出这一特点。分析农业区位因素时,必须从自然因素和社会经济因素两个方面去分析,找出优势区位。亚洲的季风水田农业,重点是让学生仿照对季风水田农业地域类型的分析,自主分析、归纳季风水田农业的形成和分布,以及生产特点。因此,分析能力的迁移更显重要。教材文字内容不多,配备了大量的地图和景观图。在教学过程中,教师要充分挖掘学生提取图片信息以及分析案例的能力。

【学情分析】

季风水田农业是一种典型的以种植业为主的农业地域类型,需要较强的综合分析能力。学生到目前为止对农业区位的含义、区位因素和农业地域概况有了一定的掌握和了解,教师可以借助多媒体为学生展示有关的图片和资料,着重培养学生分析和解决问题的能力。

【教学目标】

(1)知识与技能:掌握季风水田农业在世界的分布地区。举例说明亚洲季风水田农业的主要特点。理解季风水田农业的形成条件。

---

* 本文系人教版高中地理必修二第三章第二节第一课时课例。

(2)过程与方法:学会提取地理信息。通过分析季风水田农业的形成,提高读图分析问题的能力。

(3)情感态度与价值观:通过小组合作来认识身边的地理事物,培养热爱地理学科的情感。

【教学重难点】

(1)教学重点:掌握季风水田农业主要区位因素。

(2)教学难点:归纳季风水田农业主要特点。

【教学方法】

读图分析法、启发法。

【教具】

多媒体课件。

【课时安排】

1课时。

【教学过程】

导入新课:用多媒体展示各种食物图片,引出今天的教学课题。

一、季风水田农业分布地区

多媒体展示教材图3.11《亚洲季风水田农业的形成和分布》,要求学生找出季风水田农业的分布区域。

师生归纳:主要分布在东亚、东南亚、南亚的季风气候区。

二、影响亚洲季风水田农业的区位因素

多媒体展示教材图3.11《亚洲季风水田农业的形成和分布》,提问:亚洲季风水田农业的形成与哪些因素有关?

教师提示学生从前面所学的影响农业的主要区位因素来进行分析,并指出分析农业地域类型的区位条件或区位因素,要从自然和社会经济两个方面入手。

学生回答：与地形、气候、土壤、水源、市场、交通等因素有关。

教师归纳：从自然条件看，亚洲季风水田农业主要分布在温带季风气候、亚热带季风气候、热带季风气候区域内。三种季风气候类型共同的气候特征是夏季高温多雨、雨热同期，适合水稻好暖喜湿的生长习性。亚洲季风水田农业主要分布在海拔200米以下的平原地区、沿海地区，地形平坦。这些地区土壤肥沃，多大江大河，水源充足，为水稻提供丰富的灌溉水源。从社会经济条件看，季风水田农业主要分布在人口稠密的地区。水稻种植业是劳动密集型农业，需要投入大量的劳动力，而这些地区人口稠密，满足了水稻种植对于劳动力的需求。这些地区种植历史悠久，有丰富的生产经验，还有广阔市场和政策支持。

三、季风水田农业的生产特点

多媒体展示下列材料，教师引导学生分析归纳季风水田农业的生产特点。

(1)李某家住江淮平原，全家六口人，上有两位老人，下有两个上学的孩子。李某承包了0.5公顷土地(美国一个小农场拥有15公顷土地)，农活主要由他和妻子承担。

(2)一般情况下，李某用0.3公顷田种双季稻，0.1公顷田种单季稻，0.1公顷田种其他作物。他家每年约收稻谷3800千克(双季稻产量为1050千克/0.1公顷)，其中2800千克留作家庭口粮、饲料用粮等，其余的1000千克到市场上出售。

(3)李某家与另外5家村邻共同购买了一头耕牛、一台水泵、一台电动脱粒机。其他小型农具每家自备。

(4)令李某最为头痛的是每年的水旱灾害，每当发生灾害的年份，农田的经济损失就很大。而李某又无力建设水利工程，需要政府大力投资并组织水利工程建设。

师生归纳季风水田农业特点：小农经营，规模小；单位面积产量高，但商品率低；机械化和科技水平低；水利工程量大。

【板书设计】

季风水田农业

一、季风水田农业分布地区

二、影响亚洲季风水田农业的区位因素

三、季风水田农业的生产特点：一大一小一高三低

【教学反思】

本节课讲述两个问题,一是季风水田农业的区位因素,二是季风水田农业的生产特点。笔者先让学生了解季风水田农业分布地区,为后面的教学奠定空间思维基础。第一个问题,笔者安排了学生自主探究活动,学生先自己看图,然后讨论。笔者引导学生自主寻找答案,大胆说出自己的观点,体现了先学后教的教学理念,同时培养了学生自主探究和语言表达能力。第二个问题,笔者用多媒体展示农业生产案例,让学生通过阅读材料,分析思考有关季风水田农业的几个基本问题,引导学生体会对应的季风水田农业生产的特点。这样设计的目的是让学生通过自己阅读真实情景材料,深刻体会季风水田农业的特点,让学生感悟到地理来自生产生活,服务于生产生活,感受到地理是有用的,是有趣的,是鲜活的。这节课的成功之处在于理论联系实际,整体思路清晰,简单明了。由于教学时间问题,本节课虽然设计有学生活动,但是学生自主学习和讨论探究得不够充分。

《河流的综合开发——以美国田纳西河流域为例》课例*

【课程标准】

以某流域为例，分析该流域的地理条件，了解该流域开发建设的基本内容，以及综合治理的措施。

【教学目标】

（1）知识与技能：观察地图，建立流域和水系的概念，并总结归纳出流域的基本特点。结合地图和地理图表，分析田纳西河流域开发的自然背景。了解田纳西河流域早期的开发措施和后果。培养阅读分析图表的技能，逐步形成运用基本原理综合评价地理事物的能力。

（2）过程与方法：通过田纳西河流域综合开发案例的学习，掌握流域开发建设和综合治理的一般过程和方法。

（3）情感态度与价值观：培养学生环境和资源的可持续发展观。

【教学重难点】

（1）教学重点：分析田纳西河流域开发的自然背景，分析流域早期开发的后果。

（2）教学难点：建立流域和水系的概念。

【教学方法】

启发式教学法、案例分析法、读图分析法。

---

* 本文系人教版高中地理必修三第三章第二节课例。

【教具】

多媒体课件。

【课时安排】

2课时。

【教学过程】

导入新课:教师播放河流从发源地到奔腾入海的视频,并引导:怎样才能发挥好一条河流的作用,合理开发其潜能造福人类?从流域的基本概念引出以美国田纳西河流域的综合开发治理为例,探讨如何进行流域综合开发。

一、流域

1.流域与水系

干流、支流(一、二级支流)、分水岭、河口。

2.流域的特性

(1)特殊性。每个流域的特征各不相同,有的流域适宜人类生存,先形成了人类文明。人类文明大多发源于大河流域,如尼罗河文明、两河文明、黄河-长江文明、印度河-恒河文明。

(2)整体性。流域是一种特殊类型的区域,它的各组成部分之间联系非常密切,构成一个整体。对河流进行开发利用,除要考虑河流的特殊性外,还要考虑流域的整体性特征,进行综合开发。美国田纳西河流域开发堪称这方面的成功范例。

二、流域开发的自然背景——决定河流的利用方式和流域的开发方向

一个河流流域的开发利用与其本身的自然环境有关,比如密西西比河下游地势平坦、土层深厚,适宜发展农业;而科罗拉多河,河道狭窄、落差大,适宜开发水利资源。对于田纳西河来说,厘清其流域的自然环境是避免盲目开发的首要条件。

1.田纳西河流域的基本情况

田纳西河位于美国东南部,是密西西比河支流俄亥俄河的一条流程最长、水量最大的分支,发源于阿巴拉契亚山的西坡,在帕迪尤卡附近注入俄亥俄河

(教材图3.13《田纳西河流域示意》)。

山地是河流的发源地,其生态环境直接影响河流的水量和水质,因此应保护好它的植被生态;河流是流域中开发利用的主要部分,在利用过程中要注意水资源的合理分配和水质的保护;河谷平原是人类活动比较集中的地区,因此是生态环境保护的重点。

2.田纳西河流域的自然背景

(1)地形:多山,地形起伏较大。

利:蕴藏着丰富的水力资源。弊:导致陆路交通不便(但河流航运对沟通上、下游地区之间的联系,作用十分突出)。

(2)气候:位于亚热带地区,气候温暖湿润。降水丰富,冬末春初多降水,夏秋季降水相对较少。

学生思考:田纳西河主要靠大气降水补给。根据流域的气候特征,田纳西河水量季节变化有什么特点?

教师点拨:降水丰富,年平均降水量在1300毫米左右,冬末春初多降水,夏秋季降水相对较少。

学生思考:从农业发展角度看,夏季是作物的主要生长期,需水量较大,而冬季需水量较少。田纳西河流域的气候条件对农业发展有什么影响?如何利用田纳西河的资源发展农业?

教师点拨:第一问从灌溉不足、资源浪费、农业减产等方面思考;第二问从修建水库调节径流季节分配等方面考虑。

(3)水系:

优点:水系发达,支流众多,水量丰富,大部分可通航,且通过密西西比河及其支流可通往全国大部分地区(教材图3.15《田纳西河在全国航运体系中的地位》)。缺点:由于地形起伏大,河流落差较大;水量很不稳定。

(4)矿产资源:矿产资源丰富,主要有煤、铁、铜、磷、锌、云母等。

学生思考:田纳西河水量的变化对航运有什么影响?怎样才能改善田纳西河的航运条件?

教师点拨:径流量小的季节影响航运的顺利进行,可以通过修建水库和大坝等调节河流的径流量,促进航运。

三、流域的早期开发及其后果

18世纪下半叶，该流域农业较为发达，盛产棉花、马铃薯和蔬菜；对自然环境的影响不大，整个流域环境较好。19世纪后期，流域内人口激增，开始对其进行掠夺式开发，带来一系列生态环境与发展问题。

1. 土地退化

田纳西河流域是美国的老棉花带。棉花是一种对地力消耗较大的作物，长期高强度地种植棉花，造成土地退化，致使老棉花带衰落。

2. 植被破坏

为了扩大耕地面积和获取炼铜用的木炭，大片的森林被砍伐；此外，矿山开采也破坏了地表植被。植被破坏造成水土流失，生态环境恶化。

3. 环境污染

炼铜企业大量排放高浓度的二氧化硫，形成酸雨。酸雨污染了土壤和水体，使许多生物绝迹。

学生阅读：墨累-达令河流域位于澳大利亚东南部，以亚热带大陆性干旱与半干旱气候为主，大部分地区年降水量在200—500毫米。在20世纪20—70年代，由于不合理的开发利用，流域的生态环境遭到破坏。

（1）随着农业的发展，灌溉用水不断增加。根据教材图3.16《灌溉对环境的影响》，总结灌溉对流域生态环境的影响。

教师点拨：从图3.16中可以看出，生态系统是一个整体，其组成要素是相互影响、相互制约、相互渗透的，其中某一个因素的变化，必定会引起其他诸多因素的改变。不考虑生态系统的这种关系，任意改变自然环境，最终可能会给生态环境带来灾难性的后果。图3.16中，农业需要灌溉，但灌溉引起了自然界一系列因素的变化，最终造成了对人类生存构成威胁的种种灾难：牲畜质量下降、鱼类减少、干旱地盐渍化。其实，这幅关系图还远未把许多影响表示出来。比如，湿地的减少，会造成鸟类减少；鸟类减少，会造成虫灾增多；人类如使用杀虫剂则又会加剧环境的污染；等等。

（2）阅读教材图3.17《墨累-达令河流域重要水库和灌溉区的分布》。从图中可以看出，上、中游地区截取了大量河流径流。这样做的结果是使下游水量明显减少，生态环境恶化。在极干旱时，出现海水倒灌的现象，影响河流的利用。我们从墨累-达令河流域开发过程中可以吸取哪些教训？

教师点拨：分析图3.17可知，由于降水量多的东部和东南部水库众多，拦截了大量河水，该区分布的大片灌溉区消耗了支流的大部分径流，从而汇入干流的流量大量减少；加上部分干流流经干旱的热带草原气候区和热带沙漠气候区，又消耗掉部分河水；并且下游地区属地中海气候，夏季炎热干燥，上游来水减少，必定导致河水水位下降，生态环境恶化。极度干旱时，就会出现海水倒灌现象。

从墨累-达令河流域开发的情况来看，主要是过量利用河水灌溉，使下游生态环境恶化，甚至发生海水倒灌现象。

【板书设计】

流域的综合开发

一、流域

1.流域和水系

2.流域的特性

二、流域开发的自然背景

1.田纳西河流域的基本情况

2.田纳西河流域的自然背景

三、流域的早期开发及其后果

1.土地退化

2.植被破坏

3.环境污染

【教学反思】

本节课以美国的田纳西河为例介绍流域综合开发的地理条件和开发建设的基本内容。在授课前，先回忆关于河流的一些知识点，为主要内容的学习做了铺垫。然后，借助课件和教材图像资料引导学生了解整个田纳西河流域的自然环境特征，并分析流域早期开发及其后果，使学生掌握流域开发建设和综合治理的一般过程和方法。教学过程中发现学生的区域地理知识薄弱，影响流域综合开发知识的迁移与应用。

《世界的人种》课例*

【课程标准】

说出世界三大人种的特点,并在地图上指出三大人种的主要分布地区。

【教学目标】

(1)知识与技能:说出人种的划分、世界三大人种的体质特征及主要分布地区。

(2)过程与方法:通过搜集资料,了解世界三大人种的体质特征,并能简单理解人种与地理环境之间的关系。

(3)情感态度与价值观:不同的人种共同创造了人类文明,树立科学的种族观,各种族之间一律平等。

【教学重难点】

(1)教学重点:三大人种的分布。

(2)教学难点:掌握人种特征,具有准确辨识各人种的能力。

【教学方法】

比较法、读图分析法、讲解法。

【教具】

多媒体课件。

---

*本文系湘教版初中地理七年级上册第三章第二节课例。

【课时安排】

1课时。

【教学过程】

导入新课：近些年来，在全球一体化的背景下，世界上不同国家和不同地区的人们彼此间在政治、经济、文化、教育、医疗、体育等很多方面的交流越来越密切。我们的家乡灵璧县位于皖北地区，随着改革开放政策的深入也不断与国际接轨。去年年底，我们举办了一场国际半程马拉松赛，我在现场遇到了一些国际参赛选手（多媒体展示我在比赛现场拍摄的三幅图片）。三幅图片中参赛选手最明显的差异是什么？

学生回答：最明显的差异是他们属于三个不同的人种。

这就是我们今天这节课要学习的内容：世界的人种。

一、三大人种

学生活动：观察课件展示的三位体育明星（体操王子李小鹏、网球明星莎拉波娃、篮球明星科比）照片。

学生思考：他们是什么人种？判断的依据是什么？

教师归纳：体操王子李小鹏是黄色人种，网球明星莎拉波娃是白色人种，篮球明星科比是黑色人种。判断依据是他们的肤色不同。不同人种之间除肤色不同外，还存在其他的体质特征差异，这些体质特征包括眼色、毛发、头型、脸型、身材等。其中，肤色是判断人种的最重要标志。

学生活动：小组合作讨论，观察图片中不同人种的体质特征差异并进行比较，从各小组中选出代表，完成人种体质特征归类。

归纳小结：不同人种的体质特征（表1）。

表1 不同人种的体质特征

人种	肤色	眼色	毛发	头型/脸型	身材
黄色人种	黄色或黄棕色	棕色	又黑又直	脸型宽平，鼻梁中等高度	中等
白色人种	白色或浅棕色	比较浅	发色比较浅，呈波浪状	鼻梁细高，嘴唇较薄	比较高大
黑色人种	黑棕色	黑棕色	头发卷曲	鼻形扁平，嘴唇较厚，下巴较低	四肢较长

二、人种的体质特征与生活环境的关系

学生活动：观看课件中的《世界三大人种的形成》视频。

学生思考：人类为什么在外貌上会有这么大的差别？人种体质特征的形成与生活环境有什么关系？影响人种体质特征形成的主要因素是什么？

教师归纳：通过刚才的视频，我们了解了人种的形成与地理环境息息相关，不同人种的体质特征主要是适应地理环境后逐步形成并稳定下来的。黄种人居住在温带，气温和太阳辐射适中，皮肤呈黄色，鼻子中等；白种人居住在太阳辐射较弱、气候相对寒冷的地区，所以皮肤白，鼻子高而窄；黑种人居住在太阳辐射强、气温高的热带地区，所以皮肤黑，毛发卷曲。因此，人种肤色大致由赤道向两极逐渐变浅，主要与各地太阳辐射强度相关。

学生讨论：人种有没有高低贵贱之分？

师生归纳：人种不存在高低贵贱之分，各人种都是平等的。正是鉴于这种平等尊重，不同人种之间通婚，形成了混血人种。

三、三大人种的分布

过渡：既然人种的形成与地理环境有关，那么人种是如何分布的呢？

学生合作探究：读教材图3–7《世界三大人种分布及其特征》，完成表2。

表2 世界三大人种分布

人种	主要分布地区
黄色人种	亚洲东部，美洲和北冰洋沿岸
白色人种	欧洲，北美洲，非洲北部，亚洲西部和南部，大洋洲
黑色人种	非洲的中部和南部，美洲

学生思考:黑种人的故乡在非洲南部,南、北美洲为什么也分布有一定数量的黑色人种?

课堂小结:通过本节课的学习,我们了解了世界三大人种的划分依据,以及三大人种的分布和影响人种形成的主要因素。不同人种都在为世界的发展做贡献,请大家课后搜集三位著名人物的相关资料,看看他们对祖国对世界做出了哪些贡献?我们青少年要向他们学习,做一个对祖国、对世界有用的人。

【板书设计】

世界的人种

一、三大人种

二、人种的体质特征与生活环境的关系

三、三大人种的分布

【教学反思】

本节课主要是要求学生通过读图了解世界三大人种的划分依据、特点及各自的分布地区。新课导入,笔者用家乡的一场国际半程马拉松赛,激发学生学习兴趣。围绕世界三大人种的特征、分布地区等问题,引导学生利用课本插图、课件图片和视频等,采用合作讨论、比较分析的方式来掌握相关知识点,通过对人种体质特征与生活环境的关系的学习,引导学生树立正确的种族价值观,各民族一律平等。本节课的教学体现了课程标准"学习对生活有用的地理,改变学生地理学习方式"的基本理念。

《南亚》课例*

【课程标准】

(1)运用地形图和地形剖面图,描述某一地区地势变化及地形分布特点,说出地形与人类活动的关系。

(2)运用地形图说明某一地区主要河流概况,以及河流对城市分布的影响。

(3)运用图表说出某一地区气候的特点以及气候对当地农业生产和生活的影响。

【教材分析】

南亚相对于亚欧大陆其他地区来说,在自然和人文方面都呈现着独特的区域特征。本节教材包括“位置与国家”“三大地形区”“一年分三季”“宗教与社会”“人口与经济”等内容。考虑到南亚特殊的地理环境,教材在内容处理上运用地形图和地形剖面图,归纳该地区地势及地形特点,解释地形与当地人类活动的关系;运用图表说明某地区气候的特点及气候对当地农业生产和活动的影响。这样突出了自然要素与人文要素之间的密切联系和相互影响。

【教学目标】

(1)知识与技能:了解南亚的地理位置和范围,能在图上填出南亚的国家和主要城市。掌握南亚三大地形区的分布,能分析地形与河流分布的关系。了解南亚的热带季风气候的特点,学会分析西南季风对降水以及农业的影响。知道南亚是世界古文明发源地之一,也是佛教和印度教的发源地。了解南亚的人口分布、工农业的生产特点。

---

* 本文系湘教版初中地理七年级下册第七章第二节课例。

(2)过程与方法:培养从地图上获取地理知识的能力,以及从课外书籍上获取地理知识的能力。

(3)情感态度与价值观:了解中国主要邻国的知识。了解南亚是世界古文明发源地之一,也是佛教和印度教的发源地,以及宗教对南亚各国的影响。增强环境意识。

【教学重难点】

(1)教学重点:掌握南亚三大地形区的分布,并能在图上填绘出南亚主要的山脉、平原、高原、河流。读图分析印度河和恒河的发源地、流向、流经国家、注入的海洋等特征。了解南亚的热带季风气候特点,学会分析西南季风对降水以及农业的影响。了解南亚是世界古文明发源地之一,也是佛教和印度教的发源地,从及宗教对南亚各国的影响。

(2)教学难点:了解南亚的热带季风气候特点,学会分析西南季风对降水以及农业的影响。

【教学方法】

读图分析法、合作探究法。

【教具】

多媒体课件。

【课时安排】

2课时。

【教学过程】

导入新课:课件播放电视剧《西游记》主题曲《敢问路在何方》。唐僧师徒一路西行,前往印度等地取经,而印度这个国家就位于我们要学习的南亚地区。

一、范围和位置

自主探究:课件展示教材图7-11《南亚国家和地区分布》,了解南亚地区的范围和位置特点。

教师归纳：南亚位于亚洲南部，从纬度和五带看，南亚主要位于10°N—30°N，大部分属于热带地区。南亚大体位于喜马拉雅山和印度洋之间，是印度洋东、西航运的必经之地。南亚有七个国家，“海上斯与马，内陆尼和不，临海孟印巴，相邻有四国，尼不印和巴”。

学生活动：阅读南亚次大陆，讲述南亚“次大陆”的含义和“南亚”的区别。

过渡：南亚的大门已经向我们敞开，下面我们一起来学习南亚的地形。

二、三大地形区

课件展示：教材图7-12《南亚地形分布》。

学生活动：南亚自北向南依次分为哪三大地形区？说出各地形区的名称，并找出南亚的印度河和恒河。

师生归纳：南亚北部是绵延高耸的喜马拉雅山，狭长崎岖；中部是印度河平原和恒河平原，面积广阔，略成弧形；南部是德干高原，西部略高，东部略低，起伏平缓。

合作探究：南亚的河流和地形之间有怎样的关系？引导学生在图上画出南亚的两条河流，并判断河流的发源地、流向和注入的海洋。

自主学习：教材第42页“绘制地形剖面图”。

过渡：地形不仅影响河流的流向，对气候也有影响，下面让我们一起探究南亚的气候。

三、一年分三季

课件展示：教材图7-17《南亚气候类型分布》。

自主探究：南亚主要的气候类型、南亚气候的特征及形成原因。

师生归纳：南亚主要的气候类型是热带季风气候。南亚大部分处于10°N—30°N地区，多属热带，北面有高山阻挡亚洲中部的冷气流侵入，故即使在冬半年，气温也比同纬度地区高。11—2月，太阳直射南半球，北半球是冬半年，受东北季风影响，气温较低，故称之为凉季；3—5月，随着太阳直射点的北移，太阳辐射越来越强，西南季风尚未来临，高温少雨，故称之为热季；6—10月，该地受从印度洋吹来的湿润的西南季风影响，降水多，故称之为雨季。

课件展示：《南亚农作物分布图》。

自主探究：从地形看，小麦、棉花、水稻、黄麻各分布在哪里？南亚气候对农业生产有什么影响？

师生归纳：水稻主要分布于东北部、半岛沿海、孟加拉国西部，因为水稻需要较多的水，上述地区降水充足，且地形以平原为主。小麦主要分布于德干高原西北部、恒河上游，降水较少，而小麦耐旱能力强。棉花主要分布于德干高原西部，这里地势平缓，降水较少，日照充足。黄麻主要分布于恒河下游和三角洲地区，这里地势低平，气候湿热。

过渡：唐代高僧玄奘到南亚取经。

四、宗教与社会

自主探究：南亚是哪些宗教的发源地？南亚各国信奉什么宗教？

师生归纳：南亚是佛教和印度教的发源地。斯里兰卡和不丹主要信奉佛教，印度和尼泊尔主要信奉印度教，巴基斯坦、孟加拉国和马尔代夫等国主要信奉伊斯兰教。

五、人口与经济

自主探究：南亚的人口在数量和分布上有什么特点？南亚各国属于什么经济性质的国家？印度工业发展的特点是什么？

师生归纳：南亚是世界人口分布密集地区之一，总人口约15.4亿（2009年），约占世界总人口的1/5。南亚各国都是发展中国家。印度是南亚经济发展最快的国家，近年来印度的信息技术、生物技术以及航天航空等高科技产业发展迅速。

【板书设计】

南亚

一、范围和位置

二、三大地形区

三、一年分三季

四、宗教与社会

五、人口与经济

【教学反思】

本节课通过熟悉的《西游记》主题曲导入，激发和调动了学生的学习兴趣，多媒体课件中展示相关图文资料，能够让学生直观获取地理知识。教学过程中体现了自主探究、合作交流的教学方法，但是很难真正掌握学生的学习动态。课堂教学的趣味性、教学内容的主次以及学生学习的自觉性十分重要，需要进一步加强。

《西亚》课例*

【课程标准】

(1)在地图上找出某一地区的位置、范围、主要国家及其首都,读图说出该地区地理位置的特点。

(2)运用图表说出某一地区的气候特点以及气候对当地农业生产和生活的影响。

(3)运用地图等资料,指出某一地区对当地或世界经济发展影响最大的一种或几种自然资源,说出其分布、生产、出口等情况。

【教学目标】

(1)知识与技能:认识西亚的地理位置,理解西亚地理位置的重要性。了解西亚的自然地理环境,比如地形特征、气候特征、主要河流等。知道西亚居民以阿拉伯人为主,西亚的宗教特色以及与宗教有关的城市。

(2)过程与方法:认识西亚石油资源在世界上的地位以及分布特点。通过阅读石油输出路线图,了解西亚石油输往西欧、美国和日本的路线。分析自然环境与当地农牧业生产的关系,以及当地发展节水农业所取得的成就。

(3)情感态度与价值观:培养学生关注世界时事的意识。

【教学重难点】

(1)教学重点:西亚地理位置的重要性。西亚石油资源在世界上的地位、分布特点和主要产油国。西亚石油输往西欧、美国和日本的路线。

(2)教学难点:掌握西亚的主要农牧业与自然条件的关系。认识西亚石油

---

* 本文系湘教版初中地理七年级下册第七章第三节课例。

在世界经济中的地位，了解西亚石油运输到西欧、美国和日本的路线。

【教学方法】

讲授法、读图分析法、讨论法。

【教具】

多媒体课件。

【课时安排】

2课时。

【教学过程】

导入新课：观看视频《我们到底做错了什么》，认识西亚地区是一个冲突不断的地方，并引导学生思考，为什么西亚地区冲突不断，这些冲突是围绕哪些方面产生的？

一、五海三洲之地

1.纬度位置

学生思考：读教材图7-21《西亚国家和地区分布》，说一说西亚的纬度位置。

学生回答：北回归线穿过西亚南部。

2.海陆位置

学生思考：读教材图7-21《西亚国家和地区分布》，说一说西亚的海陆位置。

学生回答：西亚东部濒临阿拉伯海，西南部濒临红海，西部濒临地中海，西北部濒临黑海，北部濒临里海；西亚位于亚洲西南部，西部与欧洲接壤，西南与非洲接壤。

教师小结：因此，西亚被称为“五海三洲之地”。

3.交通位置

学生思考：读教材图7-21《西亚国家和地区分布》，说出西亚的三个战略要地。

学生回答：苏伊士运河，沟通红海和地中海（沟通印度洋和大西洋）——从印度洋进入大西洋的捷径。土耳其海峡，沟通黑海和地中海。霍尔木兹海峡，沟通波斯湾和阿拉伯海——“西方的生命线”。

学生阅读补充材料《霍尔木兹海峡》。

波斯湾又称海湾，沿岸和海底蕴藏着丰富的石油和天然气资源。波斯湾海上的唯一出口是霍尔木兹海峡。它是世界上石油运输最繁忙的海峡，平均每5分钟就有1艘油轮进出海峡。因此，霍尔木兹海峡被称为“世界油阀”。

阅读教材图7-22《古代丝绸之路示意》，认识西亚的古今交通。

西亚自古就是沟通亚洲和欧洲的陆地要冲，是重要的“丝绸之路”要冲。现在西亚除了有铁路、公路以及国际航空线连接亚洲其他地区、欧洲和非洲之外，还控制着海上交通要冲。

教师小结：西亚地区自古至今都具有非常重要的战略地位，所以成为世界热点的第一个原因是“争地”。

二、世界石油宝库

学生思考：读课件《西亚石油占世界的比例图》，说一说西亚石油资源的探明储量和产量、出口量在世界的比重，总结出西亚石油资源在世界的地位。

学生回答：西亚石油的探明储量约占世界石油总探明储量的一半以上，石油产量通常占世界总产量的1/4，西亚各国所产石油的90%供出口，出口量占世界石油出口量的3/5。西亚是世界上石油储量最为丰富、石油产量和输出量最多的地区。

学生思考：读《波斯湾及其沿岸石油主要分布地区图》，说出主要产油国。

学生回答：主要产油国家有伊朗、伊拉克、科威特、沙特阿拉伯、阿联酋。

学生思考：读教材图7-29《西亚石油海上运输线路示意》，说出路线经过的海、海峡、国家和地区。

学生回答：

(1)波斯湾—霍尔木兹海峡—阿拉伯海—印度洋—好望角—大西洋—西欧、美国。

(2)波斯湾—霍尔木兹海峡—阿拉伯海—红海—苏伊士运河—地中海—西欧。

(3)波斯湾—霍尔木兹海峡—阿拉伯海—印度洋—马六甲海峡—太平洋—日本。

霍尔木兹海峡被称为“世界油阀”“西方国家的生命线”。

学生思考：石油给西亚带来了什么？

学生回答：石油使西亚国家非常富裕，但西亚财富也导致了大量的冲突。

学生阅读：补充材料《石油输出国组织》。

石油输出国组织是发展中国家的部分石油生产国为协调和统一成员国的石油政策，反对国际石油垄断资本的掠夺和控制而建立的国际组织。它强调维护各自的和共同的利益，确保国际市场的石油价格，稳定石油生产国的合理收入，有效地、正常地向消费国供应石油。

教师小结：丰富的石油资源给西亚带来财富的同时，也带来了战争，所以西亚成为世界热点的第二个原因是“争油”。

三、干旱环境中的农牧业

学生思考：产油国石油采完后，经济出路何在？

学生回答：为实现经济来源的多样化，沙特大力发展农牧业，现在小麦、蔬菜、奶制品、禽蛋等已基本自给有余。

学生思考：读教材图7-24《西亚地形》，结合课件《西亚气候类型分布图》，找出主要河流，并说出西亚河流少的原因。

学生回答：主要河流是幼发拉底河和底格里斯河。阿拉伯半岛以热带沙漠气候为主，气候炎热，蒸发强，降水稀少，很难形成河流。

学生思考：西亚在干旱环境下如何解决缺水问题？

学生回答：开采地下水，种植耐旱耐碱作物，海水淡化技术，发展节水农业。

学生阅读：《枣椰树》和《以色列的节水农业》。

学生归纳：灌溉农业主要分布在两河平原和沙漠中的绿洲。畜牧业产品有土耳其的安卡拉羊毛、阿富汗的紫羔皮。

教师小结：为适应缺乏淡水资源的自然环境，西亚地区发展了独特的节水农业，但是并没有从根本上解决水资源短缺，所以有些国家和地区依然在因为水而发生冲突，这也是西亚成为世界热点的第三个原因——“争水”。

四、阿拉伯国家

1.国家

教师讲述：目前全世界阿拉伯国家和地区共有22个，总面积1400多万平方千米。其中，西亚国家有巴勒斯坦、约旦、叙利亚、黎巴嫩、沙特阿拉伯、伊拉克、也门、科威特、阿拉伯联合酋长国、卡塔尔、巴林、阿曼等12个。

2.宗教

展示图片,认识西亚伊斯兰教和犹太教的传统活动。

教师讲述:西亚是世界上阿拉伯人的主要聚居地区之一。西亚是伊斯兰教的发源地,也是基督教和犹太教的发源地。麦加是伊斯兰教的第一圣地,有世界上规模最大的清真寺。伊斯兰教、基督教、犹太教都把耶路撒冷奉为圣城。西亚地区宗教比较复杂,所以宗教纠纷也是西亚成为世界热点的原因之一。

课堂总结:通过这节课的学习,我们认识了西亚成为世界热点的原因有四个方面,一是西亚地处五海三洲之地,具有重要的战略地位;二是具有丰富的石油资源,成为国家间意图掠夺的目标;三是淡水资源稀缺,争夺淡水资源而导致地区冲突不断;四是宗教信仰不同。

【板书设计】

西亚

一、五海三洲之地

1.纬度位置　　2.海陆位置　　3.交通位置

二、世界石油宝库

1.储量最多、产量最大、输出量最多

2.分布:波斯湾及其沿岸

3.石油输出路线

三、干旱环境中的农牧业

1.发展灌溉农业　　2.以色列节水农业　　3.畜牧业

四、阿拉伯国家

1.国家:阿拉伯民族为主　　2.宗教:伊斯兰教、基督教、犹太教

【教学反思】

本节课通过西亚地区地理知识的学习,给学生提供分析地理问题的思维方式,学会分析西亚地区的地理位置,了解地形、气候、河流、资源等自然环境和人口、国家、宗教等社会环境,探究地理因素之间的联系,让学生对学习世界区域地理有一个初步认识。

《欧洲西部》课例*

【课程标准】

在地图上找出欧洲西部的位置、范围、主要国家及其首都，说出欧洲西部地理位置的特点。举例说出欧洲西部发展旅游业的优势。

【教学目标】

(1)知识与技能：运用地图找出欧洲西部的位置、范围、主要国家及首都，说出欧洲西部的地理位置特点。了解欧洲西部的经济特征、工业发展情况和农业特色。了解欧洲西部主要旅游资源及其分布，能分析旅游业繁荣的主要原因。

(2)过程与方法：学会阅读欧洲西部政区图、地形图、气候图。培养读图分析能力、自主学习能力和合作探究精神。学会运用地图等资料获取相关的地理信息。

(3)情感态度与价值观：通过学习与生活密切相关的地理，形成对地理学习的兴趣，增强对地理的好奇心。通过了解欧洲西部位置、地形、气候概况及对人类活动的影响，正确理解人类活动与地理环境的关系，树立正确的人地观。

【教学重难点】

(1)教学重点：欧洲西部的经济特点，欧洲西部的旅游资源及其繁荣的原因。

(2)教学难点：分析欧洲西部的经济特征、农业及工业特点。

---

* 本文系湘教版初中地理七年级下册第七章第四节课例。

【教学方法】

讲解法、读图分析法。

【教具】

多媒体课件。

【课时安排】

1课时。

【教学过程】

导入新课:课件展示欧洲西部著名的旅游景观图片。这节课我们学习欧洲西部。

一、自然环境特征

1.地理位置

学生活动:读教材图7-31《欧洲西部国家和地区分布》,说出欧洲西部的经纬度位置和海陆位置。

学生回答:经纬度位置——大部分位于20°W—30°E(东半球),35°N—70°N(北温带);海陆位置——三面临海,海岸线曲折。

2.主要国家

教师引导学生总结:欧洲西部共有30多个国家,面积约500万平方千米,大部分是发达国家,其中大部分国家都加入了欧盟。

教师讲述:欧盟即欧洲联盟(EU),会员国27个。欧盟的总部设在比利时的布鲁塞尔。

过渡:回忆第六章第一节内容,带领学生归纳欧洲西部的自然环境特征。

3.地形特征

学生活动:读教材图6-3《亚洲和欧洲地形分布》,思考欧洲西部的主要地形区有哪些,地形特征是什么。

学生回答:欧洲西部和中部分布有西欧平原和波德平原,北部分布有斯堪的纳维亚山脉,南部是阿尔卑斯山脉。因此,欧洲西部地形以平原和山地为主,中部地形平坦,山地主要分布在南北两侧。

4. 气候特征

学生活动：读教材图6-9《亚洲和欧洲气候类型分布》以及《伦敦气温曲线图》和《降水柱状图》，思考欧洲西部最典型的气候及其特点。

学生回答：欧洲西部以温带海洋性气候最为典型，气候特征是全年温和湿润。

过渡：由于独特的自然和社会环境，欧洲西部成为世界上乳畜业发达的地区。

课件展示教材第56页“活动”材料和图7-34《乳畜业生产、消费链示意》，引导学生思考：结合自然环境特征说一说，有利于欧洲西部发展乳畜业的自然条件有哪些，欧洲西部乳畜业发达的社会条件有哪些。

学生讨论回答：自然条件包括气候温凉湿润，多雨多雾，日照较少，适合多汁牧草生长。社会条件包括欧洲人口和城市集中，食物结构以乳制品、肉类为主，市场需求量大。

过渡：欧洲西部是最早出现资本主义萌芽的地区。17世纪英国科学家牛顿提出万有引力定律与牛顿力学，为现代科学发展奠定了理论基础；18世纪，英国人瓦特改良蒸汽机，标志着第一次工业革命最早自英国开始。下面我们了解一下其他产业的发展状况。

二、雄厚的经济实力

学生阅读教材第55页文字和图7-33《德国慕尼黑工业区》。

师生归纳欧洲西部的经济特征：

1. 经济发展水平居世界前列

教师引导学生阅读《2011年欧洲西部部分国家的GDP及世界排名表》《2011年欧洲西部部分国家的人均GDP及世界排名表》。表格中的数据显示欧洲西部经济水平居世界前列。

2. 德国等工业大国，生产规模大，工业部门齐全

教师引导学生阅读课件资料：慕尼黑是德国新经济中心之一，也是该国第二大金融中心，是生物工程学、软件及服务业的中心，拥有宝马、西门子、安联保险等大公司总部。

3. 根据本国的具体条件，发展有特色的产业部门

教师引导学生阅读挪威的水产和海上石油工业、瑞士的钟表工业的资料。

4.农业生产水平高,集约化程度高,种植业与畜牧业相结合

教师引导学生阅读资料:丹麦畜牧业发达,猪肉、牛肉、奶酪、黄油以及火腿、香肠等乳肉制品行销国际市场,素有“欧洲的牧场和食品库”之称。

5.庞大的现代化交通运输网

教师简单分析欧洲西部各种运输方式,以荷兰鹿特丹海港、莱茵河内河航运、欧洲高铁网和航空线为例,说明欧洲西部已形成现代化交通运输网。

6.旅游业发达

课件播放法国、挪威等地旅游观光视频。挪威陡峻幽深的峡湾,瑞士冰雪皑皑的山峰,西班牙阳光灿烂的海滩,法国景色如画的田园;“千年古都”罗马,“音乐之都”维也纳,“艺术之都”巴黎;古老的城堡,庄严的教堂,为数众多的博物馆;意大利的狂欢日,德国慕尼黑啤酒节,法国戛纳电影节;等等。

学生思考:欧洲西部发展旅游业有哪些优势?

学生回答:旅游资源丰富且类型多样;交通运输发达,便于游客往来;经济发达,服务设施齐全,服务质量好;旅游产品丰富多样,便于游客购物。

教师归纳:欧洲西部的自然和人文旅游资源异常丰富。欧洲西部国家通过合理开发和利用这些旅游资源,大力发展多种形式的旅游活动。目前,欧洲西部是国际旅游业最发达的地区,每年接待的国际游客人数和旅游外汇收入均居世界前列,法国、西班牙和意大利都是世界著名的旅游大国。

【板书设计】

欧洲西部

一、自然环境特征

1.地理位置

2.主要国家

3.地形特征

4.气候特征

二、雄厚的经济实力

1.经济发展水平居世界前列

2.德国等工业大国,生产规模大,工业部门齐全

3.根据本国的具体条件,发展有特色的产业部门

4.农业生产水平高,集约化程度高,种植业与畜牧业相结合

5.庞大的现代化交通运输网

6.旅游业发达

【教学反思】

本节课理论内容比较容易理解,因此本节课的重点是培养学生分析问题的能力,通过活动让学生分析理解欧洲旅游业发达的原因,再运用到实际生活中解决问题。多媒体课件辅助教学,利用丰富的图像资料,加深学生对知识的感知和理解,增强学生的交流合作和分析探究能力,享受自主学习的乐趣,调动学生的积极性。学生能够主动积极参与到教学中来,而且学得较为轻松,课堂教学效果很好,体现了课程改革的理念。

《北极地区和南极地区》课例*

【课程标准】

(1)在地图上找出某一地区的位置、范围,读图说出该地区地理位置的特点。

(2)运用地形图和地形剖面图,描述某一地区地势变化及地形分布特点,说出地形与人类活动的关系。

(3)说出两极地区自然环境的特殊性以及开展科学考察和环境保护的重要性。

【教学目标】

(1)知识与技能:了解两极地区的地理位置特点和特殊的自然环境特征。了解两极地区丰富的自然资源和保护极地环境的重要性。了解我国对极地地区的科学考察。

(2)过程与方法:通过对图文、影像等资料的分析,培养分析和解决问题的能力。

(3)情感态度与价值观:理解保护两极地区环境的意义,认识到保护两极地区生态环境的重要性,增强环境意识。

【教学重难点】

(1)教学重点:两极地区的地理位置特点和特殊的自然环境特征。在极地地区开展科学考察和环境保护的重要性。

(2)教学难点:南极洲气候的成因。

---

* 本文系湘教版初中地理七年级下册第七章第五节课例。

【教学方法】

讲述法、分析讨论法、探究法。

【教具】

多媒体课件。

【课时安排】

1课时。

【教学过程】

导入新课:课件播放南、北极地区的视频。这就是神秘的北极地区和南极地区,今天我们一起走近这两个特殊地区,去揭开它们神秘的面纱。

一、两极地区的自然环境

1.地理位置和范围

自主学习:课件展示教材图7-40《北极地区》和图7-42《南极地区》,了解两极地区的范围和位置特点。

学生思考:

(1)我们所讲的南极地区是不是就是南极洲呢?说出南极地区的范围?

(2)南极地区的纬度位置有什么特点?南极洲跨经度多少度?南极地区的海陆位置有什么特点?

学生回答:(1)不是,南极地区包括南极大陆及其沿海岛屿和陆缘冰,还包括南太平洋、南大西洋和南印度洋的一部分。(2)南极地区位于地球的最南部,纬度高。南极洲跨360°,是跨经度最多的大洲。南极地区主体是南极洲,被三大洋包围。

教师讲述:南极洲像个“小蝌蚪”,“小蝌蚪”的尾巴就是南极半岛,以南极半岛为参照物按顺时针方向依次是大西洋、印度洋和太平洋。

师生总结北极地区的范围和位置特点:(1)北极地区是指北极圈以北的区域,包括北冰洋、亚欧大陆和北美大陆的北部及一些岛屿。(2)北极地区位于地球的最北部,纬度高;主体是北冰洋,被亚洲、欧洲和北美洲包围。

2.地形特征

自主探究：两极地区地理位置对环境的影响。

学生思考：从纬度位置看，两极地区接受的太阳热量多吗？

学生回答：两极地区纬度高，太阳斜射，或出现极夜，无太阳照射，所得的太阳光热少，气温低，大部分地区冰雪终年不化，日积月累，形成厚厚的冰山。

过渡：同学们的分析是否正确？

课件展示北冰洋的图片和资料：北冰洋是四大洋中面积最小、水深最浅、气候最为寒冷的大洋。北极点处海水深2000多米，常年为厚厚的冰层所覆盖。浮冰面积占北冰洋总面积的2/3以上。夏季，北冰洋上到处可见漂动的冰山。

师生归纳：北冰洋上浮冰广布，分析是正确的。

学生阅读材料“海上浮冰”，了解浮冰对所经地区气候和环境的影响，对海上航行构成威胁。

学生思考：课件展示南极洲的卫星图片和教材图7–43《沿东、西经90°附近南极洲地形剖面》，南极的地形有什么特点？

学生回答：南极洲平均海拔高，约2350米，是世界上平均海拔最高的大洲；绝大部分陆地为冰雪所覆盖，冰层平均厚度2000余米。南极洲是一个冰雪高原。

3.气候特点

课件展示图片：泼热水成冰。学生观察图片，激发学习兴趣。

学生思考：南极很寒冷，但是真会冷到“泼热水成冰”的程度吗？

学生回答：有的说可以，有的说不可以。

学生阅读材料：“南极气候趣闻”。

1960年8月，科学家在苏联东方站曾测得–88.3 ℃的极端最低气温。在这样的温度下，将一杯热水向空中泼洒，水还未落到地面就被冻成了冰粒。

南极洲是世界上风力最大和风暴最多的地方，每年约有2/3的时间刮大风。法国南极观察站曾记录过92.5米/秒的世界最高风速（12级台风的风速为33米/秒）。

南极洲的平均年降水量仅55毫米，是地球上降水最少的大陆，而且降水几乎全部是雪。

学生思考：两极地区的气候有什么特点？

学生回答：泼水成冰——酷寒；世界风极——狂风；白色荒漠——降水稀少。

自主探究：南极成为地球上最寒冷地区的原因是什么？

学生思考后回答：南极地区纬度高，接受太阳辐射少；南极大陆大部分地区被冰雪覆盖，反射大部分热量；平均海拔最高。

过渡：这么冷的地方，是否就没有生命呢？

二、独特的野生动物

自主探究：两极地区的动植物有什么特征？

课件展示教材图7-47《两极地区的主要动物》(海豹、北极熊、北极狐、海象、企鹅、磷虾)。

学生思考：这些动物一般都有哪些特点？它们怎样适应严酷的自然环境？

教师引导学生思考：南极地区——气候寒冷——耐寒的动物。

学生回答：有厚厚的皮毛，皮下脂肪厚，能增强御寒效果。

学生思考：我们人类是否可以在两极地区居住和生活？

师生归纳：北冰洋沿岸分布的原住民主要是因纽特人和拉普人。南极地区由于终年酷寒，没有国家和定居人口，只有科学考察队员。

三、两极地区的资源和科学考察

1. 自然资源丰富

学生思考：这么冷的地方，远离人类的居住地，自然条件又非常恶劣，但每年都有大批的科学家前去考察，出于什么目的？

学生回答：科学研究、寻找资源等。

教师讲述：同学们的回答都有一定的道理。

学生思考：两极地区冰天雪地，这说明极地什么资源非常丰富？

学生回答：淡水资源。

过渡：对，就是淡水资源，冰川被称为“固体水库”，地球上68%的淡水以冰雪形式储存在两极地区。

学生阅读资料，找到两极地区还有丰富的煤、铁、石油和天然气资源。

课件展示资料：两极地区的矿产资源。

南极洲已发现220多种矿物，煤炭资源储量丰富，面向印度洋的查尔斯王子山脉有世界上规模最大的铁矿床，大陆架还有丰富的石油和天然气资源。

北极地区蕴藏着丰富的自然资源，石油、天然气以及金属和非金属矿藏的储量相当可观。

活动探究:煤是深埋于地下的古代植物经过漫长的时间演化而形成的。人们在冰雪覆盖的南极地区发现了丰富的煤炭资源,请运用大陆漂移假说的有关观点解释这一现象。

学生回答:南极大陆目前气候寒冷、冰雪覆盖,不会生长形成煤的植物,这说明过去南极洲可能位于比较温暖的地方,后因大陆漂移逐渐到达南极地区。

教师归纳两极地区的自然资源:大量固体淡水资源,丰富的矿产资源,无数海洋生物,原始的自然环境。

教师引导:两极地区特殊的自然环境为科学家们进行气象、冰川、地质、海洋、生物等学科的科学研究提供了便利,所以它又是“天然的实验室”。

2.极地探险和科学考察

学生阅读教材中的材料《南极探险》和《中国的极地科学考察平台》,并观看视频《南极的百年探索》,在南极地区图上找出长城站、中山站、昆仑站。思考:我国在南极建立科学考察站,为什么一般选择2月份?(引导学生从南北半球季节差异,南北极的极昼、极夜等方面分析)

学生回答:南极洲的“暖季”在每年11月到次年3月,这段时间内有极昼现象,气温相对较高,外围结冰较少,有利于开展科学考察活动,所以我国在南极建站一般选择在暖季的2月。

3.极地的保护

课件展示有关极地生态环境问题的资料、图片、视频。

学生阅读课件中的材料《南极冰盖》,并观看视频《当南极冰川全部融化》,思考:南极的鲸鱼被大量捕杀,两极冰雪融化等忧患,是什么造成的?我们应该怎么做?

学生回答:人类不合理的活动造成的。要防止气温过快升高,我们应该节能减排、保护环境等,从身边的小事做起,养成良好的环保习惯,比如:节约用纸,每张纸双面打印,双面写;随手关灯,节约用电;尽量不使用一次性塑料袋,改用可循环利用的布袋;能不开车就不开车出行,坐公交车,多步行;尽量少使用一次性牙刷、一次性水杯等一次性物品;等等。

教师讲述:我国已于1983年正式加入《南极条约》,并在国内开展了“保护极地,中国行动”的全民环境意识普及活动。

课堂总结:通过本节课的学习,我们认识了两极地区恶劣的自然环境和丰富的自然资源。我们了解极地地区,就是为了更合理地利用它,保护它,为人类的发展做出应有的贡献。

【板书设计】

一、两极地区的自然环境

1.地理位置和范围

2.地形特征:浮冰广布、冰雪高原

3.气候特点:酷寒、狂风、降水稀少

二、独特的野生动物

三、两极地区的资源和科学考察

1.自然资源丰富

2.极地探险和科学考察

3.极地的保护

【教学反思】

本节内容对于学生来说存在一定的难度,一是极地气候的形成原因,二是学生在平时生活中直接接触的相关信息比较少。笔者通过以下方法来解决:第一,创设情景,引入图片和视频,帮助学生直观形象了解极地地区。第二,通过课堂设计问题激发学生学习兴趣和思维活动。但由于容量较大,本节课在引导学生进行探究方面做得还不深入。

《农业》课例*

【课程标准】

运用资料说出我国农业分布特点,举例说明因地制宜发展农业的必要性和科学技术在发展农业中的重要性。联系身边实际,了解农业的基本概念,运用资料说出我国农业的发展状况。举例说明科学技术在发展农业中的重要性。运用资料,说出中国主要粮食作物和经济作物的分布特点。运用资料,说出我国畜牧业的分布特点。举例说明因地制宜发展农业的必要性。

【教学目标】

(1)知识与能力:了解农业概念、农业的主要组成部门及主要农产品;知道我国农业发展的主要成就和悠久的农业历史。运用农作物分布图,掌握我国主要粮食作物、经济作物的类型及其分布。明确我国畜牧业的种类,初步掌握主要牧区的名称及其优良蓄种。

(2)过程与方法:从实际生活出发,积极思考,通过讨论理解农业对于家庭国家的重要意义。理解我国农业的现状、问题及发展前景。通过古今对比,联系所学知识,了解我国农业的发展进程。

(3)情感态度与价值观:通过学习我国农业发展的巨大成就,丰富爱国情感。通过辩证分析我国农业的地位,培养辩证唯物主义世界观。通过学习农产品、牧区的分布,理解人与自然和谐相处的发展观。培养爱惜粮食的意识。

【教学重难点】

(1)教学重点:我国农业在国民经济中的地位,在世界的地位;我国农业的

* 本文系湘教版初中地理八年级上册第四章第一节课例。

发展前景;粮食作物、经济作物的分布;畜牧业的分布。

(2)教学难点:了解新中国成立以来我国农业发展的主要成就,分析我国农业发展目前存在的主要问题;我国农作物的分布规律与资源环境的关系。

【教学方法】

合作探究法、自主学习。

【教具】

多媒体课件,搜集的实物、图片。

【课时安排】

2课时。

【教学过程】

导入新课:课件展示农产品图片,引出农业。中国作为世界人口最多的国家,用占世界7%的耕地养活了占世界21%的人口,这是举世闻名的奇迹,那么中国为什么能创造这样的奇迹呢?今天我们来学习中国的主要产业:农业。

一、让“土地奉献”的产业

1.农业

引导学生读教材图4-1,思考:什么是农业?

学生回答:农业是一种直接利用土地、气候和水资源所从事的生产活动,是一种让“土地奉献”的产业。

2.农业的种类

引导学生读课件展示的四种农业类型图片。

教师归纳:广义的农业包括种植业、林业、畜牧业、渔业等,狭义的农业是指种植业。

请同学们根据生活体会,说一说在家庭中直接或间接来自农业的物品有哪些。

过渡:中国农业发展到今天,已经不仅能让中国人民吃得饱,还能吃得好,不仅能穿得暖,还能穿得舒适漂亮,为中国全面建成小康社会奠定了基础。

二、中国农业的发展

学生阅读教材第84页《历史悠久的中国农业》。

学生归纳：中国是世界上最早种植水稻、粟的国家。中国是大豆、大白菜、芥菜、萝卜、韭菜、茭白、荔枝、梨、桃、橘、枇杷、麻等农作物的原产地。中国最早种桑养蚕，古代商人经“丝绸之路”将中国所产的丝绸运往西亚和欧洲。中国是世界上最早栽培茶树的国家，茶叶一直是重要的出口农产品。

1. 中国农业发展取得的成就

学生活动：阅读教材图4-2《中国稻谷、小麦产量》，课件展示的我国农业发展成就材料，以及我国的新型农业类型，思考新中国成立后哪些主要农产品产量位于世界前列，为什么？

学生回答：中国的谷物、肉类、籽棉、油菜籽、茶叶、水果等农产品的产量居世界第一位；谷物人均占有量接近世界平均水平，棉花人均占有量超过世界平均水平。这主要因为中国农业生产的地区分布趋于合理，布局的合理化在于东部建立高产稳定农田，西北部培养新的农业基地，经济发达的地区建立创汇农业基地、观光农业等。另外，城郊农业也蓬勃发展，农田灌溉和机械化程度提高，高科技手段广泛应用于农产品育种等，农业生产条件不断改善。

教师归纳：中国农业发展取得的成就体现在新中国成立以来农业发展快，许多农产品产量居世界前列；农业生产地区分布趋于合理；农业生产条件不断改善。

2. 新型农业

课件展示：创汇农业、观光农业、精确农业等图像材料。

教师讲述：创汇农业以外向型为主要特征，所生产的农产品面向国际市场，主要以水果、蔬菜、花卉、畜禽等农产品为重点。观光农业将农业生产与旅游观光相结合，引导游客开展消遣性农事活动。精确农业是利用全球卫星导航系统精确定位，通过了解土地的物理化学特性，配合施用化肥、农药的机械，根据苗情、地块的不同，以及地块内局部肥力的不同，采用不同施肥、施药配方，达到减少化肥、农药用量，降低成本，提高产量，降低环境污染的目标。

学生活动1：阅读《无土栽培》（采用人工配制的营养液，以塑料、锯末、泥炭等作为植物生长支撑介质的栽培方法），谈谈从中获得的启示。

学生回答：随着社会的发展和科学技术的进步，农业生产条件大大改善，使许多不适应农业生产的自然条件得到改善，农业空间大大拓展。因此，我国应加大科学技术的投入，促进农业生产水平的提高。

学生活动2：阅读“一骑红尘妃子笑，无人知是荔枝来”。那个时代已尘封于历史的记忆中，现在即使是生活在北方的老百姓，也可以享受贵妃的“待遇”了，说说发生这种变化的原因。

学生回答：一是我国交通运输条件大为改善，产自南方沿海的荔枝可以快速运到北方；二是我国生产优良荔枝的技术和保鲜、冷冻技术不断提高，使荔枝经过长距离运输还能保持新鲜。

学生活动3：阅读材料。

中国南方有甲、乙两个村庄，都有种植李树的传统，并且两村农民普遍种植油菜。甲村利用油菜、李树花期相近的特点，积极发展观光农业。3月份，油菜花、李花次第开放，形成“金海雪山”的壮丽景观；7月份，正是李子成熟的季节。每年的3月和7月，甲村都吸引大批游客前来赏花、摘果、品果，“农家乐”生意火爆，农产品一直畅销。乙村则通过出售菜籽油和鲜李来赚取收入，有的年份还会遭遇农产品滞销积压的尴尬。

讨论：为什么甲村的经济效益会显著好于乙村？我们从中可以获得哪些重要的启示？

学生回答：甲村发展观光农业额外获得了旅游收入，因此经济效益会显著好于乙村。农业发展可以通过先进的技术和管理方法，获得优质、高产的物质产品，还可以将农业资源和景观优势相结合，发展旅游观光农业，从而提高农业效益。

三、主要农作物分布

1. 主要粮食作物分布

学生活动：阅读教材图4-7《中国小麦、水稻分布》，思考水稻和小麦的集中产区在哪里，有哪些因素会影响粮食作物的分布。

学生回答：北方以小麦为主，南方以水稻为主。我国重要的粮食产区和主要的商品粮基地有三江平原、松嫩平原、江淮地区、江汉平原、洞庭湖平原、鄱阳湖平原、成都平原。

教师讲述：水稻喜高温、短日照。幼苗发芽最低温度10 ℃，最适宜温度28—32 ℃。水稻喜湿，生长期需水量一般在700—1200 mm。小麦喜温凉，抗旱能力较强。由于受各地地形、气候、水资源等自然要素的影响,我国农业发展地区差异明显。

2. 主要经济作物分布

学生活动:阅读课件展示的花生、油菜、甜菜、甘蔗、棉花等图片,以及教材图4-10《中国部分经济作物分布》,思考它们主要产自我国什么地方。

学生回答:花生适宜生长在气候温暖、雨量适中的沙质土地,山东、河南两省相对集中。油菜适宜生长在温暖湿润的地方,亚热带地区分布广泛,长江流域是中国最大的油菜产区。甘蔗是热带、亚热带作物,具有喜高温、需水量大、吸肥多、生长期长的特点,它对热量要求较高,主要分布在华南地区以及广西等地。甜菜喜温凉气候,有耐寒、耐旱、耐碱等特性,主要分布在我国东北、内蒙古、新疆等地。棉花主要分布在长江中下游平原、华北平原、南疆等地区。

教师归纳:我国东部地区南、北方农业差异。

学生探究:假如你是某植物油厂的采购员、纺织厂的采购员、外贸公司的水果采购员,能给我们介绍一下你将重点在哪些地区开展采购工作吗?

四、畜牧业分布

过渡:课件展示大型养鸡场、养鸭场、草原牧场等景观图片。

教师讲述:我们大致可以将中国的畜牧业划分为牧区畜牧业和农耕区畜牧业。牧区以放牧为主,农耕区以畜禽饲养为主。

学生活动:阅读教材图4-11《中国畜牧业分布》,思考中国的四大牧区是指哪些地区,主要畜种有哪些,中国牧区发展畜牧业有哪些有利条件,中国农耕区的畜牧业主要饲养哪些畜禽。

师生归纳:内蒙古牧区,主要优良畜种是三河马、三河牛;新疆牧区,主要优良畜种是新疆细毛羊、伊犁马;青海牧区、西藏牧区,主要优良畜种是青海牦牛、西藏牦牛、藏绵羊。我国西部、北部草原辽阔,牧场宽广。内蒙古、新疆、青海、西藏是我国的四大牧区,这里的许多地方水草肥美,气候适宜,具有悠久的畜牧业生产历史。我国东部、南部农耕区的畜牧业,以畜禽饲养为主。农耕区饲料资源丰富,饲养的牲畜占全国总数的80%,每年为国家提供大量的肉类、乳类产品。除养鸡外,大规模放养鸭、鹅等水禽,也是家禽饲养的一大特色。四川、湖南、河南是我国商品生猪的主要产区。

教师总结:牧区和农耕区畜牧业的差异。

课堂小结：本节课主要学习了农业，从广义上来说包括种植业、林业、畜牧业和渔业等。我国农业历史悠久，新中国成立以来，农业生产发展迅速。一方面，我国农业生产的地区分布趋于合理，积极发展新型农业；另一方面，我国农业生产条件不断改善，农田灌溉和农业机械化逐步普及，农业劳动生产率不断提高。

【板书提纲】

农业

一、让“土地奉献”的产业

二、中国农业的发展

三、主要农作物分布

四、畜牧业分布

【教学反思】

通过本节课的学习，我们认识到农业是一个国家的经济基础，与人们的生活息息相关。我国农业发展历史悠久，农业生产取得了巨大成就。通过学习我们了解了我国主要农作物的分布，理解了农业生产与自然条件密切相关，农作物的布局是多种因素综合影响的结果。我国自然环境复杂，为发展畜牧业提供了有利条件和多种选择可能性，但我国畜牧业发展水平还不够高，有待依靠科技的进步，积极探索更先进的发展方式，使人与自然协调发展。本节课教学充分体现了从学生生活实际出发，学习对生活有用的地理的课程理念；让学生积极主动思考、讨论、探究、发言，让课堂变得有生机，激发了学生的学习兴趣和动机；能积极引入富有情感的时事，让地理知识富有人情味，丰富了情感态度与价值观的培养；能充分体现地理综合性特点，联系自然地理要素分析粮食作物分布，在应用中体现地理知识的价值。

《东北地区的产业分布》课例*

【课程标准】

读图说出东北地区农产品及其分布地区。运用地图和相关资料说出东北地区工业结构和布局特点。结合材料了解东北老工业基地的振兴背景和战略转型。

【教材分析】

本节教材包括“农产品生产基地”和“重工业基地”两部分内容。教材在“农产品生产基地”这部分内容中安排了一组“前活动”，采用图文并茂的形式激发学生的学习兴趣，引导学生联系已有知识构建新知识，了解东北地区的主要农产品和农作物，通过读图了解农作物的主要分布区。教材安排3个段落的正文内容，扼要介绍了东北地区农业生产概况和主要农作物的生产分布情况。在“重工业基地”这部分内容中，教材同样安排了一组“前活动”，引导学生通过阅读图6-36《东北地区矿产资源与主要工业中心分布》，了解东北地区重要的矿产资源和主要工业部门，在此基础上归纳出东北地区工业布局与工业结构的特点。教材安排2个段落的正文内容，扼要介绍了东北地区重工业的发展情况，以及振兴东北老工业基地发展战略的地理背景和主要措施。为呼应正文内容，教材安排了“辽中南工业基地”“东北工业基地的战略转型”两则“阅读”材料，作为正文内容的延伸和拓展。最后，教材安排了一组“活动”，通过对资源枯竭型城市转型发展措施的讨论，引导学生进一步理解振兴东北老工业基地发展战略的地理背景及其重要意义。“东北工业基地的战略转型”这则“阅读”材料，为“活动”第1题做了知识铺垫。本组“活动”第2题，以乡土地理为综合性学习载体，

* 本文系湘教版初中地理八年级下册第六章第三节课例。

引导学生进一步掌握区域地理中有关位置与分布知识的学习方法，进而形成相关的地理技能。

【学情分析】

学生已经学习了东北地区的地理位置与自然环境、人口与城市分布，进一步了解东北地区，需要更深入地了解东北地区的产业分布状况。

【教学目标】

（1）知识与技能：运用图表，说出东北地区农产品生产结构及其布局的特点。运用图表，说出东北地区工业结构和工业布局的特点。结合相关资料，了解东北老工业基地的振兴背景和战略转型。

（2）过程与方法：通过读图了解东北地区主要粮食作物和经济作物的分布。通过读图了解东北地区主要矿产资源，以及工业结构和工业布局特点。

（3）情感态度与价值观：了解东北地区土地资源的特点及其利用过程中存在的问题，培养珍惜资源、保护资源的意识。了解东北地区的工农业生产特点，树立因地制宜发展经济的科学发展观。

【教学重难点】

（1）教学重点：东北地区农产品生产结构及其布局的特点。工业结构和工业布局的特点。

（2）教学难点：东北地区工农业发展的条件。东北老工业基地发展遇到的问题和解决措施。

【教学方法】

讲授法、讨论法。

【教具】

多媒体课件。

【课时安排】

1课时。

【教学过程】

导入新课：课件展示农产品大豆、荔枝、小麦、甜菜的图片，提问：这些农产品中能在东北地区自然生长的有哪些？

学生回答：大豆、小麦、甜菜。

一、农产品生产基地

1.主要粮食作物及其分布

学生活动：读教材图6-28《东北地区主要粮食作物分布》。

学生思考：说一说东北地区有哪些主要粮食作物。归纳图中主要粮食作物的分布规律。

学生回答：东北地区的粮食作物主要有大豆、玉米、水稻和小麦。粮食作物主要分布在东北平原。玉米主要分布在松嫩平原、辽河平原。

过渡：除粮食作物外，东北地区还大力发展经济作物。

2.主要经济作物及其分布

学生活动：读教材图6-29《东北地区主要经济作物分布》。

学生思考：东北地区有哪些主要经济作物？归纳图中主要经济作物的分布规律。

学生回答：东北地区的经济作物主要有甜菜、花生、亚麻。甜菜主要分布于松嫩平原、三江平原，花生主要分布于松嫩平原、辽河平原，亚麻主要分布于松嫩平原、三江平原。

过渡：下面我们来探究东北地区发展农业的有利条件。

3.发展农业的有利条件

引导学生利用学过的知识探究东北地区农业的有利条件。

教师引导，共同总结：土地资源丰富，气候温和湿润，农业生产条件较好。

4.重要的商品粮基地

学生活动：计算教材第38页“活动”题，并分析计算结果。议一议表中数据说明了什么问题。

教师引导学生将东北的数据与全国的数据比较，说明东北地区作为农产品基地的重要作用。

过渡：东北地区不仅是我国重要的农产品基地，也是我国重要的重工业基地。

二、重工业基地

1. 东北地区的工业结构、工业中心、工业部门

学生活动：读教材图6-36《东北地区矿产资源与主要工业中心分布》。

学生思考：①东北地区有哪些重要的矿产资源？②哈尔滨、长春、沈阳的主要工业部门有哪些？这些工业部门的形成与这些城市附近地区的资源状况有何关联？③东北地区工业结构的突出特点是什么？

师生共同归纳：①煤，铁，石油。②哈尔滨——动力机械，长春——运输机械，沈阳——重型机械、冶金设备、矿山设备。城市附近拥有丰富的煤、铁、石油等资源。③东北地区工业以重工业为主。

读教材图6-36《东北地区矿产资源与主要工业中心分布》和材料《辽中南工业基地》。

师生共同总结东北地区发展工业的条件、工业结构，并找出东北地区主要工业中心和工业部门。

工业发展条件：优越的地理位置、丰富的资源、便利的交通、较好的工业基础等。工业结构：以重工业为主。工业中心及工业部门：哈尔滨——动力机械，长春、大连——运输机械，沈阳、齐齐哈尔——重型机械、冶金设备、矿山设备，大庆——石油化学工业等。

过渡：国家正在推行东北老工业基地的战略转型，这是为什么呢？

2. 振兴东北老工业基地

教师讲述振兴东北老工业基地发展战略实施的背景、措施及成效。

背景：过去，重工业在全国占据优势地位；20世纪90年代以来地位下降，经济发展困难。措施：加快产业结构调整，推进体制机制创新，尤其是运用高新技术改造传统产业，支持资源枯竭型城市转型提升。成效：东北地区呈现出良好的发展趋势。

学生活动：针对资源枯竭型城市的工业发展问题，谈谈看法。

师生共同归纳：节约资源，提高资源的利用效率，缓解矿产资源不足；实施产业转型和结构调整，发展新兴产业；等等。

【板书设计】

东北地区的产业分布

一、农产品生产基地

1. 主要粮食作物及其分布　　2. 主要经济作物及其分布

3. 发展农业的有利条件　　4. 重要的商品粮基地

二、重工业基地

1. 东北地区的工业结构、工业中心、工业部门

2. 振兴东北老工业基地

【教学反思】

本节课的教学内容是东北地区的产业分布，课程标准要求是运用地图和相关资料说出东北地区产业结构与产业布局特点。笔者采用直接导入法导入新课，进入正题。在“农产品生产基地”这部分的教学中，通过读图，认识东北地区主要的农作物及其主要分布区，引导学生对相关数据进行计算分析，了解东北地区粮食生产状况及其在全国的重要地位。在“重工业基地”这部分的教学中，学生通过读图，了解东北地区重要的矿产资源及其主要工业部门，在此基础上归纳出东北地区工业布局和工业结构的特点，并通过阅读相关资料，探索东北重工业发展的有利条件。学生通过阅读东北工业基地的战略转型材料，进一步理解振兴东北老工业基地发展战略的地理背景及其重要意义。

《新疆维吾尔自治区的地理概况与区域开发》课例*

【课程标准】

运用地图了解新疆的位置。在地图上识别新疆主要的地形类型，描述地形特征。运用地图与气候统计图表归纳新疆的气候特征。运用地图和其他资料说出新疆的产业结构与产业布局特点。根据资料了解新疆生态环境的脆弱性及保护情况。

【教学目标】

（1）知识与能力：运用地图和资料，描述新疆的位置与范围，简要评价地理位置对新疆发展的重要性。读图表资料，归纳新疆的自然地理环境特征（地形、气候、河流）。掌握新疆的特色农业和主要农产品。了解经济发展中存在的生态环境问题及解决措施。

（2）过程与方法：通过读图、自主学习、分析讨论等活动，学会运用地图等资料获取地理知识，学会分析自然地理各要素之间的相互关系，提高地理学习能力。

（3）情感态度与价值观：通过学习，了解新疆的区域优势，因地制宜地进行区域开发，树立保护生态环境和可持续发展的观念。

【教学重难点】

（1）教学重点：新疆的地理位置和自然地理环境特征及其相互关系，新疆特色农业。

（2）教学难点：经济发展中存在的生态环境问题及解决措施。

---

* 本文系湘教版初中地理八年级下册第八章第三节课例。

【教学方法】

读图分析法、探究讨论法。

【教具】

多媒体课件。

【课时安排】

1课时。

【教学过程】

导入新课：课件播放歌曲《新疆是个好地方》及新疆的美丽景观。新疆不仅仅有着雄奇壮丽的自然风光，更有着独特的民族风情。今天我们就一起学习新疆维吾尔自治区的地理概况与区域开发。

一、位置与范围

学生活动：读教材图8-40《新疆在中国的位置》和图8-41《新疆的位置与范围》，说出新疆的土地面积及其在我国省级行政区域单位的位次，找出与新疆接壤的国家，想一想，邻国众多的地理位置对新疆的发展有哪些重要影响。

学生回答：新疆位于中国西北边陲，深居内陆。土地面积约166万平方千米，约占中国陆地总面积的1/6，是中国陆地面积最大的省级行政区域单位。新疆边境线漫长，与蒙古、俄罗斯、哈萨克斯坦、吉尔吉斯斯坦、塔吉克斯坦、阿富汗、巴基斯坦、印度等8个国家接壤。

过渡：新疆战略位置十分重要，是我国西部大开发的重点区域。你了解我国的西部大开发战略吗？你知道西部大开发的实施范围吗？

学生活动：阅读教材材料《西部大开发》，说一说新疆在西部大开发中的地理位置有哪些优势。

教师讲述：中国西部大开发战略所指的“西部”，包括四川、重庆、贵州、云南、西藏、陕西、甘肃、青海、宁夏、新疆、内蒙古和广西共12个省（自治区、直辖市）。实施西部大开发，应依托新亚欧大陆桥（又称第二亚欧大陆桥）、长江和西南出海通道，发挥中心城市的核心作用，以线串点，以点带面，逐步形成西陇海—兰新线、长江上游、南(宁)贵(阳)、成(都)昆(明)等经济带,并带动西部广大地区的发展。国家重点支持西部地区的基础设施和生态环境建设,大力发展科技教育,青藏铁路、西气东输、西电东送等标志性工程相继建成并发挥效益。国家明确提出,要从根本上改变西部地区相对落后的面貌,努力建成一个山川秀美、经济繁荣、社会进步、民族团结、人民富裕的新西部。新亚欧大陆桥从新疆境内穿过,有利于对内、对外联系。

过渡:新疆位于中纬度,深居内陆,在此地理位置上形成了哪些自然地理特征呢?我们首先来了解新疆的地形特征。

二、自然地理环境

1.地形

学生活动:读教材图8-42《新疆地形和主要矿产资源分布》。

(1)找出阿尔泰山、天山、昆仑山等山脉,说出大致走向。

(2)找出塔里木盆地、准噶尔盆地,说出地势特征。

(3)绘制新疆的地形结构示意图,归纳新疆的地形特征。

师生归纳:新疆地形以山地和盆地为主,自北向南依次是阿尔泰山脉、准噶尔盆地、天山山脉、塔里木盆地、昆仑山脉,构成"三山夹两盆"的地形大势。天山把新疆分成了两部分,天山以北为北疆,天山以南为南疆。

过渡:深居内陆的位置和高山环绕的地形,会形成怎样的气候呢?

2.气候

学生活动:读《中国主要的气候类型分布示意图》和《乌鲁木齐气温年变化曲线和逐月降水量图》。

(1)新疆的主要气候类型和气候特征是什么?

(2)新疆气候干旱的形成原因是什么?

(3)新疆的气候资源主要有哪些?天山南北气候有什么差异?

师生归纳:新疆是典型的温带大陆性气候,夏季炎热,冬季寒冷,气温年较差大,全年降水少;深居亚欧大陆腹地,距海遥远,高山环绕,海洋水汽不易到达,因此干旱;光照强,昼夜温差大,太阳能资源丰富,风能资源比较丰富。天山南北气候差异较大。南疆的光热资源好于北疆,但由于天山山脉的阻挡,南疆降水甚少。北疆因为地形和西风湿润气流的影响,降水条件好于南疆。

过渡:在干旱的气候条件下,新疆的河流有何特征?

3. 河流

学生活动：读教材图8-42《新疆地形和主要矿产资源分布》。

（1）找出塔里木河、额尔齐斯河，判断分别属于什么类型的河流。

（2）根据新疆的气候特点，判断新疆河流的主要补给水源是什么。

（3）从河流密度、河流水量、流量季节变化等方面，描述新疆河流的特征。

师生归纳：新疆绝大部分河流为内流河，湖泊数量较多，多为内流河和咸水湖。河流主要依靠高山冰雪融水和山地降水补给。新疆河流稀少，水量不大，多为时令河。塔里木河是我国最长的内流河，额尔齐斯河为我国唯一注入北冰洋的外流河。

过渡：新疆在这样的自然环境条件下形成了哪些独特的资源？

4. 资源

学生活动：阅读教材第87—88页材料《新疆的土地资源和矿产资源》和图8-44《坎儿井》，评价新疆的土地资源、矿产资源、气候资源和水资源。

师生归纳：新疆土地资源丰富，土地类型多样，人均土地拥有量多。草地资源丰富，耕地数量有限。矿产资源丰富，开发潜力大。太阳能、风能资源丰富。水资源缺乏，形成了独特的灌溉方式。

过渡：新疆拥有独特的自然环境和丰富的自然资源，在此基础上形成了独特的社会经济特征。改革开放以来，尤其是实施西部大开发以来，新疆社会发展速度明显加快，综合实力不断增强。这些变化表现在哪些方面呢？

三、社会经济面貌

1. 农业

教师讲述：新疆逐步形成了棉花、小麦、甜菜、瓜果和畜牧等优势产业，是目前中国最大的长绒棉、啤酒花和甜瓜生产基地，以及重要的畜牧业和甜菜生产基地。新疆是中国最大的棉花生产基地，种植面积、单位面积产量、总产量、收购量连续多年位居全国前列，近年棉花产量占全国的40%以上。新疆也是我国唯一的长绒棉产地，产品以纤维长、色泽好、品质高而受到国内外用户的青睐。

课件展示教材图8-45《新疆长绒棉》和图8-46《新疆哈密瓜》。

学生思考：结合新疆自然条件，分析新疆种植长绒棉的优势条件有哪些。

学生回答：昼夜温差大，可以有效抑制棉花病虫害的发生；空气湿度小，有利于棉花生长和摘收。山麓和河流边缘多绿洲，地形平坦；有较丰富的冰雪融水和地下水灌溉。

2. 工业

教师讲述：新疆工业发展很快，建成了以矿产资源开发和农副产品深加工为主的工业体系，工业部门主要有石油和天然气开采、石油化学、钢铁、煤炭、纺织、建材、食品加工等。在准噶尔盆地、塔里木盆地和土（鲁番）哈（密）盆地相继建成了油田，在克拉玛依、独山子等地建立了石油化学工业基地。

过渡：新疆农业、工业的迅速发展得益于交通运输的快速发展。

3. 交通运输业

学生思考：

（1）新疆的主要交通运输方式有哪些？

（2）新疆的公路和铁路分布有何特点？

（3）新疆为什么适合发展航空运输？

师生归纳：新疆的交通运输以公路、铁路和航空为主。公路和铁路沿山麓地带和盆地边缘修建。新疆城市之间距离较远，且两地之间多为风沙区，地广人稀。铁路和公路建设受自然条件制约，因此适合发展航空运输。

学生活动：新亚欧大陆桥是连接亚洲与欧洲的铁路大动脉，中国境内由陇海、兰新、北疆铁路组成，在新疆阿拉山口与哈萨克斯坦的铁路对接。课件展示《亚欧大陆桥示意图》。

学生思考：新亚欧大陆桥的基本走向是？它对于新疆开放和开发有什么重要意义？

学生回答：东西走向。新亚欧大陆桥沟通新疆与中亚、欧洲之间的联系，有利于新疆发展边界贸易，扩大对外开放，改善区域的交通状况，带动沿线地区资源开发和经济发展。

4. 第三产业

教师讲述：新疆以加快旅游开发、促进商贸流通、发展社区服务为重点，积极发展第三产业。新疆是中国拥有边境口岸数量最多的省份，与周边国家的经济技术合作日益深入。2010年，国务院批准喀什设立经济特区。

学生阅读：霍尔果斯口岸位于伊犁哈萨克自治州霍城县境内，与哈萨克斯坦隔霍尔果斯河相望。该口岸发展历史悠久，交通条件较好，服务功能齐全，运输量增长较快，是中国与中亚各国通商的主要口岸，也是新疆对外开放的重要窗口。

过渡：新疆在经济社会飞速发展的过程中，出现了许多不合理的人类开发行为，导致一部分地区的生态环境问题日益突出。为了促进区域的可持续发展，我们必须注重生态环境的保护。

四、生态环境保护

学生读教材第92页，思考新疆在发展过程中存在哪些生态环境问题，为什么新疆的生态环境问题突出？

学生回答：荒漠化和水土流失加剧，河流和湖泊干涸，耕地和草场退化，自然灾害频发。自然原因是新疆干旱地区面积广，生态环境脆弱；人为原因是不合理利用自然资源，破坏生态。

学生活动：围绕“如何实施西部大开发战略”论题展开讨论，并以新疆为例就如何实现开发与保护并举谈谈看法。

师生归纳：新疆生态环境脆弱，应实行开发与保护并举，合理利用自然资源，走可持续发展之路，如合理利用生物资源（划区轮牧、保护和恢复植被）、水资源（合理分配、节约使用）、土地资源（不乱占耕地、休耕）等。

课堂总结：本节课主要介绍了新疆的社会经济面貌，包括农业、工业、交通运输业和第三产业，还探讨了新疆的生态环境保护。

【板书提纲】

新疆维吾尔自治区的地理概况与区域开发

一、位置与范围

二、自然地理环境

三、社会经济面貌

四、生态环境保护

【教学反思】

本节课遵循展示—设疑—分析讨论的教学流程，主要采用创设情景—讨论分析—解决问题的教学模式，利用多媒体课件展示丰富的图表和相关资料，引导学生分析解决问题，使学生的探究能力得到了锻炼和提升。在实际探究教学过程中，教学的设计安排是根据学生实际的探究进程随时调整的，教师要根据学生的学习情况，及时引导或点拨，让学生自己寻找答案，充分发挥学生学习的主动性。